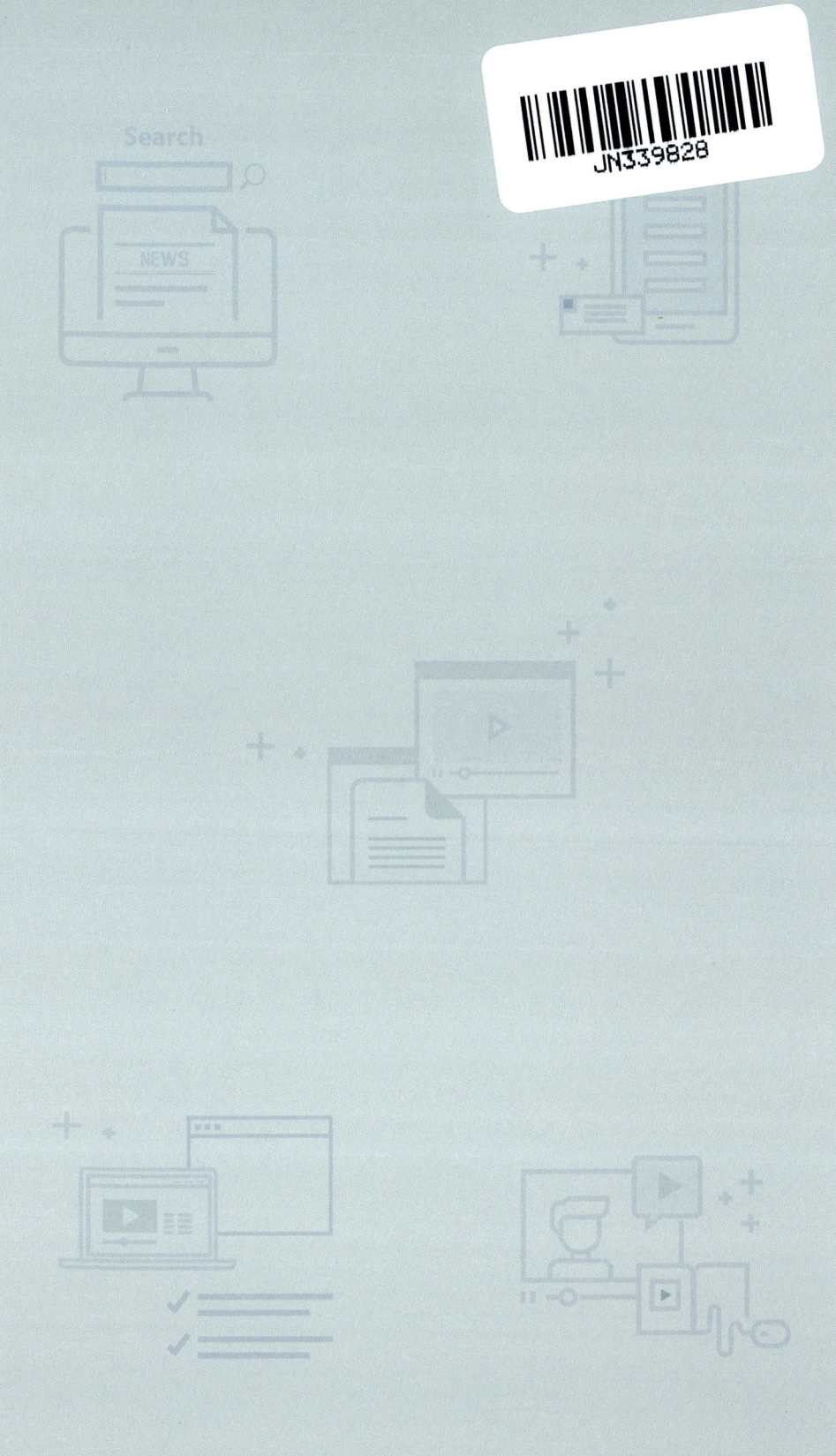

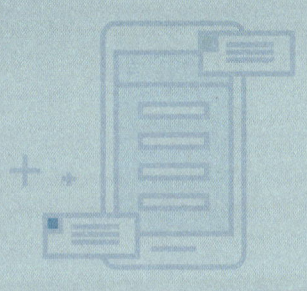

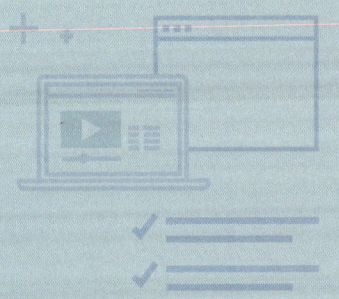
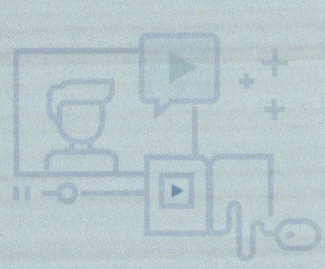

매체연구회 샘들의 **생생한**
# 미디어 수업 이야기

매체연구회 샘들의 생생한
## 미디어 수업 이야기

**초판 1쇄** | 2019년 8월 15일
**초판 3쇄** | 2024년 4월 22일

**지은이** | 전국국어교사모임 매체연구회
　　　　　(송여주, 권혜령, 오은영, 이귀영, 임세희, 장은주, 최은옥)
**펴낸이** | 송영석

**개발 총괄** | 정덕균
**기획 및 편집** | 조성진, 김형국, 박수희, 조유진, 이진화
**마케팅** | 이원영, 최해리
**도서 관리** | 송우석, 박진숙
**표지 디자인** | 해냄출판사 디자인실(박윤정, 김현철)
**본문 디자인** | 디자인몽클

**펴낸곳** | (주)해냄에듀
**신고번호** | 제406-2005-000107
**주소** | 서울특별시 마포구 잔다리로 30 해냄빌딩 3, 4층
**전화** | (02)323-9953
**팩스** | (02)323-9950
**홈페이지** | http://www.hnedu.co.kr

ISBN 978-89-6446-170-9 03370

• 파본은 본사나 구입하신 서점에서 교환하여 드립니다.

매체연구회 샘들의 생생한
# 미디어 수업 이야기

전국국어교사모임 매체연구회 지음

## 머리말

　전국국어교사모임 매체연구회가 창립된 지 20년이 되었습니다. 1998년 전국국어교사모임 연수에서 중등 국어 교사들이 학생들의 삶과 밀착된 미디어를 국어 시간에 활용함으로써 학생들의 삶을 위한 교육을 해 보자고 모였습니다. 매체연구회 모임에서 공부하고 실천해 가면서 미디어를 활용한 교육보다 미디어에 대한 교육이 필요하다는 것을 공유하게 되었지요. 그래서 저희는 매체 언어 교육 즉 미디어 리터러시 교육과 국어 교육을 연계하려고 애썼습니다. 그 결과를 2005년 책『국어 시간에 매체 읽기』와 활동 시디 자료로 만들었습니다.

　10여 년 남짓 미디어 환경은 너무나 빨리 바뀌어 이제는 그때 책의 부록이었던 시디를 읽을 드라이브도 없어진 세상이 되었습니다. 검색어를 넣어 글자로 읽기보다 유튜브로 검색하는 아이들, SNS에서 의미 없는 단문을 주고받고 쉽게 사이버 폭력을 행해 사회적으로 큰 문제가 되는 세상, 개인 미디어가 홍수처럼 쏟아져 나오는 미디어 과잉의 환경으로 변화했습니다. 매체연구회 교사들은 이러한 변화들을 수용한 미디어 교육을 실천하고자 노력하였고 그 결과물이 이 책입니다.

　미디어 리터러시 교육은 미디어와 미디어 텍스트를 사회적, 문화적 맥락에서 이해하고 비판하며 창조적으로 표현하고 사회적으로 참여하기 위한 능력 및 태도를 갖추기 위한 교육입니다. 또한 미디어가 전달하는 정보나 문화 콘텐츠에 적절히 접근하여 이를 비판적으로 이해하고, 미디어를 활용하여 의미 있는 정보와 문화를 생산하고 전달할 수 있는 능력 및 윤리적으로 책임 있게 미디어를 이용하는 태도를 함양하는 교육을 의미합니다.

　이 책에서 '매체 교육' 혹은 '매체 언어 교육' 용어 대신 '미디어 교육' 혹은 '미디어 리터러시 교육'이라는 용어를 쓰는 이유는 도구적, 언어적 관점에 한정되지 않은 사회적, 문화적 소통과 맥락을 포괄하는 관점임을 명확히 하기 위해서입니다.

　미디어 리터러시 교육에 관한 이러한 관점을 바탕으로 우리는 수업을 구상하고 실천하였습니다. 이 책에는 매체연구회 교사들이 국어 수업 시간뿐만 아니라 창의적 체험 활동,

자유 학기, 동아리 활동 시간 등 가능한 모든 시간에 행한 학교 미디어 리터러시 교육 활동들을 담았습니다. 다시 말해 '국어 교사'가 한 미디어 유형별 미디어 리터러시 교육의 실천서라고 할 수 있습니다.

미디어 교육과 관련하여 여러 이론서들이 있지만 실제로 미디어 리터러시 수업에 대한 경험들을 모아 놓은 사례는 드뭅니다. 그래서 학교에서 미디어 교육을 하고자 하는 여러 선생님들에게 도움을 주고자 미디어 수업의 방향, 국가 수준의 교육과정, 수업, 평가를 모두 아우르는 책을 만들고자 하였습니다. 국어 교사와 국어 교과가 중심이 되는 책이지만 여러 교과와 다양한 시간에도 활용할 수 있을 것입니다.

이 책은 크게 미디어 리터러시 교육을 하기 위해 알아 두어야 할 기본적인 내용을 다룬 1부와 미디어별로 교사들이 실제 수업한 생생한 사례를 다룬 2부로 되어 있습니다. 1부에서는 학교에서의 미디어 교육의 필요성, 내용, 어려움을 짚어 보고 국가 수준의 교육과정을 분석하고 검토하였습니다. 이를 통해 학교에서의 미디어 교육이 교육과정 재구성, 교과융합 교육과정으로 발전 가능함을 보여 주고자 했습니다. 2부에서는 매체연구회 선생님들이 미디어 유형별 수업을 계획하고 실천한 과정에서 느낀 성과와 고민을 진솔하게 이야기하며 독자들과 공유하고자 하였습니다. 각 절의 원고는 대표 저자가 있지만 여러 차례 회의와 피드백을 주고받아 완성한 공동 작업이므로 사실 매체연구회 교사 모두가 공동 저자입니다.

이 책은 우리가 지난 20년 간 청소년의 미디어 문화에 끊임없이 관심을 기울이고 이를 교육적 관점에서 흡수하여 아이들을 올바르게, 행복하게 성장시키고자 계속해 온 노력의 결실입니다. 그 실천에 여러분이 학교에서 수업으로 계속 동참해 주신다면 새로운 이름의 개정판은 지속적으로 만들어질 것입니다.

한편, 분량의 문제로 이 책에 수록되지는 못했지만 원고로 집필된 미디어 유형별 워크북 및 학습지를 출판사 홈페이지에서 내려받아 수업 시간에 유용하게 활용하시길 바랍니다. 또한 2018년 초에 발간한 청소년을 위한 읽기 책인 『슬기로운 미디어 생활』과 같이 이 책을 활용하시면 더 좋습니다.

이 책이 만들어지기까지 같이 애써 주신 많은 분들께 감사의 인사를 드립니다. 특히 책의 기획부터 동참하셨지만 개인적 사정으로 원고를 싣지 못하게 된 안용순, 이영발 선생님께 감사드립니다. 또한 공동 작업의 어려움에도 불구하고 또 한 권의 수업 이야기가 기록될 수 있도록 함께해 주신 매체연구회 선생님들과 기쁨을 나누고 싶습니다. 마지막으로 주말과 방학에도 책 작업에 헌신할 수 있도록 배려해 준 가족들에게도 감사의 마음을 전합니다.

저자를 대표하여 송여주 드림

**차례**

머리말     4

### 1부  학교에서의 미디어 교육

거부할 수 없는 흐름, 미디어 교육     11

미디어 리터러시 교육, 어떻게 해야 할까?     23

### 2부  수업으로 실천한 미디어 교육

뉴스로 세상 보기, 뉴스로 내 삶 읽기     43

자본주의의 욕망, 광고 읽고 표현하기     71

몰입의 즐거움, 게임으로 세상 이해하기     94

| | |
|---|---|
| 그리고 올리고 읽고 나누기, 웹툰 | 122 |
| 영화처럼, 카메라에 담은 우리들의 이야기 | 148 |
| 유튜브와 SNS로 소통하기 | 171 |
| 매체 변형, 새로운 의미와 가치의 탄생 | 192 |

• QR코드를 통해 워크북 및 학습지를 해냄에듀 홈페이지에서 내려받을 수 있습니다.

### 부록

| | |
|---|---|
| 매체연구회가 걸어온 자취 | 218 |
| 미디어 변형 작품 목록 | 220 |
| 주요 용어 정리 | 223 |
| 주석 보기 | 228 |
| 미디어 리터러시 교육을 위한 도서 | 233 |

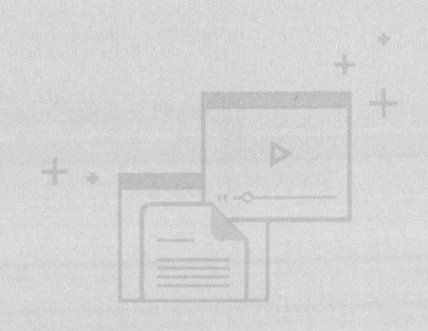

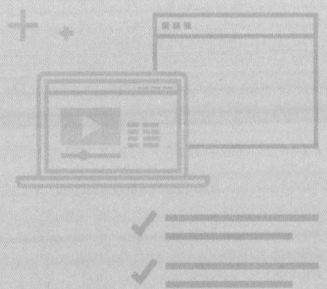

1부

# 학교에서의 미디어 교육

# 거부할 수 없는 흐름, 미디어 교육

송여주(경기글로벌통상고등학교)

## 우리가 만나는 학생들의 변화

　교사들은 늘 자신보다 어린 세대들을 만난다. 그런데 지금 우리가 만나고 있고, 앞으로 만날 아이들은 현재 40대 이후인 교사들과는 성장 배경과 물적 조건이 전혀 다르다. 과학기술정보통신부와 한국인터넷진흥원이 실시한 2017년도 인터넷 이용 실태 조사에 따르면, 한국 인터넷 이용률과 스마트폰 이용률은 각각 90.3%와 87.8%로 세계에서 가장 높은 편이다. 10대의 인터넷 이용률과 스마트폰 이용률은 각각 99.9%와 97.2%로 청소년들 중 인터넷과 스마트폰을 이용하지 않는 경우는 거의 없다. 또한 인터넷 이용자의 99.3%가 모바일 기기를 통해 인터넷 미디어를 이용한다. 한편 4차 산업인 인공지능, 사물 인터넷, 가상 현실, 가상 화폐 등이 현실화되면서 디지털 기술의 발달로 인한 인간 생활의 변화는 그 폭을 가늠하기 힘들다.

　디지털 네이티브인 청소년들은 유·소년기 때부터 스마트폰을 장난감처럼 다루기 시작했다. 골목과 놀이터에서 놀았던 어른들과는 달리, 유·소년기 시절에 스마트폰으로 영상을 보거나 게임을 하고 SNS를 하며 대화한다. 또 개인용 PC의 시공간적 제한성에서 벗어나 걸어 다니면서도 스마트폰을 들여다본다. 모든 자료는 디지털화되어 인터넷에 있고 네트워크에 접속하여 공유한다. 네트워크 기술은 빠르게 발전하여 유튜브와 같은 플랫폼들에서 동영상을 공유하고 있다. 청소년 중에는 이러한 플랫폼에서 1인 방송을 하며 활동하는 경우도 있다. 오늘날 미디어는 청소년들의 경험의 핵심이며 사회화에 영향을 미치는 주요한 힘이다. 다음 세대들에게 미디어란 무엇인가를 질문하고 탐구하는 과정이 학교에 없다면 그것은 교육의 방치에 다름 아닐 것이다.

## 책임 있는 정보 수용 및 생산을 위한 미디어 교육

디지털 미디어 시대에는 개인과 집단의 책임 있는 정보의 수용 및 생산을 위해 미디어 교육이 꼭 필요하다. 라디오, 텔레비전, 신문 등이 주요한 대중 매체였던 시대에는 주로 사회적 기관이 정보를 생산하고 개인과 집단이 이를 수용하는 형태였다. 하지만 디지털 시대의 미디어는 개인적, 사회적 소통을 모두 아우르는 도구이다. 개인과 집단, 기관을 막론하고 모든 정보의 생산과 수용 과정에 미디어가 개입한다. 디지털 미디어 이전에 개인과 개인은 직접적인 면 대 면으로 소통했지만 지금은 디지털 미디어에 의해 개인과 개인 간에 매개된 소통 방식이 확대되었다. 현대의 청소년들은 인터넷과 SNS, 개인 미디어를 활용함으로써 미디어 문화에 직접적으로 참여하면서 영향을 받고 영향을 끼친다.

또한 디지털 미디어 시대에는 '미디어 활용 교육'과 '미디어에 대한 교육'의 엄격한 구분이 어렵다. 예를 들어, 인터넷이 없었던 시절에 방송사나 신문사에서 제작한 뉴스나 신문에 대한 미디어 교육은 매체의 성격 및 특성을 알고 수용자에게 제공된 뉴스를 비판적으로 이해하는 것이었다. 뉴스나 신문 기사의 생산 과정에서 뉴스 시청자나 신문 구독자의 참여는 매우 제한적이었다. 그러나 소셜 미디어와 1인 미디어의 등장으로 방송사와 신문사보다 더 빨리 뉴스를 전하는 사람들이 생겼다. 개인과 사회 집단이 디지털 도구와 기술을 활용하여 뉴스를 생산하고 확산시키는 것이 용이해졌다. 디지털 미디어의 이용자들이 유력한 뉴스의 생산자이며 소비자가 된 것이다. 그러나 이들은 방송사와 신문사 등 미디어 기관이 뉴스를 생산할 때 거쳐야 하는 사실 검증의 절차를 요구받지 않는다. 청소년을 위한 미디어 교육에서 뉴스의 성격과 특성을 알고 주어진 뉴스를 비판적으로 이해하는 것과 더불어 상시적으로 직접적인 뉴스 생산에 참여할 때 알아 두어야 할 디지털 도구와 기술을 활용하는 능력, 허위 정보를 판별하는 능력, 미디어 윤리 등에 대한 교육의 중요도는 매우 높아졌다.

## 문화 향유 및 성찰을 위한 미디어 교육

철학자 폴 리쾨르는 인간이 자신의 정체성을 형성해 나가고 자기를 이해하는 과정이 투명하거나 직접적인 과정이 아니라고 말했다. 그는 '기호, 상징 그리고 텍스트에 의해 매개되지 않는 자기 이해란 없다.'고 말한다.[1] 현대의 일상생활에서 청소년들이 접하고 활용하는 기호, 상징, 텍스트의 대부분은 미디어를 통해 생산된다. 청소년들은 다양한 미디어와 미디어 텍스트로 그들의 문화를 이루며, 그것을 매개로 자신이 추구하는 가치, 삶을 형성해 나간다. 청소년들이 미디어 문화를 향유하는 과정은 그들의 성장 과정과 거의 동일하다. 어른인 우리 자신을 돌이켜 봐도 10대 시절에 향유했던 대중문화와 미디어가 그 이후의 삶에 정서적으로 준 영향을 부인할 수 없다.

문화적 관점에서 미디어 교육의 중요성은 주로 대중 매체와 관련해 언급되어 왔다. 대중 매체와 대중문화를 바라보는 미디어 교육의 관점은 크게 두 가지였다. 하나는 유해한 미디어로부터 청소년을 보호해야 한다는 관점이며, 다른 하나는 청소년이 미디어 문화 향유를 통해 정체성을 구현하며 즐거움을 얻는다는 관점이다. 보호주의적 관점은 청소년이 미디어의 부정적인 영향을 받기 쉬운 존재이므로, 미디어의 악영향으로부터 청소년을 보호하기 위한 내용의 미디어 교육이 이루어져야 한다는 입장을 취한다. 텔레비전과 인터넷 등 새로운 미디어가 등장할 때 주로 강조되는 미디어 교육의 관점이다.

반면에 청소년의 미디어 문화 향유를 통한 정체성 구현 및 즐거움을 강조하는 미디어 교육의 관점은 미디어 수용자의 적극적인 해석, 성찰, 재창조에 초점을 맞춘다. 이러한 분석은 영국의 문화 연구자들의 대중문화 텍스트 연구에서 시작되었다. 그들은 동일한 대중문화 텍스트도 수용자의 처지와 태도에 따라 다르게 해석되고 받아들여진다는 사실을 밝혀내었다. 청소년 수용자의 경험과 취향, 해석의 능동성을 중시하는 미디어 교육은 청소년의 정체성 구성에 도움이 되며, 새로운 미디어 문화를 창조하는 기반이 될 수 있다. 이처럼 미디어 교육은 현재의 학생들이 자신의 정체성 형성에 바탕이 되는 문화의 측면에서도 중요하다 하겠다.

## 민주 시민 교육으로서 미디어 교육

청소년들은 우리 사회를 구성하는 시민의 한 사람이다. 공공선과 공익을 추구하는 시민으로서 갖추어야 할 자질들을 교육하는 것이 민주 시민 양성 교육인데, 민주 시민 양성이라는 목표 역시 미디어 리터러시 교육과 밀접하게 연관된다. 시민은 개인적 이익이나 사적인 관계에만 머무르지 않고 공공의 장으로 나아가 공동체의 관심사를 공유하고 자유롭고 평등한 주체로 서로 관계 맺으며 공동의 문제를 함께 숙의하고 해결하는 사람들로 정의된다.[2] 근대 민주주의 사회에서 시민은 정치적 기본권을 가진 사람으로 사회의 근간을 이루는 존재이다. 그래서 청소년을 민주 시민으로 성장시키는 것은 현대 민주주의 사회의 중요한 교육 목표로, 우리의 교육법과 교육과정에서도 명시되어 있다. 민주 시민 양성을 위해 미디어를 통해 소통되는 현재 사회의 다양한 이슈를 적절한 방식으로 읽어 내고 공유하며 토론하고 실천해 나가는 과정이 교육에서 이루어져야 한다. 이는 우리가 접하는 미디어들이 — 심지어 SNS나 개인 미디어도 — 사적인 것이 아니라 공적인 것임을 인식하는 과정이며 미디어 리터러시 교육이 수반되어야 하는 과정이다.

한편 근대 이후의 시민들은 사회적 의제를 설정하고 사회의 현안을 해결하는 것에 직접적으로 참여하지 않고, 투표처럼 간접적인 방식으로 참여하였다. 그러나 현대 정보화 사회에 접어든 이후 시민들은 인터넷과 스마트폰을 개인적인 소통에만 사용하는 것이 아니라, 누구나 쉽게 사회적 문제에 참여하고 사회적 공론장에서 의견을 제안하는 것에도 적극적으로 활용하고 있다. 즉 전자 민주주의에 의해 직접 민주주의가 보다 활발해지고 있다.

반면 인터넷에서 사회적 쟁점에 대한 논쟁과 의견 표명을 넘어 극단적인 혐오와 반감을 표현하며 공격하는 경우도 빈번하게 일어난다. 민주적 가치관과 태도를 가진 시민은 사회적 의제를 설정하고 사회 문제를 해결하는 것에 참여하며 실천하는 사람이면서 의견과 처지가 다른 타인을 관용과 포용의 자세로 대하는 사람이어야 한다. 이러한 시민 양성에는 미디어의 비판적 이해, 주체적 향유, 성찰적 자세 및 참여를 목표로 한 미디어 교육이 필수적이다.

## 무엇을 교육해야 하는가?

요즘은 수업을 시작하기 전에 필수적으로 교실에 수업용 컴퓨터와 멀티 기자재를 연결한다. 동영상 시청은 매우 흔한 일이다. 「지식 채널 e」, 「세상을 바꾸는 시간, 15분」 같은 짧은 교육용 영상을 수업 중간중간 쓰거나 「소셜포비아」, 「자전거를 탄 소년」 등 영화를 보고 글쓰기를 하기도 한다. 파워포인트로 발표 수업을 하는 교실도 쉽게 찾아볼 수 있다. 주제 탐구 수업이나 간단한 발표 수업에도 매체 자료를 제작하는 것은 상식에 속한다. 좀 개방적인 선생님들은 학생들에게 스마트폰으로 검색 활동을 하도록 하며 수업을 진행하는 경우도 많다. 뉴스나 광고의 내용을 비판적으로 읽어 내는 수업 활동은 흔히 접할 수 있다. 또한 인터넷에서의 예절, 사이버 폭력 등에 관한 교육은 교과 시간 외에도 창의적 체험 활동 시간에도 자주 이루어진다.

이처럼 매체는 교수 학습의 도구나 보조 자료로 광범위하게 활용되며, 미디어는 학습의 이해와 표현 활동에도 중요한 비중을 차지한다. 그럼에도 여전히 미디어 교육이 자신의 교과와는 상관이 없다고 생각하는 교사들이 많다. 독서 교육 못지않게 미디어 교육은 학교 교육과정에서 많은 교과와 연관된다. 이제 교사는 자신의 교과에 한정 짓지 않고 학교에서 이루어지는, 이루어져야 하는 미디어 교육의 모습에 대해 이야기해야 한다.

미디어 교육은 그 주요 개념을 중심으로 교육 내용을 구성할 수 있다. 미디어 교육은 텍스트의 목록이나 특정한 학습 대상을 규정하기 어렵기 때문에 '주요 개념'으로 접근하는 것이 좋다. 미디어 교육처럼 그 내용이 빠른 속도로 '시대에 뒤떨어지게 되는' 분야에 있어서는 지식의 집합을 규정할 수도 없다.[3] 데이비드 버킹엄은 미디어 교육의 주요 개념을 제작자나 제작 기관, 언어, 재현, 수용자로 보고, 각각의 개념에 관한 학습을 교육 내용으로 제안했다.

2005년 발간된 『국어 시간에 매체 읽기』 역시 개념 중심으로 교육 내용을 구성하였다. 그런데 그 책의 핵심 개념들은 미디어 교육과 국어 교육을 아우르는 공통 개념으로, 일반적인 미디어 교육의 핵심 개념들과는 좀 다르다.

『국어 시간에 매체 읽기』에서 제시한 주요 개념들은 재현, 이미지, 서사, 인물, 리듬, 은유와 상징, 수용자, 제작 등이다. 이는 국어 교육의 관점이 많이 반영된 개념들로, 미디어 교육과 국어 교육의 교집합을 만들고자 했던 시도였다. 각 교과와 연계된 미디어 교육의 교육 내용을 개념을 중심으로 구성하는 방안은 교과에서 고민해 볼 만한 주제이다.

이 책에서 우리는 개념 중심의 관점을 수용하면서 디지털 미디어 시대에 중요성이 높아진 미디어 윤리 및 문화, 미디어 유형 및 갈래를 교육 내용으로 제안하고자 한다. 그래서 매체 언어, 윤리 및 문화수용자, 재현, 미디어 유형 및 갈래의 교육 내용을 살펴볼 것이다. 먼저 매체 언어가 있다. 매체 언어는 이미지나 영상 언어 등 음성 언어와 문자 언어 외의 기호를 포괄하는 개념이었다. 미디어를 구성하는 모든 기호들이 의미를 가지고 있다는 기호학의 관점은 미디어의 언어를 해석하고 이해하는 것에 도움을 주었다. 디지털 미디어의 발달은 미디어 교육에서 언어의 물질성을 고려한 복합 양식성 개념을 등장시켰다. 예를 들어 똑같은 글 내용으로 제작한 책일지라도 이미지의 결합 여부와 형태, 서체, 글자의 크기, 편집 디자인에 따라 해석되는 의미가 달라진다. 또한 동일한 텍스트가 책이 아닌 온라인상에 제시되면 다른 양식들과 더 복합적으로 결합되어 새로운 의미로 해석된다. 온라인상에서는 책과 다른 물질성을 지녀 책을 읽을 때와는 다른 방식으로 읽게 된다. 즉, 컴퓨터나 스마트폰의 화면에서 영상, 댓글, 하이퍼링크, 광고, 인터넷 등과 결합한 형태로 수용자가 의미를 해석하게 된다.

미디어의 의미를 구성하는 언어적 특성은 미디어의 특성에 따라 이용자가 일정한 방향으로 해석이나 창작을 하도록 유도한다. 예를 들어 SNS에서 사용자들이 긴 글을 쓰지 않게 되고, 문자 언어와 이미지, 영상을 결합하는 방식으로 글을 쓰게 되는 것이 미디어의 특성 때문이다. 즉 미디어의 특성에 따른 행동 유도성에 의해 사용자들이 특정한 쓰기의 방향 및 특성을 보인다.

다음으로 미디어 윤리가 있다. 이전에는 미디어 윤리라고 하면 주로 대중 매체인 신문사, 방송사, 광고사 등이 지켜야 할 윤리를 가리켰지만, 디지털 미디어 시대에 미디어 윤리는 디지털 미디어를 사용하는 개인이나 단체 등이 지켜야 할 윤리를 가리키는 의미로 확장되었다. 이때 미디어 윤리는 도덕적 책임뿐 아니라 법적 책임까지 아우르는 개념이다. 인터넷의 발달로 인해 각종 정보의 복사 및 공유가 용이해진 조건에서 저작권, 지적 재산권, 초상권, 개인 정보 보호, 사이버 폭력 등의 법적인 권리와 책임까지 포함된다.

또한 미디어에서 현실이 어떻게 재현되고 있는지, 그리고 우리는 우리의 현실을 미디어에 어떻게 재현할 것인지를 탐색하는 것 역시 미디어 교육에서 다루어져야 한다. 특히 학생들이 관심을 가지는 사회적 이슈와 관련된 주제를 주로 다룰 필요가 있다. 예를 들어 젠더를 주제로 텔레비전 미디어 속의 여성상이 다양한 미디어에서 어떻게 재현되는지를 탐구할 수 있다. 다음 사례는 고등학생이 탐구한 미디어 속의 여성 혐오에 관한 보고서의 내용이다.[4]

유아기는 '여자는 핑크, 인형. 남자는 파랑, 로봇' 과 같이 아이들의 성 역할 인식에 영향을 주는 스테레오 타입에 대해 분석했다. 10대는 텔레비전 미디어의 사례를 찾지 못해 아쉽게도 학생을 억압하는 교복에 대해 분석했다. 광고 사례로는 ○○○○의 교복 광고가 '성적 대상화'의 한 사례로 나왔고 이를 분석했다. 20대는 '데이트 폭력'을 자연스럽게 묘사하는 드라마 사례와 여성의 '성적 자기 결정권'에 소극적인 경구 피임약 광고를 분석했다. 30대는 가정에서 맞벌이 부부의 평등하지 못한 역할, 가부장제를 미화하는 광고 사례와 출산을 장려하지만 여성의 인권은 생각하지 않는 공익광고, 여성 소비자를 배려하지 않은 자동차 광고를 분석했다. 40대는 여성에게만 가사 노동의 부담을 떠넘기면서 가부장제를 미화하는 세탁기 광고에 대해 분석했다.

광고나 드라마 등에 재현된 여성의 이미지 중 여성에게 억압적인 고정 관념이나 가치 체계를 반영하거나 강화하고 있는 내용을 분석하였다. 이 탐구 보고서를 작성한 학생은 마지막에 미디어 교육을 제안하고 있다.

미디어 유형 및 갈래 역시 빼놓을 수 없는 교육 내용이다. 뉴스, 광고, 웹툰, 영화, 게임 등의 미디어 유형 및 갈래는 정보 전달, 설득, 심미적 체험 등의 목적을 가지고 있다. 또한 미디어 유형 및 갈래는 미디어 언어의 특성, 수용과 생산에 관련된 사회적 맥락, 수용자와 생산자에게 미치는 영향이 다르다. 미디어에 대한 비판적 이해 및 표현, 문화적 향유 및 생산과 관련된 미디어 교육은 미디어 유형 및 갈래에 크게 기대고 있다. 그런데 2015 개정 교육과정 성취기준을 보면 구체적인 미디어 유형 및 갈래를 명시하지 않는 방식으로 제시되고 있다. 현실적인 수업 상황에서 구체적인 미디어 유형 및 갈래를 체계적으로 이해하고 깊이 있게 탐색하기 위해서는 이들의 특성을 고려한 수업이 필요하다. 또한 교육과정의 성취기준에 적절한 특정 미디어 유형 및 갈래에 집중하여 수업을 할 수밖에 없다.

우리가 2부 '수업으로 실천한 미디어 교육'에서 미디어 유형 및 갈래 중심으로 내용을 구성한 것도 교실에서 실행될 수업 상황을 고려한 것이며, 학생들이 사용하는 다양한 미디어의 특성을 이해하기 위해서 미디어 유형별 수업이 필요하다 여겼기 때문이다.

그런데 이러한 미디어 교육의 내용들은 분리하여 교육할 수 없다. 예를 들어 미디어의 재현을 분석할 때에는 텍스트를 구성하는 복합 양식의 의미를 분석하는 과정이 선행되어야 한다. 미디어 윤리 역시 미디어의 유형 및 특성과 분리하여 생각할 수 없다.

한편 미디어 교육의 필요성에 공감하고 학생들에게 제공되어야 할 내용과 영역을 이해하더라도 막상 미디어 교육을 학교에서 실천하는 것은 여러 모로 쉽지 않다.

## 미디어 교육의 실천에서 겪는 어려움은 어떻게?

학교에서 미디어 교육을 하고자 하는 교사들은 많은 어려움에 부딪힌다. 대부분의 교사들은 미디어 교육에 관해 충분히 배우지 못한 채 교사가 된다. 사범 대학 및 교직 과정에 미디어 리터러시 관련 강좌들이 충실하게 개설되어 있지 않기 때문이다. 그래서 교사들은 미디어 리터러시 수업의 본질과 방향에 대한 인식이 미흡한 상태에서 교직에 나온다. 교사가 된 후 학생들과의 만남 속에서 미디어 리터러시 교육의 필요성을 느끼게 되어 이를 시작하려 해도 경험 및 역량 부족을 절감한다.

교육부나 교육청에서 미디어 교육과 관련된 연수를 운영하지만, 실습과 토의가 부족하고 대체로 이론 전달 중심으로 이루어져 자신의 수업에 적용하기가 쉽지 않다. 이곳저곳에서 참고가 될 만한 수업 자료나 수업 방법을 찾아보지만 미디어의 특성과 유형별로 적절한 자료를 찾기란 쉽지 않다. 무엇보다 미디어의 발달과 변화 속도가 너무나 빨라 바로 얼마 전 학습 자료도 수업에 쓰기에 적절하지 않다.

또 다른 어려움으로 미디어 환경이 급변하면서 오히려 학생들이 교사보다 미디어 활용 능력이 나은 경우가 많다. 지금까지 교사들은 지식을 많이 가지고 있으며 지식을 새로운 세대들에게 전달하여 왔으나 전도 현상이 벌어진 것이다. 교사들은 '디지털 네이티브'인 학생들에 비해 뉴 미디어와 다양한 미디어에 대한 이해나 기술이 부족하여 자신감을 잃기 쉽다. 또한 학생들의 미디어 활용 수준의 차이가 다양하여 어떤 지식과 기능을 수업에서 가르쳐야 하는지도 불명확하다.

하지만 미디어 활용 기술이 부족하다고 교사들이 미디어 교육을 할 수 없는 것은 아니다. 미디어 리터러시 교육은 기본적으로 미디어에 대한 지식이 많은 전문가가 일방적으로 전달하는 방식이 아니라, 학습자의 체험과 성찰로부터 출발한다. 그러므로 학습자의 체험적 지식을 공적인 지식으로 변환할 수 있도록 돕는 것이 교사의 중요한 역할이다.[5] 학생들이 자주 사용하는 미디어를 성찰하며 올바로 사용할 수 있도록 하고 긍정적인 체험의 기회를 제공하는 것이다. 또한 학생들이 자주 사용하지 않으나 교육적 필요성이 있는 미디어나 미디어를 이해하기 위해 필요한 사회·문화적 맥락 등은 교사가 의식적으로 교육해야 한다.

이 모든 미디어 교육 실천의 과정에서 부딪히는 어려움에도 불구하고 우리는 학생들의 모습 속에서 미디어 교육이 필요하다고 느꼈다. 학생들의 생활과 문화에 미디어가 얼마나 밀착되어 있고 막상한 영향력을 미치는지 느꼈던 순간을 떠올린다. 그리고 학생들이 함께 미디어 수업을 하며 자신의 삶과 체험을 수업 속으로 끌어들여 성찰하고 즐겁게 성장하는 모습을 보며 교사로서 뿌듯함을 느꼈던 순간을 떠올린다.

인터넷에서 가짜 뉴스가 만들어지는 과정을 돌아보는 활동을 한 후 학생들이 말한다. "저도 비슷한 일을 겪었어요. SNS에 올라온 걸 애들이 제대로 사정을 알아보지도 않고 누군가 올린 걸 사실로 믿어 버리더라고요. 너무 난처했는데 이런 걸 배우면 그 애들도 그러지 않겠죠?"

인터넷에서 만화를 그리는 최규석 작가의 인터뷰 댓글에서 발견한 어느 학생의 글을 기억한다. '이제는 대학생인 제가 중학교 1학년 국어 시간에 선생님 추천으로 봤던 '공룡 둘리에 대한 오마주'를 기억해요. 그때 만화를 좋아해서 많이 봤지만, 그런 내용의 만화는 처음이라 엄청 충격을 받았지요. 하지만 우리 사회의 현실이라는 걸 얼마 안 돼 알게 되었어요. 최규석 작가님, 계속 좋은 만화 많이 그려 주셨으면 좋겠어요.'

아이들의 삶 속에 깊이 스며드는 교육을 위해 우리는 오늘도 미디어 수업을 한다.

# 미디어 리터러시 교육, 어떻게 해야 할까?

장은주(서울 마곡중학교)

미디어 환경의 변화로 '미디어 리터러시'에 대한 중요성이 커지고 있다. 미디어 리터러시라는 용어의 사전적 의미는 '미디어를 읽고 쓸 수 있는 능력'이지만, 실질적으로 미디어 리터러시는 '미디어가 전달하는 정보나 문화 콘텐츠에 적절히 접근하여 이를 비판적으로 이해하고, 미디어를 활용하여 의미 있는 정보와 문화를 생산하고 전달할 수 있는 능력 및 윤리적으로 책임 있게 미디어를 이용하는 태도'라고 할 수 있다.[1)]

미디어 리터러시는 유네스코 등은 물론, 핀란드, 영국, 호주 등지의 교육과정 문서에도 명시되는 등 교육의 중요한 영역으로 자리 잡았다. 미디어 리터러시는 독립된 교과나 영역은 아니지만, 교과, 창의적 체험 활동 등 학교 교육 전반에 걸쳐 다루어지고, 가정 및 지역 사회와도 연계하여 다루어야 하는 주제이다.

우리나라에서는 2007, 2009 개정 교육과정의 범교과 학습 주제로 '미디어 교육'이 명시되기도 했다.[2)] 그러나 2015 개정 교육과정에서는 범교과 학습 주제에서 미디어 교육이 삭제되고, 각 교과 교육과정 성취기준이나 교수·학습 방법 등에 포함되었다. 또 디지털 리터러시 관련 내용이 일부 교과 교육과정에 반영되기도 하였다. 이러한 변화는 학교에서의 미디어 리터러시 교육이 교과 학습에서부터 이루어져야 함을 의미한다.

이 글에서는 2015 개정 교육과정 중 교과별로 미디어 리터러시 관련 내용을 살펴보고[3], 학교에서 미디어 리터러시 교육을 실천하기 위한 구체적인 방안을 모색해 보고자 한다.

## 1. 나눠 보기: 무엇을 가르칠 것인가?

### 가. 국어, 언어와 매체

영국, 캐나다, 호주, 핀란드 등 소위 미디어 교육의 선진국에서는 모국어 교육과 연계하여 미디어 교육이 이루어지고 있다. 우리나라에서도 교육과정에 미디어 교육이 명시되기 이전부터 국어 교사들을 중심으로 미디어 리터러시 교육이 실천되어 왔고, 이제는 국어과 교육과정에 미디어 리터러시 관련 내용이 다양하게 반영되어 있다.

미디어 리터러시 교육 내용이 국어과 교육과정에 체계적으로 반영된 것은 2007 개정 교육과정부터이다. 7차 교육과정의 『국어 생활』이라는 과목에 미디어 리터러시 교육의 내용이 반영되기는 했으나(나) 문화 속의 국어 생활 〉 ③ 국어와 매체 환경, 전반적인 국어 생활을 다루는 내용 중 한 개 단원에 한정되어 있다 보니, 교과서에 제시된 학습 목표가 추상적이고 광범위하기도 했다. 그리고 2007 개정 교육과정의 국민 공통 기본 교육과정에서는 듣기, 말하기, 읽기, 쓰기의 하위 영역의 성취기준, 담화나 글의 성격에 구체적인 미디어 유형이 명시되었고, 선택 과목으로 『매체 언어』 과목이 신설되었다. 그러나 『매체 언어』 교과서는 만들어지지 않았고, 2009 개정 교육과정에서는 이 과목이 폐지되었다. 대신 듣기·말하기, 읽기, 쓰기의 성취기준에 미디어 리터러시 관련 내용이 반영되어 2015 개정 교육과정까지 이어졌으며, 2015 개정 교육과정에서는 국어과 심화 과목으로 『언어와 매체』가 신설되어 미디어 관련 내용을 집중적으로 다룰 수 있는 기반이 마련되었다.

**미디어 리터러시 관련 성취기준: 국어**

| 학교급 | 영역 | 성취기준 |
|---|---|---|
| 초 | 듣기·말하기 | [6국01-05] 매체 자료를 활용하여 내용을 효과적으로 발표한다. |
| | 읽기 | [6국02-05] 매체에 따른 다양한 읽기 방법을 이해하고 적절하게 적용하여 읽는다. |
| | 쓰기 | [6국03-02] 목적이나 주제에 따라 알맞은 내용과 매체를 선정하여 글을 쓴다. |
| 중 | 듣기·말하기 | [9국01-11] 매체 자료의 효과를 판단하며 듣는다. |
| | 읽기 | [9국02-07] 매체에 드러난 다양한 표현 방법과 의도를 평가하며 읽는다.<br>[9국02-08] 도서관이나 인터넷에서 관련 자료를 찾아 참고하면서 한 편의 글을 읽는다. |
| | 쓰기 | [9국03-01] 쓰기는 주제, 목적, 독자, 매체 등을 고려한 문제 해결 과정임을 이해하고 글을 쓴다.<br>[9국03-08] 영상이나 인터넷 등의 매체 특성을 고려하여 생각이나 느낌, 경험을 표현한다. |
| 고 | 읽기 | [10국02-02] 매체에 드러난 필자의 관점이나 표현 방법의 적절성을 평가하며 읽는다. |

초등학교의 성취기준은 미디어의 의미를 구성하는 다양한 기호와 언어의 작용을 이해하고 활용할 수 있는 능력(복합 양식 리터러시), 기술 변화로 인한 멀티미디어 텍스트의 속성을 이해하고 다양한 텍스트와 기술을 사용할 수 있는 능력(디지털 리터러시)과 관련된다. 중학교 성취기준은 앞의 능력들 외에도, 정보 생산의 주체와 의도를 비판적으로 파악하고 정보의 표현과 생산 방식에 따른 의미 효과를 비판적으로 이해할 수 있는 능력(비판적 리터러시)까지 다양하게 다룬다. 그리고 위 표의 성취기준처럼 '매체(미디어)'가 명시적으로 언급되지

는 않았지만, 성취기준 해설이나 교수·학습 방법에 '미디어'가 명시되는 등 미디어 리터러시 교육과 연계할 수 있는 성취기준들도 있다.

고등학교 일반 선택 과목인 『언어와 매체』의 미디어 리터러시 관련 성취기준은 다음과 같다.

**미디어 리터러시 관련 성취기준: 언어와 매체**

| 학교급 | 영역 | 성취기준 |
|---|---|---|
| 고 | 언어와 매체의 본질 | [12언매01-03] 의사소통의 매개체로서 매체의 유형과 특성을 이해한다. |
| | | [12언매01-04] 현대 사회의 소통 현상과 관련하여 매체 언어의 특성을 이해한다. |
| | 매체 언어의 탐구와 활용 | [12언매03-01] 매체의 특성에 따라 정보가 구성되고 유통되는 방식을 알고 이를 의사소통에 활용한다. |
| | | [12언매03-02] 다양한 관점과 가치를 고려하여 매체 자료를 수용한다. |
| | | [12언매03-03] 목적, 수용자, 매체의 특성을 고려하여 다양한 매체 자료를 생산한다. |
| | | [12언매03-04] 매체 언어의 창의적 표현 방법과 심미적 가치를 이해하고 향유한다. |
| | | [12언매03-05] 매체 언어가 인간관계와 사회생활에 미치는 영향을 탐구한다. |
| | | [12언매03-06] 매체를 바탕으로 하여 형성되는 문화에 대해 비판적으로 이해하고 주체적으로 향유한다. |
| | 언어와 매체에 관한 태도 | [12언매04-02] 자신의 매체 언어생활에 대해 성찰하고 문제점을 개선하려는 태도를 지닌다. |
| | | [12언매04-03] 현대 사회에서 언어와 매체 언어의 가치를 이해하고 언어문화와 매체 문화의 발전에 참여하는 태도를 지닌다. |

『언어와 매체』는 공통 과정의 학습 내용을 종합·심화하여 미디어 리터러시 교육 내용을 제시하였다. 그런데 각각의 성취기준을 달성하기 위해 어떤

유형의 미디어와 연계하는 것이 적절한지는 불분명하다. 공통 과정에서는 듣기·말하기, 읽기, 쓰기 등 영역별로 미디어 관련 내용이 명시되지만, 그것이 산발적으로 제시되어 있다 보니 학교급이 올라감에 따라 미디어의 본질이나 각 미디어 유형의 특성 등에 대한 학습이 체계적으로 이루어지기를 기대하기는 어렵다. 그러므로 교사는 학생들이 이전 학년(군)에서 어떤 미디어 지식을 익히고 어떤 미디어 체험을 했는지를 파악하고, 다른 과목에서는 무엇을 익히게 될지 등을 살펴보고 교육과정을 재구성하여 수업을 설계하는 과정이 필요하다.

### 나. 도덕, 생활과 윤리

도덕과에서 다루는 내용은 주로 정보 기술의 발달에 따른 윤리 문제이다. 미디어의 윤리적 책임과 대중 매체의 폭력성, 자본 종속성 등에 관한 비판적 이해 능력을 목표로, 사이버 폭력 문제, 저작권 문제, 사생활 침해 문제 등을 다룬다.

미디어 리터러시 관련 성취기준: 도덕, 생활과 윤리

| 학교급 | 영역 | 성취기준 |
|---|---|---|
| 초 | 타인과의 관계 | [6도02-01] 사이버 공간에서 발생하는 여러 문제에 대한 도덕적 민감성을 기르며, 사이버 공간에서 지켜야 할 예절과 법을 알고 습관화한다. |
| 중 | 타인과의 관계 | [9도02-05] 정보화 시대에 요구되는 도덕적 자세와 책임의 도덕적 근거와 이유를 제시하고, 타인 존중의 태도를 통해 다양한 방식으로 의사소통할 수 있다. |
| 고 | 과학과 윤리 | [12생윤04-02] 정보 기술과 매체의 발달에 따른 윤리적 문제들을 제시할 수 있으며 이에 대한 해결 방안을 정보 윤리와 매체 윤리의 관점에서 제시할 수 있다. |

앞의 표에 제시된 성취기준은 주로 디지털 미디어를 대상으로 한다. [6도02-01]의 내용 요소는 '사이버 공간에서 지켜야 할 것은 무엇일까?사이버 예절, 준법'이며, [9도02-05]의 내용 요소는 '정보화 시대에 우리는 어떻게 소통해야 하는가?정보 통신 윤리'이다. 고등학교 일반 선택 과목인『생활과 윤리』의 [12생윤04-02]에서는 '사이버 공간의 윤리와 현실의 윤리는 다른가?'라는 내용 요소가 제시되었다.

### 다. 사회, 한국지리, 세계지리, 사회·문화, 사회문제 탐구

사회과에서는 미디어를 사회 문화 현상 측면에서 다룬다. 통신 수단의 발달에 따른 생활 모습의 변화, 사회 변화로 특성 분석, 대중 매체와 대중문화의 비판적 이해 등 사회적·문화적·언어적 다양성의 증대로 인한 리터러시의 변화를 비판적으로 이해하고비판적 리터러시, 사회적·문화적·언어적으로 다양한 맥락에서 리터러시를 실행할 수 있는 능력문화적 리터러시을 다룬다.

지리정보시스템GIS을 활용하는 등 인터넷을 통한 조사 활동이나 영상 자료를 활용한 탐구와 같이, 교수·학습 방법 차원에서는 디지털 리터러시가 반영되어 있다. 기후와 지형 등 자연환경에 관한 정보뿐만 아니라 사회 현상이나 역사적 사건 등을 다루기 위해서도 뉴스, 다큐멘터리, 영화, 광고, 문학 작품, 인터넷 등을 활용하는 것이 교수·학습 방법으로 제시되기도 하였다.

**미디어 리터러시 관련 성취기준: 사회과**

| 학교급 | 영역 | 성취기준 |
|---|---|---|
| 초 | 우리가 살아가는 곳 | [4사01-02] 디지털 영상 지도 등을 활용하여 주요 지형지물들의 위치를 파악하고, 지도에 다시 배치하는 활동을 통하여 마을 또는 고장의 실제 모습을 익힌다. |

| | | | |
|---|---|---|---|
| 중 | | 다양한 삶의 모습과 변화 | [4사04-05] 사회 변화(저출산·고령화, 정보화, 세계화 등)로 나타난 일상생활의 모습을 조사하고, 그 특징을 분석한다. |
| | | 문화의 이해 | [9사(일사)02-03] 대중 매체와 대중문화의 의미와 특징을 이해하고, 대중문화를 비판적으로 평가하는 태도를 가진다. |
| 고 | | 국토 인식과 지리 정보 | [12한지01-03] 다양한 지리 정보의 수집·분석·표현 방법을 이해하고, 지역 조사를 위한 구체적인 답사 계획을 수립한다. |
| | | 세계화와 지역 이해 | [12세지01-02] 동·서양의 옛 세계 지도에 나타난 세계관 및 지리 정보의 차이를 조사하고, 오늘날의 세계 지도에 표현된 주요 지리 정보들을 옛 세계 지도와 비교하여 분석한다. |
| | | 문화와 일상생활 | [12사문03-02] 하위문화의 의미를 주류 문화와의 관계 속에서 설명하고 다양한 하위문화의 특징과 기능을 분석한다.<br>[12사문03-03] 대중문화의 특징을 대중 매체와의 관계 속에서 분석하고 대중문화를 비판적으로 수용하는 태도를 가진다. |
| | | 현대의 사회 변동 | [12사문05-02] 세계화 및 정보화로 인한 변화 양상을 설명하고 관련 문제에 대처하는 방안을 모색한다. |
| | | 게임 과몰입 | [12사탐02-01] 정보 사회의 의미와 특징을 이해하고, 정보 사회에서 나타나고 있는 다양한 사회 문제에 대해 조사한다.<br>[12사탐02-02] 또래 집단에 대한 관찰을 통해 게임 과몰입으로 인해 나타나는 문제점을 인식하고, 사회 문제 탐구 절차를 적용하여 게임 과몰입 문제에 대한 탐구 계획을 수립한다.<br>[12사탐02-03] 청소년 게임 과몰입의 원인에 대한 다양한 관점을 파악하고, 토의 등을 통해 게임 과몰입 문제의 해결 방안을 도출한다.<br>[12사탐02-04] 정보 사회의 문제 해결을 위한 제도적 노력 및 사회 기관(정보통신위원회, 시민단체, 사이버범죄수사대 등)을 탐구하고, 관련 직업에 대해 조사한다. |

고등학교 일반 선택 과목인 『한국지리』, 『세계지리』, 『사회·문화』와 진로 선택 과목인 『사회문제 탐구』에도 미디어 리터러시 교육 내용과 관련된 성취기준이 있다. 『한국지리』와 『세계지리』의 지리정보시스템 관련 내용은 이미지 읽기나 지리정보시스템 이용 등의 활동과 관련된다. 『사회·문화』에는 하위문화와 대중문화의 특징과 기능 분석, 비판적 수용 등을 성취기준으로 삼고 있다. 『사회문제 탐구』에서는 '게임 과몰입'을 청소년에게 발생하는 사회 문제로 설정하고, 탐구의 대상으로 제시하였다.

### 라. 미술, 미술 창작

미술 교과의 내용은 미디어의 다양한 시각적 이미지의 의미 작용을 문화·예술의 차원에서 이해하는 능력인 비주얼 리터러시와 밀접하게 관련된다. 초등학교 5~6학년과 중학교 단계에서 이미지 이해와 이미지 표현, 이미지의 문화적 소통, 미술과 다양한 분야의 융합이라는 관점에서 미디어에 접근하고 있다. 중학교에서부터는 학습 대상이 시각 문화로 범위가 확대되면서 교육 내용이 문화적 리터러시, 디지털 리터러시와도 관련된다.

**미디어 리터러시 관련 성취기준: 미술, 미술 창작**

| 학교급 | 영역 | 성취기준 |
|---|---|---|
| 초 | 체험 | [6미01-03] 이미지가 나타내는 의미를 찾을 수 있다.<br>[6미01-04] 이미지를 활용하여 자신의 느낌과 생각을 전달할 수 있다. |
| 중 | 체험 | [9미01-02] 시각 문화 속에서 이미지의 다양한 전달 방식을 이해하고 활용할 수 있다.<br>[9미01-04] 미술과 다양한 분야의 융합 방안을 모색할 수 있다. |
| | 표현 | [9미02-05] 표현 매체의 특징을 알고 다양한 표현 효과를 탐색할 수 있다.<br>[9미02-06] 주제와 의도에 적합한 표현 매체를 선택하여 활용할 수 있다. |
| 고 | 표현 | [12미02-03] 여러 가지 표현 매체의 조합이나 응용·확장을 통해 새로운 표현 효과를 탐색할 수 있다. |
| | 표현과 확장 | [12미창02-04] 타 학문과 타 영역과의 융합을 통해 확장되는 표현 매체의 특징을 알고 활용할 수 있다.<br>[12미창02-05] 작품의 제작 의도를 파악하고 표현 매체 활용의 특징과 효과, 조형 방식의 차이 등을 분석할 수 있다. |

### 마. 실과, 기술·가정, 정보

실과, 기술·가정, 정보 교과에서는 정보 통신 기술을 주로 다룬다. 이들 교과의 내용은 디지털 리터러시에 해당하는 내용으로, 디지털 기술을 다룰 수 있는 개인적 능력의 함양을 목적으로 한다. 사이버 폭력, 사이버 중독, 저작권, 지식 재산권, 개인 정보 보호, 소프트웨어가 우리 생활에 미치는 영향 등 정보 통신 기술의 발달에 따라 발생하는 윤리적 문제들을 구체적으로 다룬다.

미디어 리터러시 관련 성취기준: 실과, 기술·가정

| 학교급 | 영역 | 성취기준 |
|---|---|---|
| 초 | 기술 활용 | [6실05-05] 사이버 중독 예방, 개인 정보 보호 및 지식 재산 보호의 의미를 알고 생활 속에서 실천한다. |
| 중 | 기술 시스템 | [9기가04-17] 다양한 통신 매체의 종류와 특징을 이해하고 활용한다.<br>[9기가04-18] 정보 통신 기술과 관련된 문제를 이해하고, 해결책을 창의적으로 탐색하고 실현하며 평가한다. |

 2015 개정 교육과정에서는 『정보』가 필수 과목으로 지정되면서 소프트웨어 교육이 강조되고 있다. 『기술·가정』의 '기술 시스템' 영역이나 『정보』에서는 디지털 기술의 이해와 활용, 디지털 정보의 분석과 평가, 디지털 기기를 이용한 소통과 창조 등의 내용을 다루는 등 디지털 리터러시와의 관련성이 매우 높다.

미디어 리터러시 관련 성취기준: 정보

| 학교급 | 영역 | 성취기준 |
|---|---|---|
| 중 | 정보문화 | [9정01-02] 정보 사회 구성원으로서 개인 정보와 저작권 보호의 중요성을 인식하고 개인 정보 보호, 저작권 보호 방법을 실천한다.<br>[9정01-03] 정보 사회에서 개인이 지켜야 하는 사이버 윤리의 필요성을 이해하고 사이버 폭력 방지와 게임·인터넷·스마트폰 중독의 예방법을 실천한다. |
| | 자료와 정보 | [9정02-02] 인터넷, 응용 소프트웨어 등을 활용하여 문제 해결을 위한 자료를 수집하고 관리한다.<br>[9정02-03] 실생활의 정보를 표, 다이어그램 등 다양한 형태로 구조화하여 표현한다. |

| | | |
|---|---|---|
| 고 | 정보문화 | [12정보01-03] 정보 보호 제도 및 방법에 따라 올바르게 정보를 공유하는 방법을 실천한다.<br>[12정보01-04] 정보 보안의 필요성을 이해하고 암호 설정, 접근 권한 관리 등 정보 보안을 실천한다.<br>[12정보01-05] 소프트웨어 저작권 보호 제도 및 방법을 알고 올바르게 활용한다.<br>[12정보01-06] 사이버 공간에서 발생하는 사회적 문제를 예방하기 위한 제도를 이해하고 사이버 윤리를 실천한다. |
| | 자료와 정보 | [12정보02-01] 동일한 정보가 다양한 방법으로 디지털로 변환되어 표현될 수 있음을 이해하고 정보 활용 목적에 따라 보다 효율적인 방법을 선택한다.<br>[12정보02-02] 컴퓨팅 환경에서 생산되는 방대하고 복잡한 종류의 자료들을 수집, 분석, 활용하기 위한 컴퓨팅 기술의 역할과 중요성을 이해한다.<br>[12정보02-03] 인터넷, 응용 소프트웨어 등 컴퓨팅 도구를 활용하여 문제 해결을 위한 자료를 수집하고 분석한다.<br>[12정보02-04] 정보를 관리하는 데 적합한 컴퓨팅 도구를 선택하고 이를 활용하여 정보를 체계적으로 관리한다. |

고등학교 일반 선택 과목인 『정보』에는 정보 보호와 보안, 저작권 활용, 사이버 윤리, 효율적인 디지털 표현, 자료의 분석, 정보의 관리 등의 내용 요소가 제시되었다.

이와 같이 교과마다 미디어 리터러시에 관한 다양한 요소들이 학습 내용으로 제시되어 있다. 이러한 내용은 교과 내에서 다룰 수도 있고, 미디어 관련 주제 등을 중심으로 교과 통합 수업으로 구현할 수도 있다. 미디어 리터러시 교육의 구체적인 방안은 다음 절에서 살펴볼 것이다.

## 2. 엮어보기: 어떻게 가르칠 것인가?
### 가. 미디어 리터러시 학습 내용
미디어 유형마다 주된 소통 목적이나 표현 방식은 다르다. 그러므로 미디어를 통해 의미를 실현하는 방식이 무엇이고, 그러한 방식에 따라 생산자와 수용자는 어떻게 소통하는지를 실제적으로 학습하기 위해서는 미디어 유형에 대한 이해가 필요하다.

2007 개정 교육과정의 심화 과목인 『매체 언어』에서는 국민 공통 기본 교육과정의 분류를 참고하여, '정보 전달과 설득', '심미적 정서 표현', '사회적 상호 작용'에 따라 미디어 유형을 분류하였다. '정보 전달과 설득'에는 '뉴스, 칼럼, 광고와 사진, 기획물다큐멘터리, **특집**' 등이, '심미적 정서 표현'에는 '영상물, 대중가요, 사이버 문학, 만화, 오락물' 등이, '사회적 상호 작용'에는 '온라인 대화' 등이 제시되었다. 그러나 각 교과별 교육 내용은 교과의 내적 논리에 따라 구성되기 때문에 각 미디어 유형별로 살펴볼 때, 각 미디어 유형의 핵심적인 특성이 간과되거나 내용의 체계성과 위계성이 미흡해질 수 있다. 그러므로 이전 학년(군)에서의 미디어 지식과 미디어 체험을 고려하여 수업을 설계하거나 학교급별 미디어 교육과정을 설계하는 방안도 고려해 볼 필요가 있다.

학생들이 흥미로워하고 교육적으로도 의미가 있는 미디어 콘텐츠가 수업에 등장하더라도, 어떤 목적과 방법으로 미디어를 다루는지에 따라 미디어 활용 수업인지, 미디어 리터러시 수업인지가 달라질 것이다. 다음 표는 미디어 유형가로축과 미디어 교육의 수행 목표[4]세로축에 따라 미디어 리터러시 교육의 내용 요소들을 정리해 본 것이다. 미디어 수행 목표에 따라 적절하게 연계할 만한 미디어 유형이나 활동이 다르다. 예컨대 '감상과 향유'와 같은 수행 목표는 심미적 정서 표현과 관련되는데, 서사성이 강한 영화나 웹툰, 게임을 중심으로 활동을 설계하는 것이 적절하다.

## 미디어 유형별 주요 학습 내용의 예

| 수행 목표 \ 매체 갈래 | 뉴스 | 광고 | 영화 | |
|---|---|---|---|---|
| 의미 이해와 전달 | • 뉴스의 종류<br>• 뉴스 가치<br>• 뉴스의 의제 설정 기능 | • 광고의 목적<br>• 광고의 구성 요소<br>• 매체별 광고 언어와 효과 | • 인물 형상화 방법<br>• 영상 문법(카메라 기법, 편집 등) | |
| 책임 있는 미디어 이용 | • 언론인의 보도 윤리<br>• 이용자의 정보 윤리 | | | |
| 감상과 향유 | | | • 스토리 작성하기<br>• 영화의 심미적 가치 | |
| 정보 검색과 선택 | | | | |
| 비판적 분석과 평가 | • 뉴스 편집의 방법<br>• 팩트 체킹 | • 광고의 비판적 이해 | • 미디어의 상업성 이해<br>• 미디어가 재현한 사회상 비판 | |
| 사회·문화적 이해 | • 뉴스의 틀 짓기<br>(프레이밍) | • 광고에 반영된 시대상 | • 영화 속 재현 | |
| 미디어 기술 활용<br>+ 창작과 제작 | • 뉴스 제작하기 | • 광고 캠페인 제작하기 | • 영화 제작하기 | |

### 나. 교과 내 통합

미디어 리터러시 교육은 개별 교과에 미디어 리터러시라는 새로운 내용을 더하는 방식이 아니다. 우리의 의사소통 환경과 문화가 변화함에 따라 각 교과에서 다루어야 하는 교육 내용으로 미디어 리터러시가 반영되어야 한다. 즉, 각 교과의 본질적 지식을 다룰 때 전통적인 것만을 고수하는 것이 아니라 미디어 리터러시를 반영 혹은 연계하여야 한다. 그것은 성취기준을 충실하게

| | 게임 | 웹툰 | SNS & 유튜브 | 라디오 & 팟캐스트 |
|---|---|---|---|---|
| | •게임의 재미 요소 | •웹툰의 표현 방식 | •인터넷의 매체적 특성 | •팟캐스트의 분야<br>•소통 전략 |
| | | | •개인 정보 보호<br>•저작권 보호<br>•초상권 보호<br>•인터넷상의 언어 예절 | •방송 윤리 |
| | •스토리 작성하기 | •상호 작용(댓글) | | •상호 작용 및 소통 |
| | •전략 수집 | | •검색 도구 선정<br>•검색어 선정<br>•필요한 정보 검색하기 | |
| | •게임 산업에 대한 비판적 이해 | | •정보의 신뢰성, 타당성, 공정성 평가 | |
| | •게임 문화에 대한 성찰 (게임 과몰입 등)<br>•관계 맺기 | | | •정보 소비 방식<br>•주도적인 선택과 이용 |
| | •게임 제작하기 | •웹툰 제작하기 | •1인 미디어 제작하기 | •팟캐스트 방송하기 |

구현하는 방식일 수도 있고, 교사가 성취기준을 재구성하는 방식일 수도 있다. 성취기준을 재구성하는 방식도 여러 성취기준을 통합하거나 개별 미디어 유형의 특성을 적극적으로 반영하는 등 다양할 수 있다. 예컨대, 인터넷 또는 영화를 깊이 있게 다루기 위하여 『언어와 매체』의 성취기준을 다음과 같이 재구성해 볼 수 있다.

| 교과 역량 | 기본 성취기준 | 성취기준 재구성 |
|---|---|---|
| 자료·정보 활용 역량, 의사소통 역량, 비판적·창의적 사고 역량, 자기 성찰·개발 역량 | [12언매01-03] 의사소통의 매개체로서 매체의 유형과 특성을 이해한다.<br>[12언매03-01] 매체의 특성에 따라 정보가 구성되고 유통되는 방식을 알고 이를 의사소통에 활용한다.<br>[12언매03-02] 다양한 관점과 가치를 고려하여 매체 자료를 수용한다. | 인터넷 매체의 특성에 따른 정보의 구성과 유통 방식을 이해하고 인터넷 매체 자료를 다양한 관점에서 비판적으로 수용한다. |
| 의사소통 역량, 자료·정보 활용 역량, 자기 성찰·계발 역량 | [12언매03-04] 매체 언어의 창의적 표현 방법과 심미적 가치를 이해하고 향유한다.<br>[12언매03-03] 목적, 수용자, 매체의 특성을 고려하여 다양한 매체 자료를 생산한다. | 영상 언어의 창의적 표현 방법을 이해하고 목적, 수용자, 매체의 특성을 고려하여 영상물을 창작한다. |

또 다음과 같이, 『국어』의 성취기준을 재구성하여 수업을 설계할 수도 있다.

| 수업 계획안 | |
|---|---|
| 교과 역량 | 자료·정보 활용 역량, 의사소통 역량, 비판적·창의적 사고 역량, 자기 성찰·계발 역량 |
| 성취 기준 | 듣말(9), 읽기(2), 읽기(7) (2009 개정 교육과정) |
| 재구성 | • 인터넷 매체의 특성을 이해하고, 자신이 사용하는 인터넷 매체를 비판적으로 분석한다.<br>• 내용을 통일성 있게 구성하고 매체를 효과적으로 활용하여 발표한다. |
| 내용 요소 | **안다**<br>인터넷 매체의 특성 / **한다**<br>• 통일성 있게 내용 구성하기<br>• 매체를 활용하여 발표하기 |
| 수업 설계 | 🙂 자주 사용하는 인터넷 매체 말하기<br>💬 인터넷 매체 선정하기<br>💬 선정한 인터넷 매체 분석하기<br>💬 분석 내용을 바탕으로 발표 내용 구성하기<br>💬 모둠별로 발표하기 + 🙂 내용 정리하기 및 질문하기<br>🙂 소감 작성하기 |

| 평가 | | |
|---|---|---|
| 채점 요소 | | • 제작자, 내용, 형식, 사용자 측면을 모두 고려하여 분석하였는가?<br>• 모둠의 생각이나 관점이 드러나는가?<br>• 청중을 고려하여 쉽고 명료하게 발표 내용을 전달하였는가?<br>• 매체 자료를 효과적으로 작성하고 사용하였는가?<br>• 준비와 발표 과정에서 모둠원 간 협력이 원활하게 이루어졌는가?<br>• 발표할 내용을 성실하게 작성하였는가?<br>• 다른 모둠의 발표를 적극적으로 들었는가? |
| 평가기준 | 상 | 인터넷 매체를 다양한 관점에서 분석하고, 분석한 결과를 바탕으로 발표 내용을 통일성 있게 구성하고 매체 자료를 효과적으로 사용하여 쉽고 명료하게 발표함. |
| | 중 | 인터넷 매체를 다양한 관점에서 분석하고, 분석한 결과를 바탕으로 매체 자료를 효과적으로 사용하여 발표함. |
| | 하 | 인터넷 매체를 분석하고, 분석한 결과를 바탕으로 매체 자료를 사용하여 발표함. |

위와 같이 교육과정을 재구성하여 한 수업과 평가는 이 책의 2부 '영화처럼, 카메라에 담은 우리들의 이야기'와 '유튜브와 SNS로 소통하기'에 포함되어 있다.

### 다. 교과 간 통합

국어, 도덕, 사회 등 여러 교과의 성취기준을 살펴보면, 미디어를 중심으로 연계할 만한 성취기준들이 있음을 알 수 있다. 특히 대부분 교과에서 대중 매체 및 인터넷 매체의 비판적 수용이나 사이버 폭력, 저작권, 인터넷 예절 등 디지털 매체에서 이루어지는 사회적 소통의 문제를 중요하게 생각하고 있다.

개별 교과 교육과정에는 교과 특성에 따른 미디어 리터러시 교육 내용이 포함되어 있다. 국어과에는 영상 언어의 구성 요소나 인터넷 매체의 특성과 같은 복합 양식성, 텍스트에 담긴 관점을 비교하거나 설득 전략을 분석하는 비판적 이해 등의 내용이 제시되어 있다. 기술·가정 및 정보과에는 정보 통신 기술에 대한 이해, 개인 정보와 저작권, 디지털 정보의 특징 등 디지털 리터러시 관련 내용이 제시되어 있으며, 미술과에는 이미지로 자신의 생각이나 느낌을 표현하거나 표현 매체의 특징을 이해하고 적절한 것을 선택하는 등 비주얼 리터러시 관련 내용이 제시되어 있다. 사회, 도덕과에서는 대중문화와 사이버 문화에서 나타나는 문제점에 초점을 맞추어 미디어를 비판적으로 수용하기 위한 내용들이 제시되어 있다. 이러한 미디어 리터러시 교육 내용을 통합의 핵심 고리로 선정하여 교과 통합 교육과정을 설계할 수도 있다.

예컨대 앞의 미디어 리터러시 수행 목표 중 '책임 있는 미디어 이용'과 관련된 교육 내용을 교과별로 살펴보면, 국어과의 쓰기 윤리, 매체의 표현 방법·의도, 도덕과의 정보 통신 윤리, 기술·가정과의 통신 기술 문제 해결이 있다. 또 뉴스를 제작하는 활동은 미디어 리터러시 수행 목표 중 '미디어 기술 활용+창작과 제작', '감상과 향유'에 해당하는데, 이러한 활동은 국어과의 매체의 특성, 발표내용 구성, 미술과의 이미지와 시각 문화, 미술과 다양한 분야와 관련되며, 뉴스의 소재가 사회 문제에 관한 것이라면 사회과의 사회 집단, 사회 문제와 관련된다.

여러 교과에서 다양한 미디어 및 시각 자료를 활용하는 것을 교수·학습 방법으로도 제시하고 있기도 하다. 예를 들어, 고장의 환경 특성을 공부하는 사회과 초등 3~4학년 단계에서 '계절별 전형적인 일기 예보 영상, 계절 변화에 따른 일상 경험이나 사진 자료, 다큐멘터리 프로그램이나 인터넷 이미지 자료 등 주제에 부합하는 시각 자료를 활용한다. 고장 안내 책자나 누리집 자료를 활용하'는 방법이 서술되어 있다.

여러 교과가 지식이나 활동 등을 통합하여 수업을 설계할 때, 특정 교과의 단편적인 내용을 넘어서서 지식의 전이를 실현할 수 있는 과제를 설계할 수 있다. 학생들은 수업 시간 중에 과제를 해결할 수 있고, 교사는 적극적으로 피드백을 하면서 교과 내용에 맞는 지도를 할 수도 있다. 무엇보다도 교과 통합을 고민해야 하는 보다 근본적인 이유는 학생들이 살아가면서 실제로 맞닥뜨리게 되는 문제들이 특정 교과에 한정된 것이 아니라 복합적으로 관련되기 때문이기도 하다. 여러 교과가 연계된 수행 과제는 곧 학생들의 삶에 더 가깝기도 할 뿐더러 그러한 과제를 수행하면서 문제 해결 능력과 같은 역량을 계발할 수 있기 때문이다. 미디어 리터러시와 관련된 각 내용을 개별 교과에서 깊이 있게 다루는 것도 중요하지만, 교과의 경계를 넘어선 수행 활동을 통해 다룬다면, 학생들의 삶과 학습의 연관성을 더욱 높이고 학생들은 더 창의적으로 사고할 수 있을 것이다.

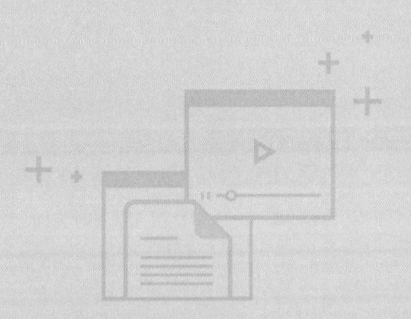

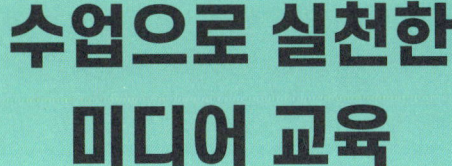

# 2부

# 수업으로 실천한 미디어 교육

# 뉴스로 세상 보기,
# 뉴스로 내 삶 읽기

오은영(서울 장곡초등학교)

"뉴스는 뉴스의 작동 원리가 거의 보이지 않게 하는 방법을, 그리하여 사람들로 하여금 의문을 제기하기 어렵게 하는 방법을 안다."는 알랭 드 보통의 책 『뉴스의 시대』에 나오는 문장이다.

세상이 복잡해지고 미디어 유형도 다양해지면서 매일 보도되는 뉴스의 양은 점차 늘고 있다. 시간적·공간적 제약으로 인해 특정한 정보나 소식을 전하기 위해 많은 불편함을 겪던 옛날과 달리 지금 우리는 전 세계 어디든 쉽게 갈 수 있고 금방 소식을 전할 수 있는 시대에 살고 있다. 하지만 우리가 얼마나 정보를 주체적으로 받아들이고 있느냐고 묻는다면 자신 있게 '그렇다'라고 대답할 수 있는가? 따라서 학생들에게 교육을 통해 미래를 대비할 수 있는 역량을 신장할 때 필요한 정보를 찾아 이를 자발적으로 비판하고, 또 창조적으로 정보를 생산하는 능력이나 자세는 특히 중요하다. 뉴스는 '세상을 보는 창'으로, 이를 통해 정보를 얻고 여론을 형성할 수 있다. 따라서 뉴스 리터러시 역량 함양의 중요성은 매우 크다.

학생들의 학습량은 많아지지만 막상 학생들이 새로운 매체나 정보에 대해 주체적으로 바라보거나 비판적으로 읽는 부분에서는 오히려 매해 아쉬움을 더해 갔다. 그래서 삶을 살아가는 데 필요한 사회 현상에 대해 이해하고 나의 삶도 읽을 수 있는 모습을 상상하며 '뉴스를 친구처럼 가까이하고 때로는 뒤

집어 보며 내 삶도 읽고 세상도 보는' 수업을 떠올리게 되었다.

최근 몇 년간 전 세계적으로 '가짜 뉴스Fake News, 탈진실, 딥 페이크'와 같은 말이 유행했다. 대중 매체에서도 '팩트 체크'를 강조하면서 가짜 뉴스를 판별해야 함을 강조하였다. '가짜 뉴스'에 속지 않으려면 뉴스를 볼 때 누구나 '팩트 체크'를 스스로 할 수 있는 능력이 있어야 할 것이다. 그런데 우리 학생들은 스스로 '팩트 체크'를 할 수 있을까? 그러나 수업 시간에 다루는 교과서에서는 비판하기에는 다소 제한된 뉴스 소재를 다루고 있고, 진실 여부를 가리기 위한 단계적 발문 등도 제시되기 힘들다는 한계를 지니고 있다.

뉴스가 단순히 세상을 읽는 도구가 아니라 이를 통해 정보를 찾고 자신의 삶과 연계할 수 있도록 수업을 전개할 필요성을 절감하였다. 뉴스에 큰 관심이 없는 세대는 과연 어떤 뉴스 문화를 만들어 나갈까? 그리고 가치 있는 뉴스 교육을 위해 교사들은 어떤 노력을 해야 할까? 이러한 측면에서 볼 때 학생들의 기존의 뉴스 경험이나 교사들이 전개한 뉴스 수업에서 어떤 아쉬움이 있었는지를 다음 두 가지 측면에서 살펴보고자 한다. 이는 '진정한 뉴스 수업의 필요성'을 끌어내기 위한 첫 번째 단계이다.

사실 뉴스 리터러시의 부재 등을 따지기 전에 뉴스에 대한 교사로서의 고민의 시작은 '학생들이 과연 뉴스를 볼까?' 하는 궁금증이었다. 뉴스 수업을 위해 미리 학생들에게 설문을 해 보면, 뉴스를 보지 않는다고 답한 학생들이 많아서 수업을 계획하는 데 어려움을 겪었다. 그나마 뉴스를 보는 학생들은 네이버 등 포털 뉴스를 접하는 빈도가 높았고[1] 종이 신문을 접하는 학생은 거의 없었다. 어떤 뉴스를 보느냐는 질문에는 사건·사고, 범죄, 연예계, 스포츠 뉴스 등을 예로 드는 학생이 많았다. 또한 뉴스를 보는 몇 명 안 되는 학생들 역시 제목이 자극적이거나 연예계 위주의 소식, 광고성·낚시성 뉴스에 끌려 뉴스를 보는 경우가 많았다. 그리고 설문을 하며 다소 놀라웠던 점은 뉴스를 거의 보지 않는다고 응답한 학생들이 60% 이상에 이르렀으나, 이 중에는 제목을 클릭하여 본인이 읽거나 영상으로 접한 수많은 기사가 뉴스임을 인지하지 못하여 뉴스를 보지 않는다고 답한 경우가 많다는 점이었다.

유튜브나 페이스북 등을 생각해 보자. 이들은 2018년을 기준으로 사용자가 18억 명에 가까운 세계 최대 규모의 플랫폼이다. 청소년들은 페이스북 연계 채널 등을 통해 다양한 주제의 영상이나 글을 접하게 되는데, 그중에는 뉴스 채널임을 표방하고는 있지만 제대로 검증받지 않고 게시되는 뉴스가 많다. 이로 인해 거짓 정보, 편향된 정치 성향이나 자극적인 내용을 담은 영상이나 글을 사실인 양 믿게 되는 현상이 벌어지는 등 학생들에게 끼치는 영향이 매우 크다. 제대로 된 사전 제재 및 사후 제재도 없기 때문에 이에 대한 위험성을 인식하거나 관련 제도의 필요성을 토론하는 등의 활동이 절실하다.

디지털 매체에서 생산되는 뉴스의 양은 매우 방대하다. 하루하루 바쁘게 일상을 살아가는 사람들은 그러한 많은 뉴스를 보면서 내용을 깊게 생각해 보거나 사건의 본질을 파악하기는 어렵다. 또한 '가짜 뉴스Fake News'에 대처할 수 있는 방법도 부족하다. 학생들 역시 그러한 정보를 대부분 무비판적으로 수용하고 있다. 이러한 문제를 해결하기 위해 바르고 정확하게, 또한 균형 잡힌 시각으로 뉴스를 볼 수 있도록 하는 역량을 길러 주어야 한다.

초등학교–중학교–고등학교 교육과정을 연계하여 살펴보면 수업 방법과 세부 내용에서는 차이가 있지만 뉴스 이해 및 표현을 고루 언급하고 있으며, 교육 현장에서도 다양한 관점의도와 해석 살피기, 언론사별 기사 비교하기, 뉴스 제작하기 등의 교육은 꾸준히 이루어져 왔다. 하지만 기사를 주도적으로 분석하는 활동이 미약하고, 일부 학생의 주도로 이루어지는 영상 제작교사의 안내 부족 및 편집 능력이 우수한 학생에게 기대는 경우 등을 통해 단편적으로 수업이 전개되는 경우가 많았다. 또는 나선형 교육과정임을 감안하더라도 뉴스 교육이 점차 심화되는 학년별 차별성을 쉽게 찾아보기 어려웠다.

이에 뉴스를 다각도로 읽고 비판적인 시선으로 바라보는 능력을 함양하는 데 목표를 두고 수업을 진행해 보고자 하였다. 이는 4차 산업 혁명 시대의 필수 능력이라 볼 수 있는데, 학생들이 이러한 역량을 지닐 수 있도록 '뉴스로 세상 보기, 뉴스로 내 삶 읽기' 수업을 전개하고자 했다.

국어과 교육과정에서 '뉴스'와 관련된 성취기준은 다음과 같다.*관련 성취기준의 내용은 1부 2장 참조

먼저 초등학교 교육과정을 살피면 2009 개정 교육과정에서 자리하던 5~6학년군 성취기준 '뉴스를 듣고 자신의 의견을 말한다.' 부분이 2015 개정 교육과정에서는 아쉽게 삭제되었다. 대신 [6국02-05], [6국03-02], 미술 [6미01-03], [6미01-04], 도덕 [6도02-01] 등이 있다.

[6국02-05], [6국03-02]는 매체에 따른 다양한 읽기 방법을 이해하고 적용하여 읽는 활동, 목적에 따라 알맞은 내용과 매체를 선정하여 글쓰기 관련 활동이다. [6미01-03], [6미01-04]는 이미지와 연관하여 뉴스 관련 이해의미 찾기 및 제작 관련 활동자신의 느낌과 생각 전달을 전개할 수 있다. [6도02-01]은 사이버 공간에서의 도덕적 민감성과 연계된 사이버 공간 예절 관련이며 보도 윤리, 제작 윤리와 관련된 활동을 전개할 수 있다.

중학교에서는 [9국02-07], [9국05-08], [9국02-06], 고등학교 단계에서는 [10국02-02], [12언매03-02], [12언매03-03] 등이 있다. [9국02-07], [9국05-08], [9국02-06]은 매체에 드러난 다양한 표현 방법과 의도를 평가하는 활동, 근거의 차이에 따른 다양한 해석을 비교하며 작품을 감상하는 활동,

동일한 화제를 다룬 여러 글을 읽으며 관점과 형식의 차이를 파악하는 활동이다. [10국02-02]는 매체에 드러난 필자의 관점이나 표현 방법의 적절성을 평가하며 읽는 활동으로 본 구성의 실제에서 '뉴스 읽는 힘 기르기'와 연계된다. [12언매03-02], [12언매03-03]은 다양한 관점과 가치를 고려하여 매체 자료를 수용하는 활동, 목적, 수용자, 매체의 특성을 고려하여 다양한 매체 자료를 생산하는 활동 관련이다.

이러한 성취기준 등을 살펴보면 뉴스를 다양한 관점으로 바라보며, 매체의 특성을 고려하여 생산하는 활동에 대해 나선형으로 고루 다루고 있다는 점을 발견할 수 있다. 하지만 초등학생 때부터 학생들의 삶과 뉴스를 연계하여 주체적으로 바라보거나 최근의 뉴스를 활용해 의견을 나타내는 것에는 제약이 있어 이를 보완하고 제작 과정에도 초보자들도 접근하여 활용할 수 있도록 활동을 구안해 보았다.

### 1 뉴스 수업의 실제

이번 수업을 통해 이루고자 하는 활동 목표는 다음과 같다.

**활동 목표**

1. 새로운 정보와 뉴스가 넘치는 현상에 대해 관심과 문제의식을 지니고 뉴스가 나의 삶과 가까이 연결되어 있음을 체감한다.
2. 제시된 정보를 다양한 관점으로 바라보고 비판적으로 분석, 평가하고 진실한 정보를 공유할 수 있다.
3. 뉴스 제작과 공유를 통해 공동체의 중요한 문제점에 대하여 자신의 의견을 적극적으로 표현할 수 있다.

뉴스 관련 수업은 다음과 같은 흐름으로 진행하였다. 단 매해 모든 수업이

일련의 과정을 모두 거친 것은 아니고 해마다의 수업 결과를 통해 흐름을 보완하였다.[2]

| 단계 | 학습 내용 |
|---|---|
| 뉴스와 친해지기 | 뉴스 환경 조성, 등장인물 마음 읽기, 나의 삶과 가까운 제목 고르기 |
| 뉴스 읽는 힘 기르기 | 뉴스의 가치 판단하기, 요약하기, 뉴스의 짜임 알기, 사실과 의견 구별하기, 게이트 키핑 이해하기, 질문하며 뉴스 읽기, 다양한 관점에서 다시 보기, 나만의 좋은 뉴스 기준 세우기, 가짜 뉴스 구별하기 |
| 뉴스 이해 한걸음 더 | 나만의 댓글 달기, 언론 윤리, 뉴스를 활용한 토의·토론 |
| 나도 뉴스 제작자 | 뉴스 아이디어 내기, 뉴스 바꾸기, 뉴스 제작, 학급 뉴스 체험 학습 |

## (1) 뉴스와 친해지기

먼저, 뉴스 기사를 자세히 읽기에 앞서 쉽게 접근하도록 하기 위해 도서관에 있거나 교사 개인이 모아둔 신문이나 시사 잡지를 학생들이 원할 때마다 읽을 수 있도록 하였다. 이를 통해 신문의 특성을 학생들이 익히도록 하는 한편, 신문과 시사 잡지를 자연스러운 학습 환경으로 인식하게 하였다.

또한 가족과 연계하여 뉴스 보고 가족끼리 토론하기, 우리 가족에게 추천해 주고 싶은 신문 기사 고르기, 내가 본 뉴스를 가족들에게 설명해 주기 등의 활동을 통해 뉴스 리터러시를 자연스럽게 신장할 수 있었다. 특히 뉴스를 소개하고 추천해 주는 등 글로 쓰지 않아도 되는 구두 활동은 학생 및 학부모들의 만족도가 높았다. 다만 가족 연계 활동에서는 맞벌이 가정 및 한 부모 가정 등의 상황이 고려되지 않은 과제 부과가 학생의 자존감에 부정적인 영향을 줄 수 있음을 우려하여 선택형으로 열어 두었더니 참여율이 떨어지는 한계를 낳았다.

학생들은 수업 중 교사가 제시한 뉴스를 시청하거나 해당 신문 기사를 읽은 뒤 어울리는 그림 카드를 자유롭게 골랐다. 이때 그림 카드 자료로는 프리즘 카드, 학생들이 직접 찍은 사진, 교사가 제시한 사진 등이 고루 활용되었다. 시중에 판매하는 프리즘 카드는 화질이 좋고 장면이 생생하지만 학생들이나 교사가 직접 찍은 사진은 학생의 삶과 연계되어 흥미를 일으킬 수 있고 실제성 측면에서도 효과가 높았다.

또한 기사를 읽고, 기사에 등장하는 인물 중 한 사람을 골라 그 인물의 마음을 감정 카드로 찾아보도록 했다. 내가 고른 인물과 그 인물의 마음으로 추측되는 감정을 골라 그 이유를 설명하거나 해당 기사를 읽은 후 읽은 독자의 감정으로 적합한 카드를 골라 보았다. 학생들이 발표한 내용 중 다음과 같은 것이 있었다.

> "제가 읽은 기사는 미세 먼지 관련 뉴스였는데 저는 '화가 난' 감정 카드를 골랐어요. 예전보다 공기가 안 좋아졌다는 뉴스를 보고 중국에 대해 화가 났어요."

이 활동에는 정답이 없기 때문에 평소 발표에 대한 자신감이 부족한 학생이나 시사 상식이 전혀 없는 친구들도 이야기를 풀어 내기 쉬웠다.

학생들이 뉴스 자체에 대해 거리감이 있는 경우, 다시 말해 뉴스는 자신의 삶과 크게 관계가 없고 어른들의 생활과만 관련이 있다고 여기는 학생들이 많다. 그래서 최대한 학생들의 생활이나 문화와 연계되는 내용의 뉴스를 초반에 예로 들어 주면서 학습 자료의 실제성을 높였다. 예를 들면 '노쇼no show족'에 대한 뉴스를 제시한 뒤, 이로 인해 나타날 수 있는 손해와 해결책을 학생들 스스로 생각해 볼 수 있도록 했다. 또한 어린이의 유튜브 이용에 대한 뉴스 예시로 "10대는 유튜브로 세상을 읽는다."[3] 등을 제시하고 관련 자료를 더 찾아 읽도록 할 수 있다.

또한 "인천 중학생 집단 폭행 추락사 10대 4명 구속 기소"연합뉴스 TV. 2018. 12. 12. 등과 같은 학생들의 생활과 밀접한 뉴스를 접하게 하고 관련 토론 시간도 가졌다. 이어서 서울 ○○중학교의 학생 인질극 사건, 남북 정상회담 등 다양한 주제의 뉴스를 접했다.

학생들이 직접 찾아 관심 있게 읽은 뉴스의 제목의 예는 다음과 같다.

- ✓ 리그 11호골! 완벽한 마침표를 찍어낸 손흥민[4]
- ✓ 방탄소년단 "2019 그래미 어워드 참석, 꿈 이뤘다[5]
- ✓ 친구들보다 3년 늦은 세월호 희생 학생들의 졸업식[6]
- ✓ 햄버거 볶음밥도 척척 똑똑한 요리 로봇 어디까지?[7]
- ✓ 독성 물질, 연구 실수— 액체 괴물 무엇이 문제?[8]
- ✓ 초미세먼지 나쁜 날, 우울증, 조현병 환자 입원 증가[9]

학생들이 관심 있게 읽은 뉴스 제목은 다음과 같은 공통점을 찾을 수 있었다. 먼저 흥미를 느끼는 특정 분야예능, 스포츠, 요리 등에 대한 선호도가 높았다. 또한 같은 학생 입장에서의 학생들 졸업식과 관계된 기사에도 관심을 보였다. 그리고 놀이 문화에서 연계되는 액체 괴물, 생활에 밀접한 영향을 미치는 미세 먼지 관련 기사에도 호기심을 가졌다.

## (2) 뉴스 읽는 힘 기르기

### 뉴스 가치 판단하기

학생들은 활동지http://www.hnedu.co.kr에서 제시된 뉴스 주제 카드 중 뉴스로서의 가치가 있다고 생각되는 주제를 제법 잘 골라내었다. 학생들은 친구가 고양이와 산책한다거나 학생들끼리 크게 다툰다거나 하는 것은 뉴스로 적합하지 않다는 점을 찾았다. 대신 "연이은 차량 화재! 무엇이 문제인가?, 끝없는 폭염, 이번 달 말까지 계속" 등의 주제를 골랐다. 이어서 모둠별로 토의해서 우리 반 뉴스거리를 다섯 가지 선정해 적을 때 우선 한 학기 동안 있었던 일이나, 알고 있는 소식에서 골라 다섯 개보다 더 많은 수의 아이디어를 모았다. 이어서 "혹시 이것들 중에서 뉴스로 적절하지 않은 것이 있다고 생각하나요?"라는 발문을 통해 뉴스 가치 기준을 상호간에 자연스럽게 점검해 볼 수 있었다.

뉴스의 가치, 기능을 알게 하는 예로 "여긴 위험해요. 초등생이 만든 안전지도" 초등학생이 학교 주변의 위험성을 알린 지도를 만들고 경찰이 이 지도를 바탕으로 환경 개선 작업을 실시한 내용를 함께 보며 뉴스를 살펴보도록 하였다. 이를 통해 나와 나이대가 비슷한 학생도 충분히 문제 해결을 이끌어 내는 주체가 될 수 있다는 사실을 이해하고 대중의 관심을 모아 사회를 변화시킬 수 있는 유용한 도구가 됨을 깨닫게 되었다.

### 뉴스 기사 요약하기

신문 및 영상 뉴스 요약을 위해 초반에는 문장 요약, 비주얼씽킹 도식자에 넣기 등을 활용해도 무방하다. 2018년에는 새롭게 해시태그#로 정리하기 활동을 전개하였다. 해시태그Hash Tag는 SNS 등에서 사용되는 것으로, 해시태그 뒤에 특정 단어를 쓰면 글의 특징을 한눈에 파악할 수 있다. 처음에는 다소 낯선 반응이었지만 평소 SNS에 익숙한 친구들이니만큼 오히려 성인들보다 빠르게 적용하여 지루해하지 않는 효과를 낳았다. 학생들이 요약한 예는 다음과 같았다.

| 관심 뉴스 (1) | OO일보 2018.*.*<br>-<br>- | 해시(#)태그 | # 남북 정상 회담<br># 김정은<br># 꿈 |

키워드를 해시태그로 정리해 본 뒤에는 문장으로 요약하기, 육하원칙으로 정리하기 활동과 연계하였다. 뉴스를 잘 읽기 위해서는 육하원칙에 따라 내용을 정확히 파악하는 것이 중요하다. 육하원칙이 잘 드러난 기사 제목을 찾고 '누가, 언제, 어디서, 무엇을, 어떻게, 왜'라는 여섯 가지에 걸맞게 정리해 보게 하였다. 이 활동을 통해 학생들이 직접 뉴스 내용을 나누어 분석하게 되는 효과가 나타났으나 이해가 어려운 학생들은 일부 항목을 채워 넣기 어려워하기도 하여 교사나 모둠 친구들의 도움이 절실히 필요하였다.

### 질문하며 뉴스 읽기

사실 정보의 양과 정확도 측면에서 결코 따라갈 수 없는 구글이나 위키피디아를 떠올려 보자. 학교라는 공간이 없더라도 인터넷으로부터 정보를 효과적으로 얻을 수 있는 요즈음, 과연 교사의 역할은 무엇일까?

교사는 학생들이 질문을 스스로 만들어 낼 수 있도록 조력해야 한다. 교직 경력 초반 뉴스 수업 시 교사 주도적으로만 발문을 이끌고 학생 주도의 질문이 연계된 수업을 하지 못했던 기억이 나서 점차 뉴스를 보기 전 생각할 수 있는 질문을 미리 던져서 초점화된 청취를 하도록 유도하였다. 또한 기사로부터 학생들이 스스로 질문을 만들도록 하는 것도 효과적이었다. 이럴 때는 함께 글을 읽고 함께 질문을 만드는 방식을 활용하였다. 이때 교사는 뉴스 주제에 대해 사실 확인개념, 상상이유 등, 적용~라면 등의 단계를 거치며 질문을 다양하게 만들도록 유도하였다. 다음은 뉴스 기사를 읽고 학생들이 만든 질문이다.

> ✓ 미세 먼지란 무엇일까요?
> ✓ 왜 미세 먼지가 자주 생기나요?
> ✓ 왜 중국에서는 중국과 미세 먼지가 관계가 없다고 할까요?
>   이 말이 맞다고 생각하나요?
> ✓ 맑은 공기를 위해서 우리나라에서 할 수 있는 일에는 무엇이 있을까요?

이러한 일련의 활동을 전개하면서 학생들은 저절로 기사를 꼼꼼하게 읽게 되었다. 혹은 영상 뉴스의 경우 자신이 놓친 부분에 대한 관심이 높아져 다시 한 번 듣겠다고 요청하는 효과를 낳기도 했다. 질문을 만들고 서로 응답하며 뉴스를 읽는 활동을 반복하면서 학생들은 처음에는 단순히 자료를 찾아 검색하거나 이미 제시된 것을 흘려듣는 수동적인 역할을 수행했는데, 점차 스스로 생각하며 뉴스를 보게 되었다.

### 다양한 관점에서 뉴스 다시 보기

같은 물체예 자유의 여신상를 다른 각도로 찍은 사진을 두고 같은 점 다른 점을 찾는 마음 열기 활동을 하고, 교실의 물체를 실제로 다양한 각도로 바라보았다. 이러한 활동을 통해 각도에 따라 볼 수 없는 부분도 있고, 서로 자신이 본 부분만이 사실이라고 여기게 됨을 느끼게 되었다. 같은 사건을 두고도 단순히 어떠한 주제를 부정적, 긍정적으로 바라보기에서 그치지 않고 PMI 기법장점, 단점, 대안 혹은 흥미로운 점 찾기처럼 자신이 만든 뉴스를 평가해 보는 방법도 있다. PMI 기법을 통해 내가 만든 뉴스의 장단점을 분석하거나 기존의 뉴스의 장단점 및 단점을 보완할 수 있는 대안을 세워 보며 뉴스를 다시 한

번 비틀어 보게 되는 계기가 된다.

또한 육색모자 사고 기법Six hat thinking, 여섯 가지 색에 따라 다른 관점으로 바라보는 사고 기법 등을 활용하여 문제 해결 방안이 나온 뉴스의 경우 다양한 관점에서 바라보는 연습을 했다. 이 기법을 사용한 이유는 학생들이 판에 박힌 관점에서 바라보는 경우가 있어서 강제적으로라도 새로운 관점으로 바라보도록 하기 위해서였다.

수업 시간에 "초등학생 초콜릿 절도, 대체 어떻게 해야 할까요?"[10] 기사를 학생들에게 제시했다. 이 뉴스에 따르면 초등학생의 반복되는 절도 행위에 지친 가게 주인은 합의금을 못 받게 되자 학생의 개인 정보가 담긴 사진을 학교 주변에 공개했다고 한다. 육색모자 사고 기법을 통해 학생들은 이렇게 응답했다.

---

송OO (10): (노란 모자) (찬성의 입장과 근거 대기) 반복된 설득에도 효과가 없었는데 개인 사진 및 다니는 학교가 나오면 범죄가 줄어드는 효과가 있을 것 같다.

이OO (12): (녹색 모자) (대안 제시) 인권 침해적인 측면이 있어서 아쉬운 측면이 있다. 부모와의 협조가 잘 될 수 있는 방법을 생각할 수 있지 않을까?

---

이러한 일련의 활동에 대해 학생들은 처음에 다소 낯설어 하다가 특정한 주제에 대해 평소 익숙하지 않은 관점에서 바라보게 되었다. 창의적 아이디어를 내는 데 용이하고 넓은 시선을 길러 주는 효과를 낳게 되었다. 단, 주제에 따라 이 기법이 적합하지 않은 뉴스해결 방안이 나오지 않은 뉴스, 사실 자체 등가 있어 사전에 세심한 고려가 필요했다.

변형으로는 빨간색 모자를 쓰면 원인을 분석하는 역할을, 파란색 모자를 쓰면 문제 해결이 가능한 경우의 수를 찾는 역할을 담당하는 식으로 모자의 색에 따라 다른 역할을 맡기는 방법도 있다. 그리고 적용할 때 모자 사용이 번거로울 수 있으니 색 카드를 활용할 수 있다.

### 나만의 좋은 뉴스 기준 세우기

어떤 뉴스가 사람들에게 긍정적인 영향을 끼치고 세상을 바라보는 창으로의 역할을 해 줄 '좋은 뉴스'인지 기준을 세워 보게 하였다. 이는 '바람직한 뉴스'의 방향을 학생들이 생각하여 기존에 나온 뉴스도 이러한 관점에서 바라보아 판단할 수 있고, 나아가 스스로 뉴스를 제작할 때 좋은 뉴스에 부합하는 기사를 만들게 하고자 미리 실시하였다. 그런데 생각보다 학생들은 좋은 뉴스의 기준을 세우기 어려워하고 막막해했다. 학생들이 제시한 좋은 뉴스의 기준은 다음과 같다.

- ✓ 세상을 바라보는 바른 눈이 되어 주는 뉴스
- ✓ 어느 한 쪽 시선만으로 바라보지 않는 뉴스
- ✓ 사회적 약자에게 따뜻한 시선을 보내는 뉴스
- ✓ 누군가에게 반드시 필요한 뉴스

마침 학생들 중 필요한 뉴스의 중요성을 발표한 친구들이 있어 이에 영감을 얻어 중요한 뉴스와 필요한 뉴스 찾아보기 활동을 전개하였지만 "저는 뭐가 중요한지 모르겠어요. 중요하니까 신문에 나왔겠지요.", "중국 소식은 여기에 왜 나와요?" 등과 같은 반응이 나와 다소 당황스러웠다.

여기에서 학생들이 어려움을 겪은 이유는 '중요하다, 필요하다'는 개념이 다소 추상적이기 때문이라고 생각이 들었다. 그래서 2018년도에 뉴스 수업을 실시할 때는 대신 예상 독자를 확실히 하여 "○○에게 추천하고 싶은 뉴스"。

○가 꼭 봤으면 하는 기사, ○○는 보지 않았으면 하는 기사 등으로 구체적으로 접근했다. 사회 수업 등에서도 이와 연계하여 도시 사람들이 좋아할 것 같은 뉴스 고르기 등의 주제로 접근하니 훨씬 흥미가 있었다. 또한 예상 독자와 연계한 수업으로 뉴스 나눔 장터를 열고 사고 싶은 뉴스 상품에 '좋아요'를 붙였다. 특정한 뉴스가 누구에게 쓸모 있을까를 생각하며 고르는 과정을 통해 학생들은 생활과 연계 지으며 필요한 뉴스에 대해 감을 익히게 되는 효과를 낳았다.

이 수업을 통해 학생들이 고른 뉴스의 제목은 다음과 같다.

- ✓ 미세 먼지 농도, 사흘 후 올해 최대 수치!
  추천하고 싶은 사람: 내 동생(7세)과 동생의 친구들
  추천하고 싶은 이유: 미세 먼지 농도에 따라 놀이터 노는 시간 정하는 데 도움이 된다.
- ✓ 8·31 정책 이후 서울 집값 폭락? 내년에는?
  추천하고 싶은 사람: 우리 아빠
  추천하고 싶은 이유: 경제 뉴스에 관심이 많은 아빠가 읽으셔야 할 것 같다.

초등학교 고학년 학생들에게 기사 선택할 때 이 사건이 사회에 미치는 영향을 고려하여 학년 눈높이로 기사를 선택하도록 하였더니 대략 다음의 주제에 관심을 보였다.

- ✓ 10대 학교 폭력 이대로 괜찮은가?
- ✓ 먹방, 과도한 보도
- ✓ 아이돌 연말 공연 바가지 심해

앞서 뉴스와 친해지기 활동에 연계되어 학생들과 관계없다고 생각했던 뉴스에 학생들의 삶과 밀접한 기사가 나온다는 점을 깨닫게 되어, 막연히 좋은 뉴스를 떠올려 보게 하는 활동보다 예상 독자를 상정하여 이루어지는 수업이 효과적임을 느끼게 되었다.

### 가짜 뉴스 구별하기

가짜 뉴스란 사실이 아닌 정보가 담긴 뉴스를 의미하는데, 문제는 학생들은때로 어른도 무엇이 가짜인지 무엇이 중요한 뉴스인지를 판단하기 어려워한다는 점이다. 가짜 뉴스는 소재가 자극적인 경우가 많고 그 내용이 진실인지 거짓인지 어른들도 판단하기가 쉽지 않다. 가짜 뉴스는 처음부터 새롭게 구안하기는 어려우니 실제 기사 일부를 바꾼다거나 관련이 없는 사진을 섞는 식으로 만들어지고는 한다.

흥미 위주의 루머에서 한 걸음 더 나아간 가짜 뉴스는 여러모로 악용되고 있다. 세계적인 언론사에서는 자체 팩트 체크 기능을 강화하고 있고, 비영리 기관에는 가짜 뉴스 체크리스트를 만들어 제공하기도 했다. 우리나라 역시 많은 유언비어가 떠돌고 정치적 사안이 아니더라도 가짜 정보가 쉽게 만들어 퍼뜨려지고 사람들이 쉽게 믿는 사례는 많다. 학생들이 가짜 뉴스를 쉽게 이해할 수 있도록 먼저, 교내에서의 가짜 정보의 위험성을 예로 들고 서로 발표하게 하니 훨씬 쉽고 실감 나게 이해하는 분위기가 조성되었다. 학생들은 "○○군과 △△양이 사귄다."라는 연애담의 예를 가장 많이 들어 그 위험성을 실감하고 친구에 대한 흉과 거짓된 정보가 퍼지는 현상도 자연스럽게 떠올렸다. 이어서 가짜 정보와 진짜 정보를 교묘히 섞어서 어떤 것이 가짜인지를 찾아보게 하는 진진가 놀이[내가 방학 때 한 일 3개 문장 사실 / 1개 문장 거짓 섞어서 맞추기 놀이를 방학을 마친 뒤 시행해서 우리 주변의 정보가 모두 사실이 아님을 체감하게 되었다.

이러한 활동을 통해 가짜 정보의 위험성을 절감한 후 가짜 뉴스와 진짜 뉴스를 판별하는 다음과 같은 퀴즈를 제시했다.

외팔 축구 선수, 세르비아의 스렉코비치의 사연이 감동을 주고 있다고 합니다. 태어날 때부터 장애로 인해 한쪽 팔을 잃고, 다른 한쪽 팔의 손가락도 세 개밖에 없다고 하는데요. 축구 선수의 꿈을 갖고 열심히 노력해 지금은 국가 대표가 되었다고 합니다. 스렉코비치의 감동적인 이야기, 진실일까요? 거짓일까요?

이 문제의 답은 ×였다. 진실이라 생각한 뉴스가 거짓임이 밝혀졌을 때 학생들은 많은 실망을 하게 되고 어떤 부분이 가짜인지를 구체적으로 궁금해 했다. 이 문항에서 등장하는 스렉코비치는 실제 존재하는 인물이며 우연히 찍힌 실제 다른 사진과 해당 기사가 합쳐져 책으로 출간되는 바람에 가짜 뉴스가 퍼진 바 있었다.

2018학년도에 학생들이 찾아본 다른 가짜 뉴스의 예는 다음과 같다.

- 중국에서 랴오닝함 파키스탄에 판매
- 힐러리 클린턴 피자게이트 사건
- k pop 열애설
- 법 바뀌면 라쿤 안락사 된다.
- 2008년 PD 수첩 광우병 관련 방송

또한 가짜 뉴스의 특성 자체를 아는 것보다 평소 뉴스의 다양한 특성을 눈여겨보고 관심을 지니는 것 역시 중요하므로 진실의 단서들을 체에 써 넣었다.[11] 이때 교사가 예를 들어 주고 체의 기준을 학생들이 스스로 생각해 보게 하는 것이 좋다.

출처, 쓴 사람, 정보의 양, 최초 근원지, 표·그래프의 실제성, 사진의 진실성 사실 학생들은 가짜 뉴스를 가르는 기준 찾기에 어려움을 겪었고 응답하는 수준의 차이가 크게 났다. 단순히 뉴스의 다양한 분야를 서술하는 학생도 있었으며 뉴스 전체적인 수업을 통해 시행착오가 가장 많았던 활동이라고 해도 과언이 아니었다. 다소 유의미한 응답으로는 다음과 같은 반응이 나왔다.

- 정보의 출처
- 전문가 연결
- 진짜로 사실인지 확인한다.
- 제목을 살펴본다.
- 유튜브 뉴스는 거짓인 게 많으니 잘 보고 구별한다.
- 인터넷 검색
- 부모님께 여쭈어보기
- 믿을 수 있는 사이트인가.
- 누가 썼는가.
- 공식 뉴스인가.
- 비슷한 뉴스 찾아보기
- 출처를 밝힌다. 증거물을 낸다.
- 진짜와 가짜 뉴스 비교
- 검색을 해 본다.
- 댓글로 증거를 보여 달라고 한다.
- 뉴스를 보며 자신의 기준으로 진짜인지 가짜인지 생각

학생들의 응답을 살핀 결과 믿을 수 있는지에 대해 따져 보는 게 낫겠다는 지점까지는 공감대를 형성했으나, 과연 어떻게 따져 볼까에 대한 아이디어를 내기는 어려움이 많았다.

가짜 뉴스 판별을 위해 기사에 포함된 사실과 빠진 사실 구별하기 / 뉴스의 출처, 정보원, 작성자 확인하기 / 날짜, 출처 확인하기 등의 연습을 통해 가짜 뉴스를 판별하는 연습도 추가로 해 보았다. 이 수업에서는 "비누 강도·개 잔혹 폭행……공포 조장 가짜 뉴스 활개"[12]라는 기사를 활용하였다.

몇 차례 연습을 해 본 뒤 가짜 뉴스 판별법을 모둠 친구들끼리 만들어 보는 '가짜 뉴스 판별법 설명서'를 제작할 때 의욕적으로 참여했다.

**가짜 뉴스 이렇게 구분해요**
지금껏 세상에 이런 뉴스 판별법은 없었다. 이것이 뉴스인가, 가짜인가.
1. 정보의 출처가 나와 있지 않으면 가짜입니다.
2. 같은 제목의 뉴스를 더 검색해 봐서 사실과 다르게 검색되면 가짜입니다.
3. 사진은 진짜, 기사는 가짜 이렇게 나누어 판단할 수도 있으니 주의하세요.

앞서 문제로 제시한 유튜브 뉴스 채널의 위험성을 방지하기 위한 방법도 마찬가지이다. 유튜브에 나오는 영상의 신뢰성을 판단하는 기준으로 내용 자체만 두고 따지려는 경우가 종종 있다. 이 활동에서는 영상의 제작 정보와 영상을 만든 사람, 영상을 만든 날짜 등을 토대로 영상의 신뢰성을 판단할 수 있는 방법을 제시하였다. 이때 제작자의 어떤 특징을 보면 신뢰할 수 있는지 찾아보게 한다. 또한 날짜에서도 각자 어느 정도의 날짜까지를 최신의 정보로 생각하는지 쓴다. 날짜의 경우 어디까지가 최신의 정보라고 생각하는지에 대한 기준이 서로 다르게 나오는데, 그 이유를 물어봄으로써 신뢰성에 대한 논의를 더욱 진행시킬 수 있었다.

가짜 뉴스가 퍼져나가는 이유나 그 위험성에 대해 토론을 실시한 적이 있다. 우선 학생들은 가짜 뉴스가 퍼질 경우 사실이 아닌 정보를 믿게 되어 신뢰성이 떨어질 것이라는 우려를 나타냈다. 유튜브, 페이스북 등을 보면 자신이 검색한, 그리고 '좋아요'를 누른 영상 등과 관련된 자료가 끊임없이 제공된다. 이러한 플랫폼에서는 내가 보고 싶은 세상의 한 면만 보게 될 가능성이 높다는 점을 주목하였다.

뉴스를 이용할 것인가, 뉴스에 이용당할 것인가. 뉴스에 나오는 모든 글만을 믿지 않고, 그 뉴스에서 바라보는 관점만이 정답이라고 생각하지 않는 안목을 지속적으로 길러 주어야겠다고 다짐했다.

## (3) 뉴스 이해, 한걸음 더

### 나만의 댓글 달기

　어른도 마찬가지이지만 청소년에게 댓글은 영향력을 크게 미친다. 네이버는 2004년 국내 최초로 뉴스에 댓글을 다는 것을 도입했고, 이후에도 점차 검색 도구로서의 영향력을 넓혀 갔다. 댓글을 참고해 뉴스 기사나 정보의 신뢰도를 판단하는 경우가 제법 많다는 의미이다. 또한 댓글을 통해 다른 독자와 때로는 정보 생산자와 소통하는 경험 자체를 중시한다.[13] 또한 댓글이나 광고 수로 뉴스 신뢰도 판단을 하게 된다는 점을 학생들과의 인터뷰 "뉴스를 신문으로 직접 찾아보기는 귀찮고 제가 좋아하는 다른 네이버 기사에 딸려 나오는 것을 보게 돼요. 또 긴 글 읽기가 귀찮아서 댓글로 내용을 파악해요."를 통해 알게 되었다.

　하지만 매크로 등을 통한 댓글 조작도 이루어지고, 자신만의 뜻만 고집하며 글의 의도도 제대로 파악하지 못하고 쓴 댓글도 제법 많다. 그러므로 단순히 댓글만으로 이 글의 내용을 짐작한다거나 신뢰도를 절대적으로 판단하기란 어렵다. 댓글을 다양하게 살펴보면서 학생들은 자연스럽게 댓글이 소통의 도구로 용이하나 이것만으로 판단해서는 위험하다는 점을 깨닫게 되었다.

### 언론 윤리

　학급 신문을 만들 때 지켜야 할 점에 대해 생각해 보면서 언론 윤리에 대해 접근하였다. 학생들은 '가짜 정보를 쓰지 않는다.', '사실이어도 등장인물이 기분 나쁠 만한 내용은 쓰지 않는다.', '개인의 사생활을 허락 없이 쓰지 않는다.' 등의 예를 들며 언론 윤리의 측면에 자연스럽게 가까이 다가갔다. 또한 실제 뉴스를 찾아 언론 윤리에 어긋난 점 찾아보기 활동을 하며 실제성을 확보했는데, 이 활동은 다소 어려워하는 친구가 있어 비계 설정 및 교사의 추가 개별 피드백이 필요하다고 절감하게 되었다.

## (4) 뉴스 제작 활동을 통한 자신의 의견 표현하기
### 뉴스 아이디어 내기, 뉴스 바꾸기

학생들이 뉴스 대본 제작 및 촬영에 대해 한꺼번에 완결형으로 접근하기 어려워하는 경우가 많았다. 만다라트Mandal-Art 기법을 통해 어떠한 주제가 적합할까 생각하면서 연관 낱말을 모아 보았다. 이는 아이디어를 낼 때 무비판적으로 많이 사용되던 마인드맵에서 벗어나 학생들의 흥미를 모으고 뉴스에 창의적이고 다양한 아이디어가 들어가도록 함께 활용되었다. 이는 초반에 떠올린 낱말과 연계성을 더욱 인식하게 되는 효과로 나타났다.

다양한 아이디어를 내기 위해 활용한 두 번째 방법은 스캠퍼 기법이다. 스캠퍼 기법대체하기, 합치기, 확대하기, 없애거나 축소하기, 순서 바꾸기을 활용하여 뉴스를 올바르게 바꾸어 보는 활동을 실시했다. 이러한 기획 의도는 뉴스 형식에 대해 익숙하지 않은 학생들에게 모델링의 기회가 되고, 또한 뉴스 대본 전체를 만들기 어려워하는 학생들에게 자신감을 불러일으킴과 동시에 흥미를 전이하는 효과도 낳게 되었다.

단, 두 가지 기법 모두 처음 접하는 학생은 적응에 시간이 걸리거나 오히려 방법을 익히기 어려워하여 뉴스 자체에 대한 거부감이 생길 수 있으므로 방법에 대한 거부감이 크다면, 학생들에게 익숙한 아이디어 떠올리기 방법인 브레인라이팅 시간을 제공하는 편을 권하고자 한다. 덧붙여 뉴스 촬영 전 다른 주제 등을 예로 역할극 표현 등으로 연습하여 자신감을 높이는 방법도 뉴스 제작에 도움이 되었다.

### 뉴스 제작

뉴스 수업을 위해서 수업 이후 학생들의 예상 도착점할 수 있는 수준이나 정도을 어떻게 잡을 것인가에 대해 고심했다. 고민한 결과 예상 도착점을 '내가 관심 있는 분야에 대해 주제와 관점을 설정하고 적절한 형태로 뉴스를 만들 수 있다.'로 설정하였다. 학생들은 뉴스 제작 주제를 스스로 선정하고 영상 제작 계획서를 작성하고 역할을 나누어 제작에 들어갔다. 이때 주제의 예는 여러 가지 분야로 제시해 주어서 아이디어 형성의 막막함을 줄여 주었다. 내 삶 근처에서 떠올릴 수 있는 소식우리 학교 소식 전하기도 좋고 뉴스를 통해 표현하고 싶은 공동체 문제사이버 폭력, 화장, 스마트폰 사용, 게임, 학교 급식도 바람직하다.

뉴스의 주제로 가치가 있어 보이는 주제를 선정하고는 어떠한 관점으로 뉴스 기사를 구성할지도 정하였다. 뉴스 주제를 정할 때 모둠 친구들끼리 의견이 모아지지 않는 경우에는 피라미드 토론 등으로 설득하며 협의하는 것이 효율적이었다. 또한 뉴스의 형태를 선정하여 차후 뉴스 제작의 방향성을 설정하였다. 이러한 기사 구성을 위해 어떤 사진 자료를 활용하고 기사의 말투는 어떻게 할지, 인터뷰를 활용할지 등을 구안하여 스토리보드를 만들어 세심한 계획을 세울 수 있었다.

뉴스 제작 형태로는 카드 뉴스, 신문 기사, 영상 등을 활용하여 교사와 학생들이 차근차근 모든 형태를 배워 보아도 좋고 일부 팁을 제시한 후 모둠별로 형태를 선택하게 할 수도 있다. 키네마스터 등의 애플리케이션을 활용하면 편집의 부담감이 훨씬 줄어들어 생각보다 양질의 작품이 자신감 있게 나오기도 한다.

덧붙여 여기에 연계하여 스마트 ipad를 활용하여 만들 수도 있고 크로마키 기법을 이용하여 구성할 수도 있다. 팀별로 적당한 장소를 선택해서 촬영을 시작했고 처음에는 어색해했지만 몇 차례의 NG를 겪으며 점차 촬영에 익숙해졌다. 그리고 처음에 사용이 미숙했던 친구들에게 키네마스터 등의 애플리케이션 사용법을 일러 주고 휴대폰을 통해 다양한 키를 눌러 보며 차차 특정한 친구에게만 편집을 미루는 현상이 줄어들었다. 물론 아직 편집에도 시간이 많이 걸리고 편집 능력 차이가 제법 컸지만 적극적으로 활동에 임하는 모습이 인상적이었다. 그리고 점차 필요한 장면만 골라낸다거나 관점에 따라 적합한 장면을 각도에 맞춰 촬영하는 능력이 신장되는 모습을 보게 되었다.

우리 모둠이 만든 뉴스를 공개하는 시간에 굉장히 부끄러워했지만 내심 자랑스럽고 뿌듯해하는 모습도 나타났다. 다른 모둠 친구들의 영상을 보며 즐거워했고, 장단점을 직접 비교하여 이야기해 주기도 하였다.

이 수업에서 아쉬웠던 점은 뉴스 제작 계획부터 완성까지의 시간이 상당히 많이 걸려 시간이 다소 부족했다는 점과 학생들 간의 스토리 구성의 질적 격차가 컸다는 점이다. 어려움을 겪는 팀에게 아이디어의 디딤돌이 될 수 있는 효과적인 발문 등을 적절히 제공하는 것이 필요하다고 생각하였다.

### 학급 뉴스 체험 학습

교실에서의 정규 수업 뿐 아니라 학급 단위의 체험 학습 등을 적극 활용하여 뉴스 제작에 도움을 받았다. 방송국을 직접 찾기보다는 방송 장비나 시스템을 체험할 수 있는 각 시도별 인근 미디어센터 등을 방문[14]하거나 마을 연계 기관의 협력 수업 등을 활용할 수 있다.

- ✓ 서울시립청소년미디어센터 스스로넷 – 뉴스 만들기, 5컷 영상 만들기
- ✓ 서울창의인성체험센터 (초 4~ 중 3) – UCC , 사진으로 나만의 스토리 만들기

뉴스와 연관한 체험 학습으로 연계 활동한 내용을 정리하면 다음과 같다.

| 날짜 | 장소 | 활동 내용 |
|---|---|---|
| 2013. 6. 26. | 서울시립청소년미디어센터 | 팀원별 역할 분담 후 직접 대본을 쓰고 뉴스 촬영 |
| 2014. 10. 6. | 서울창의인성센터 | 사진 레시피, 뮤직비디오 촬영 및 UCC 편집하기(차후 학교에 와서 뉴스 제작 수업에 활용) |
| 2018. 9. 13. ~11. 15.(총 10회) | 서울장곡초등학교 (한국예술종합학교 협력 수업) | 사진의 기초 이해, 북트레일러 제작, 미담 뉴스 만들기, 키네마스터 편집 |

특히 2018년도 실시한 '나도 사진작가, 나도 영화감독' 10차시 수업은 마을 연계 자원을 활용한 수업이다. 요새 마을 사업과 연계되는 수업이 많은데 무작정 신청하거나 해당 강사에게만 흐름을 맡겨서는 교육적 효과를 기대하기 어렵다. 해당 담임 교사가 미리 이 수업을 통해 구현하고자 하는 바를 뚜렷이 하고 수업 기획을 주도적으로 해 나가야 한다. 담임 교사가 학생들을 적극적으로 피드백 한다거나 수업을 바라보는 시선 확장 등의 장점을 잘 살리고 서로의 전문성을 신뢰하는 방향으로 수업 기획이 이루어지면 바람직하다. 한국예술종합학교 협력 수업 시 해당 학년 미술 수업 및 국어, 도덕과 연계하여 미디어 리터러시 신장에 목표를 두고 협력 강사와 수업을 함께 기획하였다. 해당 수업 말미 때 뉴스 연계 활동을 기획해서 실시하였다. 학생들끼리 촬영, 편집에 이르기까지 서로 협동하며 촬영하고 스토리를 정리하는 능력도 신장되었다. 이에 그치지 않고 생활에서의 칭찬 뉴스 소식에 잃어버린 돈 찾아 주다 / 수업 시간 종이 쳤을 때 빠르게 자리에 앉는 모습을 내 학생들끼리의 자존감도 신장되는 모습이 인상적이었다. 단, 외부 기관 강사는 분위기 조성 및 안전 관리에 어려움을 겪는 경우가 많아 세심히 살펴야 하며 학생들이 누락하거나 지연되는 활동이 없도록 다른 시간에도 보충 시간을 제시하였다.

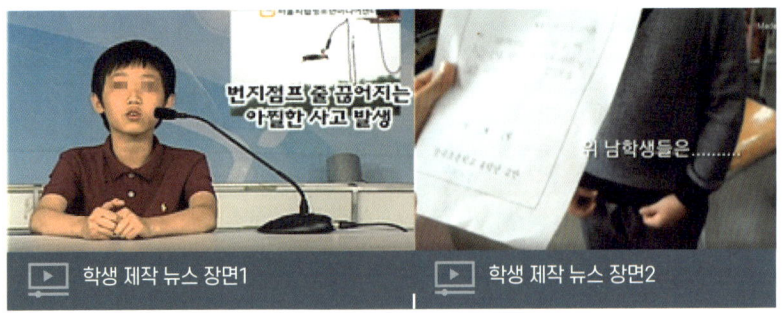

이상의 초중등 사례를 참고로 했을 때 학생들이 배운 내용을 적용해 보며 스스로 지식을 형성해 나간다는 점에서 뉴스를 제작해 보는 것은 매우 중요하다. 뉴스 제작 경험을 통해 뉴스의 속성을 파악하고 뉴스를 어떻게 바라봐야 하는지를 깨달을 수 있었다. 단, 뉴스 자체에 대한 교육은 많이 이루어져 있으나 비판적으로 돌아보는 뉴스 리터러시에 대한 고민이 교육 현장에서 다소 낯설기 때문에 세심한 구안이 필요하고, 타 교과목과 연계하여 재구성하는 것이 필요하다.

## 2 수업 평가하기

뉴스에서 관점 찾는 방법에 대해 친구들과 이야기를 나누거나 스스로 자료도 검색해 보고 공동으로 뉴스를 만들어 보는 일련의 과정 속에서 학생들 간의 상호 평가, 교사 주도 관찰 평가 등을 실시할 수 있다.

'뉴스 주체적으로 바라보고 제작하기'에 대한 평가 관점 및 평어[15]를 다음과 같이 잡아 보았다. 본문에서는 주로 이해 영역 위주로 구안되었지만 이 내용을 참고하여 제작 활동으로 전이하여 평가하는 것도 충분히 가능하리라 본다. 예 같은 주제 다른 관점으로 뉴스 만들기 등

| 성취기준 | | 평가 기준 |
|---|---|---|
| 같은 주제라도 뉴스를 만든 사람에 따라 다른 의미로 전달될 수 있음을 안다. | 상 | 주어진 자료를 보고 사실과 관점을 구분하며 뉴스 제목 및 구성을 보고 같은 주제라도 서로 다른 관점으로 전달될 수 있음을 이해하는 능력이 우수하다. |
| | 중 | 주어진 자료를 보고 사실과 관점을 찾고 뉴스에 나타난 관점을 파악하여 서로 다른 관점임을 안다. |
| | 하 | 사실과 관점을 구분하거나 주제는 같아도 서로 다른 관점으로 서술할 수 있음을 파악하는 데 어려워한다. |

| 분야 | | 평가 기준 |
|---|---|---|
| 정보의 불완전성 이해 | 상 | 뉴스 속 정보의 불완전성을 알고, 불완전성을 극복하는 방법을 구체적으로 설명할 수 있다. |
| | 중 | 뉴스 속 정보의 불완전성을 알고, 불완전성을 극복하는 방법을 대략적으로 설명할 수 있다. |
| | 하 | 뉴스 속 정보의 불완전성을 설명하는 데 어려움이 있다. |
| 정보 판단 전략 세우기 | 상 | 인터넷에 나오는 정보를 나만의 전략을 세워 판단할 수 있다. |
| | 중 | 인터넷에 나오는 정보를 제시된 전략을 바탕으로 판단할 수 있다. |
| | 하 | 인터넷에 나오는 정보를 판단하는 것에 어려움을 겪는다. |
| 나만의 효율적인 정보 검색 전략 | 상 | 나만의 효율적인 정보 검색 전략으로 유의미한 정보를 검색할 수 있다. |
| | 중 | 안내된 정보 검색 전략을 활용하여 정보를 검색할 수 있다. |
| | 하 | 정보를 효율적으로 검색하는 데 어려움이 있다. |

뉴스 이해 및 표현과 연계한 생활 기록부에 기재 가능한 평어는 다음과 같다.

- ✓ 뉴스 속 정보의 불완전성을 알고, 불완전성을 극복하는 방법을 구체적으로 설명하며 인터넷 속의 정보를 나만의 전략을 세워 판단함.
- ✓ 뉴스 역할극 진행을 위한 회의에서 뉴스 주제 선정에 적극적으로 참여하여 자신의 의견을 제시하고, 모둠원들의 의견을 경청함. 뉴스의 도입부와 마무리 진행에서 통계 자료를 근거로 들어 설명하고 현실적인 해결 방법을 자세히 소개할 수 있음.

## 3 뉴스 수업을 돌아보며

　뉴스 수업을 전개하면서 아쉬웠던 점은 다음과 같다. 미디어 리터러시와 관련된 수업이 이루어질 때 혹자는 '또 하나의 문맹자'를 낳는 것이 아닌가 우려를 나타내기도 한다. 물론 기술적인 측면에서만 바라보지 않고 사회 현상, 비판적·창조적 관점과 연계해서 교육한다고 하지만 이는 매체가 아무리 학생들의 호기심을 끌기에 적합한 도구일지라도 사용 방법이 익숙하지 않고 배우지도 않았다면 이를 활용한 수업이 학습 효율성을 해칠 수 있다는 점에서 **특정한 학생만 참여하는 경우 다른 학생이 학습에서 소외되기도 함.** 일리 있는 지적이다. 이러한 측면에서 바라볼 때 특히 뉴스에 대한 경험이 없는 친구들도 충분히 즐기며 활동에 참여할 수 있도록 사전에 조금 더 친해지기 환경 조성 시간을 충분히 확보하는 것을 권하고 싶다. 기본 활동에 대한 자신감이 높아질수록 자존감 형성에 큰 도움이 되었다.

　다음은 도구의 측면이다. 인터넷을 활용한 컴퓨터실 사용에는 큰 무리를 겪지 않았지만, 이도 교내 컴퓨터의 낙후도 차이에 따라 활동 속도의 차이가 나타났다. 휴대폰을 이용하여 관련 자료 검색 및 애플리케이션을 활용한 편집 등을 할 때 데이터 사용상의 용량 문제가 있었다. 이러한 현상에 대한 대비로 교사 휴대폰으로 핫스팟을 켜서 쓰거나 주변 친구와 공유하도록 하였다. 그리고 태블릿을 활용하는 수업의 실제성이 높았지만 타 학급 이용 및 시설 세팅 등으로 인해 자주 활용하기는 어려워서 아쉬움이 남았다. 또한 전문적인 제작을 원하는 경우의 물적 자원 마련도 쉬운 일은 아니었다.

　그 다음은 평가 부분에서의 아쉬움이다. 학년군에 적절한 성취 기준이 없는 경우 창의적 체험 활동 삼아 이루어진 수업에서는 적절한 항목을 반영하여 학생들의 평가 내역에 넣기 어려움을 겪을 수도 있었다. 또한 주로 관찰 평가로 이루어졌는데, 이에 대한 신뢰도도 재고해 보게 되었다. 또한 학생들이 제작 활동을 할 때 카드 뉴스, 신문, 영상 중에 선택할 수 있도록 제공하였지만 매체의 특성을 고려한 선택이라기보다는 친구들의 우정도 및 손쉬워 보이는 활동에 몰리는 경우가 있어 조금 더 세심한 선택 기회 제공 및 유도가 필요하다.

몇 가지 아쉬움에도 불구하고 여러 차시에 걸쳐 실시된 뉴스 수업에서 학생들과도 다각도로 소통하며 단순히 기사를 나눈 것에서 나아가 마음을 나눌 수 있었다는 의의를 찾고자 한다. 그리고 무엇보다 커다란 보람은 평소 내 가족, 내 친구 그것도 친한 친구와의 삶에서 벗어나기 어렵던 관심사가 조금씩 넓어져 우리 마을, 우리나라에서 일어나는 일에 대해 점차 관심을 기울이고 다른 과목을 공부할 때도 뉴스 등을 통해 알게 된 내용을 발표할 수 있게 된 것이다. 더불어 글과 말로 표현하는 세상이 더욱 넓어졌다는 소감도 듣게 되었다. 수업 초반에 기획한 뉴스로 세상 보기, 뉴스로 내 삶 읽기라는 목표에 조금이나마 가까이 간 시도여서 뿌듯했다. 다음에는 카드 뉴스 혹은 교과서 글(문학 작품) 뉴스로 만들기 활동 확대 및 타 교과(역사적 사건을 뉴스로 만들기 등의 통합 활동을 더욱 적극적으로 실시해 보고 싶다. 솔직히 한정된 시간, 교육과정에서의 다소 부족한 연계성 등 여러 어려움이 다소 예상되어 물음표로 시작하게 된 뉴스 수업, 여전히 물음표가 남은 부분도 있지만 서로에게 남게 된 느낌표가 진하게 여운을 남기기에 앞으로도 뉴스라는 매체로 인해 교사와 학생이 함께 성장하는 모습을 기대해 본다.

## ▶ 이런 수업도 가능해요    ↳ Enter

✚ 임세희(풍성중학교)

 미디어에 대한 비판적 분석 활동과 창의적 제작이 함께 이뤄지는 수업

　뉴스 리터러시 수업은 비판적 분석을 먼저 한 후 창의적으로 제작하고, 이후 제작한 뉴스 영상으로 다시 비판적 분석을 해 보는 활동을 하였다. 참고-아래 '자유 학기 –뉴스 팩트 체크반 커리큘럼' 2차시의 경우 모둠에 같은 날짜 신문을 나누어 주었다. 그리고 영역별정치부, 문화부, 사회부, 경제부, 국제부, 스포츠부 지면이 있다는 것을 알려 주고 각 영역을 선택하게 했다. 각자 자신이 맡은 영역의 신문 기사를 읽고, 1~4순위 기사를 정하고 그 이유를 발표해 보면서 각 모둠에서 같은 영역인데도 1~4순위로 선정한 기사가 다르다는 것을 알게 되었다.

　이와 같은 '게이트 키핑gate keeping'에 관한 비판적 분석 활동을 사전에 한 후, 모둠별로 주제를 정하여 뉴스를 만들어 보게 했다. 그리고 각 모둠에게는 특정 관점에 치우치지 않아야 한다는 조건을 주었다. 그런데 '청소년의 화장'에 대한 뉴스를 제작하는 모둠의 학생들은 그들이 의도한 뉴스를 만들기 위해서는 특정 관점을 담을 수밖에 없다는 것을 알게 되었고, 이는 누구의 목소리를 담아야 할지, 또, 누구를 인터뷰할지에도 영향을 주었다. 최종 평가회에서 모둠이 제작한 뉴스 영상들을 함께 볼 때, 뉴스 제작 의도를 발표하게 하였고 '청소년의 화장'에 대한 뉴스의 경우 그들의 제작 의도에 따라 이 뉴스가 학생들의 인터뷰로만 이뤄졌다는 것을 학생들이 파악할 수 있었다. 이를 통해 뉴스는 누군가집단의 관점에 의해 만들어지거나 편집되고 전달된다는 점에 대해 비판적으로 다시금 생각해 볼 수 있었다.

▶ 자유 학기-뉴스 팩트 체크반 뉴스 제작 학생작(잠실중)

# 자본주의의 욕망, 광고 읽고 표현하기

권혜령(부천 상원고등학교)

우리는 수많은 광고 속에서 숨 쉬며 생활한다. 거리에는 광고를 실은 버스가 달리고 드라마에서는 멋진 배우들이 연기를 하며 은연중에 상품을 광고한다. '물고기에게는 물이 보이지 않는다.'는 말처럼 우리는 광고의 바다에서 광고를 인식하지 못한 채 살아가고 있다.

자본주의 사회에서 제품에 대한 정보를 알리는 광고가 무슨 죄가 있느냐고 말할 수도 있다. 그러나 음료수나 신발 같은 물건부터 대학, 직장, 삶의 방식 등 우리 삶에서 무엇인가를 선택해야 하는 중요한 순간에 광고는 의식적으로 또는 무의식적으로 우리에게 영향을 끼치고 있다. 하지만 우리는 정작 '자본주의 꽃'이라 불리는 광고를 깊이 들여다보지 않고 비판적으로 읽지도 않는다. 광고가 나오면 다른 채널로 돌리는 것에 익숙한데다 30초 사이에 지나가는 수많은 광고를 일일이 따져 보기도 힘들기는 하다. 이러한 맥락에서 학교에서는 2007 개정 교육과정 이후로 광고의 비판적 이해를 부분적으로 다루고 있다.

그러나 광고 수업은 반쪽짜리이다. 「방송법」[1]을 보면 2003년부터 지상파 방송사는 매주 전체 방송 시간의 0.2% 이상의 공익 광고를 의무적으로 편성해야 한다고 명시되어 있다. 이것을 뒤집어 보면 나머지 99.8%는 상업 광고라는 말이 된다. 그러나 교과서에서는 상업 광고보다는 공익 광고에 편중되어 있다. 특정 상업 광고를 다루었다가는 이를 홍보했다는 민원에 시달릴 수 있기 때문이다. 따라서 교사들은 교과서에 실린 공익 광고만을 가지고 수업을 하게 된다. 또한 수업에서 다루지 않은 상업 광고를 평가할 수도 없다.*핀란드의 미디어 교재에는 상업 광고가 학습 자료로 실려 있다.2)

교과서가 공익 광고만을 다루다 보니 광고 수업을 제대로 하기 위해서는 교사가 직접 수업 자료를 준비를 해야 한다. 학생들은 광고를 집중해서 보지 않을 뿐만 아니라 현재 방송되고 있는 광고가 아닌 옛날 자료는 더 보려고 하지 않는다. 교육적 차원에서 광고를 마음껏 내려받아 수업할 수 있는 여건이 아니다 보니 광고를 모아 두기도 쉽지 않고 다른 교사들과 광고 자료를 나누는 것도 어렵다.

이런 상황 속에서도 교실에서 학생들과 광고를 가지고 이야기를 나누는 것은 의미 있는 일이다. 광고는 실생활에서 쉽게, 많이 접하고 있는 매체로, 이와 밀접한 학생들의 삶을 교실에서 같이 이야기해 볼 수 있는 실용적인 텍스트이기 때문이다. 필자가 수업에서 중요하게 생각하는 것은 광고에서 메시지를 전달하는 언어들을 읽어 내는 '광고 꼼꼼하게 읽기'와 직접 광고를 만들어 보는 '광고 제작하기'이다. 진도 나가는 데 시간도 없는데 광고 만들기를 꼭 해야 하느냐고 말할 수 있다. 떡볶이 만드는 법을 이론으로 아는 것도 좋지만 직접 한번 만들어 먹어 보는 게 제일이다. '광고 제작하기'는 학생들이 광고를 통해 하고 싶은 말을 만들어 내는 방법을 고민하면서 광고에 대해 더 잘 알게 하는 시간이다. 또한 기발한 아이디어를 생각해 내는 과정에서 학생들의 창의적 사고가 길러지는 시간이기도 하다.

국어과 교육과정에서 광고와 관련된 성취기준은 다음과 같다.*관련 성취기준의 내용은 1부 2장 참조

중학교 단계에서 [9국01-09], [9국01-11], [9국02-07], 고등학교 단계에서는 [10국02-02]와 선택 과목 『언어와 매체』에서 [12언매03-02], [12언매03-03], [12언매03-04], [12언매03-06] 등이 있다. 초등학교 단계에서도 [6국02-05]에서 매체에 따른 다양한 읽기 방법을 이해하고 적절하게 적용하며 읽는 활동이 가능하며, 중학교 단계에서 [9국01-09]는 설득 전략을 비판적으로 분석하며 듣는 활동으로 그 전 교육과정에서 광고라는 매체에서 다뤄졌던 성취기준이었다. [9국01-11]에서 매체 자료의 효과를 판단하는 활동, [9국02-07]에서 매체에 드러난 다양한 표현 방법과 의도를 평가하며 읽는 활동을 해 볼 수 있다. [10국02-02]는 매체에 드러난 필자의 관점이나 표현 방법의 적절성을 평가하는 것을 포함한다. 『언어와 매체』의 경우 [12언매03-02]에서 다양한 관점과 가치를 고려하여 매체 자료를 수용하는 활동과 [12언매03-03]에서 목적, 수용자, 매체의 특성을 고려하여 다양한 매체 자료를 생산하는 활동을 해 볼 수 있다. [12언매03-04]는 매체 언어의 창의적 표현 방법과 심미적 가치를 이해하고 향유하며 [12언매03-06]에서 매체를 바탕으로 하여 형성되는 문화에 대해 비판적으로 이해하고 주체적으로 수용하는 데까지 나아갈 수 있다. 미술 과목과 연계해서 [12미02-03]은 여러 가지 표현 매체의 조합이나 응용 확장을 통해 새로운 표현 효과를 탐색하는 활동과 [12미02-04]에서 주제와 표현 의도, 재료와 표현 방법, 매체, 표현 과정, 결과 등을 종합적으로 검토해 보는 활동을 구안해도 좋을 것이다.

## 1 광고 수업의 실제

교과서에서는 광고에 쓰인 다양한 기호들이 언어와 같이 의미를 전달한다는 측면은 다루지 않고 광고 문구만을 언어로 다루고 있는 경우가 많다. 따라서 광고에 대한 이해와 광고에 쓰인 여러 가지 언어들에 대해 공부하는 시간이 필요했다. 교과서의 내용은 광고 매체의 특성이나 언어적 특성에 대한 이해 없이 설득 전략을 파악하는 것에만 집중하고 있다. 하지만 광고의 설득 전략을 이해하기 위해서는 매체 언어에 대해 아는 것이 중요하기 때문에 따로 수업 자료를 만들었다. 한 컷으로 된 인쇄 광고를 기본으로 하여 라디오 광고, 텔레비전 광고의 차이와 특징에 대해서도 알아보았다. 그리고 동영상 광고에 나타나는 다양한 설득 전략까지 살펴보았다.

### 수업 개요

- 대상: 중학교 3학년
- 성취기준(2009 개정 교육과정)

| 번호 | 성취기준 |
| --- | --- |
| 듣기·말하기(4) | 담화에 나타난 설득의 전략을 파악하고 평가한다. |
| 듣기·말하기(9) | 사회적으로 의미가 있는 내용을 매체 자료로 구성하여 발표한다. |

- 학습 목표
    1. 담화에 나타난 설득 전략을 파악하고 평가할 수 있다.
    2. 설득 전략을 고려하여 공익 광고를 만들어 발표할 수 있다.

전체 수업 방향은 아래와 같이 설정하고 진행하였다.

1. 광고에서 의미를 전달하는 여러 가지 기호들 꼼꼼히 읽기(1차시)
2. 매체에 따른 광고의 전략 파악하기(2차시)
3. 모둠별로 교과서 인쇄 광고 분석, 발표(3차시)
4. 영상 광고 분석하기(4차시)
5. 청소년 언어문화 관련 공익 광고 만들기, 전시(5~6차시)
6. 두 편의 광고(영상 광고 1편-교사 제시, 인쇄 광고 1편-학생 선택)에 나타난 설득 전략을 평가하는 비평문 쓰기(7차시)

## (1) 광고 이해하기

### 광고 꼼꼼히 읽기

첫 시간에는 6초, 15초 사이에 휙 지나가는 광고를 꼼꼼히 읽어 보는 시간이다. 멀티 화면에 광고를 띄워 놓고 광고를 하나하나 뜯어보며 질문한다. "여러분, 이 광고에서 보이는 것들을 다 이야기해 볼까요?" 학생들이 시각적으로 보이는 것을 이야기하고 나면 교사는 질문을 던진다.

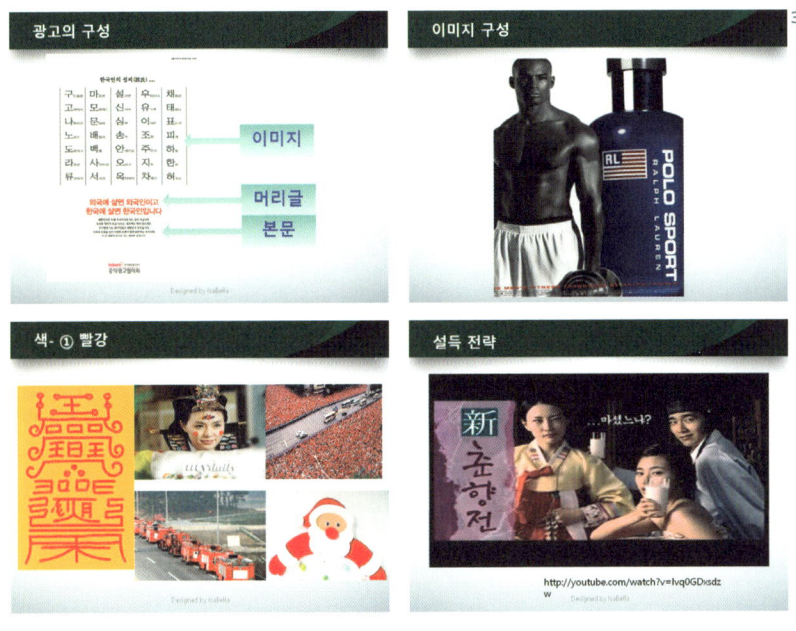

"보이는 것 중 빠뜨린 것은 없나요?"
"왜 이 모델을 썼을까요?"
"무슨 색이 이 광고에서 두드러져 보이나요? 왜 그럴까요?"
"배치를 왜 '오른쪽/왼쪽' 이렇게 했을까요?"
"광고 문구에서는 어떤 말이 인상적인가요?"
"이 광고는 누구를 대상으로 한 것일까요?"

이러한 질문들을 통해 학생들이 광고에서 지나쳤을 부분을 다시 되살린다. 처음에는 사실적인 이해와 관련된 질문을 하고 광고라는 매체 언어에 대한 질문으로 넘어간다. 마지막으로는 추론적, 비판적 이해를 해 볼 수 있는 질문을 한다. 미디어 교육의 주요 개념 중에서 국어과에서는 주로 언어적인 측면을 다루지만 광고에 대한 수업을 위해서 다른 질문들도 하도록 한다.

| 1차 질문 | 2차 질문 | 미디어 교육의 주요 개념 |
|---|---|---|
| • 무엇이 보이나요?<br>• 왜 이 이미지/모델을 선택했을까요?<br>• 무슨 색이 이 광고에서 두드러져 보이나요? 왜 그럴까요?<br>• 배치를 왜 '오른쪽/왼쪽', '위/아래' 이렇게 했을까요?<br>• 글자체는 어떠하며 어떤 광고 문구가 인상적인가요? | • 특정한 이미지와 특정한 색, 특정한 카메라 샷과 같은 특정한 형태의 언어를 선택한 이유는 무엇이며[4] 결과는 어떠할까요?<br>• 이미지와 글자의 비율, 분량은 어떠한가요?<br>• 이미지, 광고 문구 등의 조합을 통해 어떤 의미가 전달되나요?<br>• 제품에 대한 어떤 이미지가 전달되나요? | 언어 |
| | • 이 광고에서 세상에 대한 특정한 관점이나 견해를 보이고 있지는 않나요?<br>• 이 광고에는 어떤 것이 포함되고 어떤 것이 배제되고 있나요? | 재현(표상) |
| • 이 광고는 누구를 대상으로 할까요? | • 이 광고는 여러분이 어떤 매체를 이용할 때 주로 보나요?<br>• 이 광고에서 어떤 즐거움을 얻었나요? | 수용자 |
| | • 누가 이 광고를 만들었을까요?<br>• 이 광고의 제작비는 누가 부담할까요?<br>• 회사는 이 광고를 어떤 매체로 전달할까요? | 제작 |

이런 방식으로 몇 편의 광고를 보여 주고 꼼꼼하게 읽기를 하면서 학생들은 광고의 의도를 정확하게 파악하게 되었다. 그리고 수업 내용을 파워포인트로 정리했다. 광고에서는 언어뿐만 아니라 색, 이미지, 소리를 통해 메시지를 전달한다는 것을 이야기했다.

### 매체에 따른 광고의 전략 파악하기

광고는 아름답다. 광고에는 '사랑', '행복', '성공'이라는 메시지가 가득하다. 광고 모델들은 예쁘게 화장을 하고 조명을 활용하여 가장 아름다워 보이게 촬영을 한다. 광고에 등장하는 음식이나 제품도 특수한 처리를 해서 최상의 상태를 보여 준다.

그러나 상품은 많고 광고도 많다. 따라서 광고에서는 다른 제품과 차별성을 두면서 '더 나은' 상품이라고 설득하기 위한 전략을 사용한다. 교과서에는 이야기 만들어 보여 주기, 평범한 사람들을 등장시켜 친근감 갖게 하기, 유명인이나 연예인 내세우기, 광고하려는 대상에 대한 정보를 직접 제시하기, 운율적인 요소를 적극적으로 활용하기, 인상적인 이미지 제시하기, 인상적인 문구 제시하기 등의 전략을 소개하고 있다. 이 밖에도 자료를 만들어서 학생들에게 제시하였는데, 다른 회사의 제품과 비교하기, 사람들의 감성을 건드리기, 웃음을 터뜨리게 하는 유머를 이용하기, 전문가가 등장하여 통계 방식 쓰기 등을 예시를 보여 주었다. 같은 광고를 텔레비전에서, 라디오에서, 신문에서 어떻게 표현되는지도 자료를 보면서 간단하게 알려 주었다.

### 모둠별로 교과서 인쇄 광고 분석·발표하기

교과서에 제시된 인쇄 광고 중 하나를 모둠별로 선택하고 이미지와 구도, 문구, 특징 면에서 어떤 설득 전략을 사용하였는지 분석하였다. 모둠은 네 명으로 구성하였고 모둠원들에게 각자의 역할을 잘 수행해야 모둠 활동이 더 풍부해질 수 있다고 강조하였다. 모둠원들은 광고의 이미지와 광고 문구, 구도, 특징을 분석하고 각각 분석한 내용을 다른 모둠원들에게 설명한 다음 작은 자석 칠판에 결과를 써서 발표하였다. 한 사람이 다 발표하게 하지 않고 각 모둠원이 모두 나와서 자신이 분석한 부분을 각각 하나씩 설명하게 했다. 그렇게 해야 발표 과정에서 학생이 소외되거나 잘하는 한 학생이 모두 발표하게 되는 일이 없다. 각 모둠에서 활동한 결과가 겹치는 부분이 있고 다른 모둠에서 생각하지 못한 부분을 찾아내는 경우도 있어서 학생들은 서로서로 배우게 되었다.

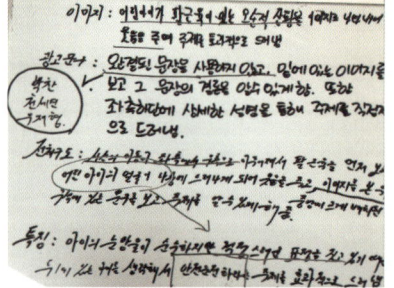

### 교과서의 영상 광고 분석하기

인쇄 광고에 이어 영상 광고에 관한 수업을 했다. 교과서에 실려 있는 인쇄 광고의 영상 광고 버전을 찾아서 보여 준다. '30초의 미학'이라고 하는 영상 광고는 15초로 줄어들었고 이제 6초짜리 광고가 익숙해지고 있다. 영상 광고는 짧은 시간에 지나가기 때문에 주의를 기울이지 않으면 설득 전략을 분석하기 힘들다. 광고를 2~3번 반복적으로 보여 주면서 아래와 같은 질문을 하고 학생들이 메모하게 하면 보다 풍부한 답변이 나올 수 있다.

---

영상 광고 안에서 자신이 보고 들을 수 있는 모든 것을 확인해 보자.
1. 화면에서 보이는 인물, 배경, 색깔, 글자들을 모두 찾는다.
2. 카메라 거리와 각도, 화면 구성, 조명의 사용 등 시각적인 부분을 정리한다.
3. 들리는 소리 – 음악 유형, 음향 효과, 언어(대사, 제품), 말하는 사람의 목소리 톤 등
4. 카메라의 움직임과 편집의 속도와 리듬 – 어떻게 장면 전환이 일어나는가?
5. 제품의 어떤 측면이 여러 장면에서 반복되거나 강조되면서 제품의 이미지를 만들어 내는가?

---

영상 광고는 인쇄 광고에 비해 이미지가 빠르게 움직이고 소리도 중요한 요소로 작용한다. 시각적 요소와 청각적 요소 등 다양한 요소들이 영상 광고 안에서 어떻게 조합되어 있는지를 파악해야 하기 때문에 학생들이 분석하기 어려울 수 있다. 게다가 영상 광고에는 편집 기술이 두드러지게 나타난다. 한 장면 한 장면이 왜 선택이 되었고 어떤 순서로 편집이 되었는지, 장면이 넘어가는 속도는 어떤지도 살펴볼 필요가 있다. 각 장면에서 시각적 스타일, 음향 사용, 제품의 이미지를 분석하고 숏shot, 컷cut, 클로즈업close-up 등 카메라의 움직임과 영상 언어를 살펴보면서 광고가 어떻게 제품 이미지와 특성을 결정하고 있는지를 분석해 보았다.

### (2) 광고 제작하기

교과서의 내용을 모두 다룬 다음에는 광고를 보고 비평하는 수행 평가를 하였다. 수행 평가에서는 일주일의 시간적 여유를 주고 그 사이에 공익 광고

를 제작해 보기로 했다. 그 전에 수업할 때는 광고의 비판적 이해라는 측면에 집중하느라 제작하기는 건드리지 않았다. 이번에는 광고 만들기도 가장 간단한 방법으로 해 보기로 했다.

교과서에서는 광고의 설득 전략을 알아보는 활동을 중심으로 광고의 설득 전략을 활용하여 홍보물 만들기 활동이 두 면에 걸쳐 제시되어 있다. 그리고 대단원의 '선택 학습'으로 '우리 반의 특징과 개성을 잘 보여 주는 광고'를 만들어 보는 활동이 두 면에 제시되어 있다.

지우개나 연필 등 학생들 가까이에 있는 물건을 가지고 상업 광고를 만들어도 된다고 했지만 학생들은 의외로 공익 광고 만드는 것을 더 쉽게 생각했다. 공익 광고의 주제는 절전이나 절수, 교통질서 준수, 금연, 쓰레기 분리수거 등 여러 가지를 제시해 본 적이 있었는데 이번에는 청소년의 언어 실태에 대한 광고를 만들자고 제안을 했다.

다른 학교 학생들이 제작한 공익 광고 몇 편을 보여 주면서 아이디어, 광고 문구, 그림, 구도, 색깔 등에 대해서 설명을 해 주었다. 자기 수준의 작품을 보면 할 수 있다는 자신감이 높아진다. 매체연구회의 홍완선 선생님과 두일중학교 학생들이 만든 금연 광고를 예시 작품으로 보여 주었다.

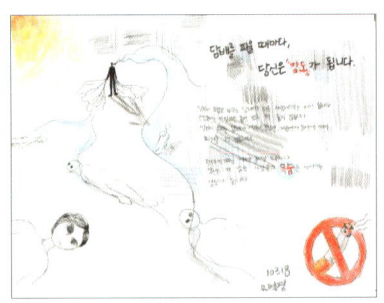 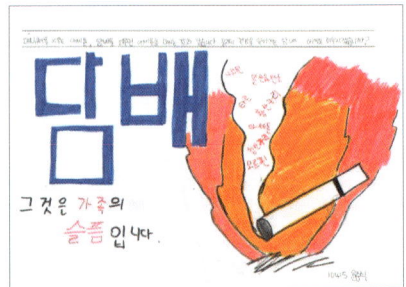

금연 광고 예시 작품을 보고 나서 모둠별로 기획서를 한 장씩 나눠 주었다. 사전 기획서5)를 작성해 보면서 온라인이나 현실 생활에서 청소년들의 언어 사용 실태와 문제점을 생각해 보게 하였다. 기획 의도, 대상, 그림 디자인, 머리글, 본문을 미리 기획해 보게 하였다.

'꼭 청소년 언어에 대해서만 만들어야 하나요?'라는 질문이 나왔고 주제를 모둠별로 다양하게 선택할 수 있게 했다. 그러자 지각 문제를 공통적으로 다룬 광고가 등장했다. 지각하는 학생이 많아 담임 선생님의 고민을 다룬 광고, 초등학교 때부터의 선행 학습으로 인해 너무 힘든 자신들의 처지를 담아 '선행 학습, 창의력을 망가뜨립니다.'라는 광고를 만들기도 했다.

완성된 광고는 널리 알린다는 광고의 목적에 맞게 교실의 복도 유리창 안쪽이나 복도의 벽에 붙여 다른 반 학생들도 볼 수 있게 전시를 했다.

　국어 시간이 끝나기 5분 전에는 늘 쓰는 성찰 노트에 이번 광고 단원 전체를 정리해 보는 시간을 가졌다. 광고 단원 학습에서 자신에게 제일 유익했던 점, 광고 제작이나 비판적으로 이해하기에서 힘들었거나 의미 있다고 느꼈던 경험을 적어 보도록 했다. 평소 다섯 줄 정도를 적도록 했던 성찰 노트를 일곱 줄 이상 적도록 했더니 좀 더 여러 가지 이야기가 나왔다. 성찰 노트를 쓴 다음에는 모둠 네 명이 서로 돌려 읽으면서 댓글 달아 주기를 했다.

광고 꼼꼼히 읽기나 제작하기 등에서 두드러진 모둠이나 성찰 노트를 잘 쓴 친구에게 칭찬 카드를 주었다. 그리고 발표나 활동을 잘한 친구들에게 칭찬 카드를 주고 칭찬 카드에 적힌 내용을 학생부 '세부 능력 및 특기 사항'에 적어 주는 방식으로 진행했다.

## 2 평가하기

학습 목표와 수업 내용이 광고의 설득 전략이다 보니 그것을 확인할 수 있는 평가가 필요했다. 같은 학년 교사들과 협의할 때 다른 교사들은 수행 평가를 수업 시간 내에서 해결하기를 원하였기 때문에 과제형으로 광고 비평문을 써 오는 수행 평가에는 반대를 하였다. 과정 평가와 쓰기 평가로 나누자는 의견도 나왔다. 그래서 광고 비평문을 쓰되 인쇄 광고와 영상 광고의 비평문을 모두 쓰게 하였다. 영상 광고는 교사가 제시하고 인쇄 광고는 학생들이 선택하게 했다. 각 반에서 보여 주는 영상 광고는 각각 다른 것으로 하기로 했다. 인쇄 광고는 교과서의 쉼터에 '광고, 그 끝은 어디인가'라는 제목으로 제시된 치아 미백제 광고, 시계 광고, 재활용 광고 등 7개의 광고를 활용하여 학생이 선택하도록 하였다. 수행 평가용 영상 광고는 모두 공익 광고로 준비했다. 한국방송광고진흥공사 www.kobaco.co.kr에서 몇 가지 광고를 골라 협의를 하고 정했다.

---

〈3학년 2학기 국어과 수행 평가 – 광고 비평문 쓰기〉
1) 제시된 영상 광고를 보고 이 광고의 설득 전략을 분석·서술한 후, 설득 전략의 적절성과 타당성을 평가하시오.
2) 국어 교과서에 제시된 인쇄 광고 중 하나를 선택하여 설득 전략을 분석·서술하고 설득 전략의 적절성과 타당성을 평가하시오.

3) 비평문의 마지막 부분에 수행 평가 전 / 수행 평가 중 / 수행 평가 후의 자신의 느낀 점을 언급하시오.

대부분의 학생들이 영상 광고에서 이미지와 말/글, 소리에 대한 분석을 잘 해냈다. 영상 광고에서 장면을 선택하고 편집을 한 제작자의 의도까지 파악해 내지는 못했지만 한 장면 한 장면 영상을 분석하려는 노력이 보였다.

수행 평가 채점 기준표를 다음과 같이 마련했고 학생들에게도 미리 공지했다.

| 평가 내용 | 평가 기준 | 배점 |
| --- | --- | --- |
| ① 광고의 이미지, 광고 문구, 색, 소리를 잘 분석하였는가? | 5개 항목 모두 만족 | 10 |
| ② 광고의 설득 전략을 잘 파악했는가? | 4개 항목만 만족 | 9 |
| ③ 광고에 대한 자신의 생각을 분명하게 드러내며, 그 근거는 타당하고 신뢰할 수 있는가? | 3개 항목만 만족 | 8 |
| ④ 표현이 간결하고 명료하며 각 문단 내용이 긴밀하게 연결되어 체계적인가? | 2개 항목만 만족 | 7 |
| ⑤ 맞춤법과 어법, 정해진 분량과 형식(원고지 사용법)에 맞게 썼는가? | 1개 항목만 만족 | 6 |
|  | 모든 항 불만족 | 4 |

영상 광고와 인쇄 광고를 제시했지만 채점은 두루뭉술하게 된 측면이 있었다. 영상 광고의 설득 전략 파악하기와 인쇄 광고의 설득 전략 파악하기를 따로 구분해서 평가하는 것이 좋았을 것이다. 채점 기준이 너무 자세한 것도 학생들의 반응의 폭을 좁히는 결과를 가져오는 부분이 있어서 핵심 평가 요소를 다루되 이를 자세하게 제시하지는 않았다.

다음은 학생들이 작성한 광고 비평문 사례이다.

[사례 1]

## 영상 광고의 주제: $CO_2$를 줄이기 위한 실천

이 광고는 '~말고 ~세요'의 문장을 반복한다. 이때 같은 단어를 사용하고, 나오는 영상에서는 사용한 단어와 관련된 다른 행동 두 가지를 보여 준다. 예를 들어 '~담지 말고 ~담으세요'라는 문장에서 첫 '담지 말고'에서는 일회용 봉지에 장을 본 물건들을 담고 그다음 '담으세요'에서는 계속 사용 가능한 장바구니 사용을 보여 주었다. 이처럼 환경에 해가 되는 행동과 도움이 되는 행동을 대조시켰다. 그리고 광고 문구들을 가사로 한 노래가 나온다.

6)

그리고 마지막 부분에는 '모두를 위해'라는 문구를 넣었다. 이러한 부분들을 통해 사람들이 $CO_2$를 줄이기 위한 행동을 실천해야 한다고 설득하고 있다. 우선 비슷한 문장의 반복과 그에 맞는 노래로 광고가 기억에 잘 남도록 하였다. 그러면서 영상에는 일상생활에서 환경을 보호할 수 있는 방법을 제시해 주었다. 이 과정에서 친숙한 일반인들의 모습을 넣어 우리 모두 실천할 수 있다는 생각을 심어 주고 있다. 또한 마지막에 모두를 위한 것이라고 하면서 $CO_2$를 줄이기 위한 실천을 하라는 문구를 넣음으로써 앞서 우리가 보았던 행동들을 실천해야 한다는 결론을 보여 준다.

이 광고는 단순히 우리의 잘못된 점을 지적하는 것이 아니라 앞으로 어떻게 생활해야 할지를 구체적으로 제시해 준다. 그렇기 때문에 사람들은 그 광고가 말하고자 하는 바에 따르기 쉽다. 또한 이러한 것들이 잘 기억나도록 비슷한 문장의 반복과 노래를 사용했으므로 사람들이 실천하는 데 도움이 된다. 그렇기 때문에 이 광고의 설득 전략은 적절하다.

### 선택한 인쇄 광고 주제: 지구 온난화

우선 이 광고는 배경에 별다른 것이 그려져 있지 않고 어둡다. 가운데 아이스크림콘 위에 녹고 있는 지구만 덩그러니 놓여 있다. 또한 지구 주변의 배경은 주위보다는 조금 더 밝다. 이러한 구도는 광고를 처음 볼 때부터 지구가 녹고 있는 모습에 집중하게 한다. 처음에는 지구의 모습이 왜 그림과 같은지 모를 수 있으나 아래의 아이스크림을 통하여 지구가 아이스크림 녹듯이 녹고 있음을 확신하게 한다. 이어서 아이스크림은 온도가 높을 때 녹으므로 그림에서 지구의 온도도 높음을 유추할 수 있게 한다. 또한 파란색이 주로 녹아내리고 있다. 광고 속의 이러한 상황들은 보는 사람들로 하여금 지구 온난화와 해수면 상승을 연상하도록 한다. 이를 통해 사람들이 지구 온난화가 전 지구의 문제임을 인식하도록 도와준다.

이 광고는 지구 온난화라는 주제를 우리가 주변에서 쉽게 볼 수 있는 아이스크림의 모습에 비유했다. 이것은 쉽게 지구 온난화가 무엇인지 이해하고 기억할 수 있게 해 준다. 그러므로 이 광고는 타당하다고 생각한다. 뿐만 아니라 녹고 있는 아이스크림은 결국 나중에는 사라져 버리듯이 지구도 이대로는 사라질 수 있다는 생각을 주어 지구 온난화의 심각성까지도 알리므로 이는 사람들을 설득하기에 충분하다고 생각된다.

이 수행 평가를 하기 전에도 이 광고들을 본 적이 있었다. 그때는 그냥 '지구 온난화가 심각하군.', '나도 환경 보호를 실천해야지.'라는 생각만 들었다. 하지만 이 수행 평가를 하면서 내가 과거에 들었던 생각을 유도하기 위해 이미지, 문구, 소리 등 다양한 장치가 사용된다는 것을 깨달았다. 사실 이전에는 광고에는 큰 의미와 가치가 있다는 생각이 들지 않았지만 이제는 광고의 가치를 알게 되었다. 그래서 앞으로는 광고 하나도 어떤 방식으로 만들었는지 더 관심 있게 보게 될 것 같다.

[사례 2]

### 영상 광고의 주제: 에너지를 낭비하지 말고 절약하자

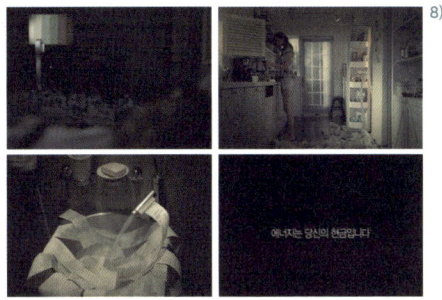

　일단 이 영상 광고는 거실에서 한 남자가 텔레비전을 켜고 자면서 텔레비전으로부터 영수증이 나오는 장면에서부터 시작한다. 또한 여자가 전화 통화를 하면서 냉장고 문을 닫지 않고, 화장실에서 물을 잠그지 않고, 사람도 없는 사무실에서 컴퓨터도 끄지 않고 전등도 켜져 있는 상태를 보여 준다. 이 장면들의 공통점은 모두 영수증이 나온다는 것이다. 이는 일상생활에서 에너지를 낭비하는 모습을 영수증이 나오는 장면으로 표현하여 낭비한 모든 에너지가 다 돈이라는 것을 보여 주며 평소 낭비하는 사람들에게 경각심을 일깨운다.
　또한 영수증을 뽑을 때 나는 일정한 소리를 통해 현실성을 나타내며, 에너지를 낭비하지 말고 평소 생활 습관을 고쳐 절약하는 마음을 가지자는 주제를 강조하고 있다. 그리고 이러한 장면이 나온 후 '에너지는 당신의 현금입니다'라는 광고 문구를 성우의 목소리와 함께 제시하여 불필요한 에너지를 낭비하지 말자는 주제를 다시 한 번 강조하였다.
　그리고 콘센트를 뽑고 영수증이 멈추는 장면을 통해 에너지를 낭비하지 않는다면 돈을 절약하여 자신에게도 이익이 될 수 있음을 말하고 있다. 이 광고는 보는 이에게 시각적인 즐거움을 주고 있다. 그리고 영수증이라는 흥미로운 소재를 통해서 에너지를 낭비하지 말자는 주제를 효과적으로 드러내고 있다.

### 선택한 인쇄 광고 주제: 지구 온난화의 심각성을 알고 환경을 보호하자

　이 인쇄 광고에서는 아이스크림콘의 아이스크림 부분을 지구로 표현하였다. 그리고 특별한 배경 없이 아이스크림이 녹아서 흘러내리고 있는 장면을 제시하였다. 이를 통해서 지구 온난화로 인해 지구의 온도가 상승한다는 것을 알려 주며 아이스크림이 녹는 것처럼 지구도 온난화로 온도가 높아지고 있다는 것을 일깨워 준다. 또한 아이스크림만 제시해 이미지만 강조하였다.

  광고 문구는 맨 아래 부분에 하얗고 작게 표현하여 이 아이스크림에 대한 이해를 쉽게 하고 지구 온난화의 심각성을 드러내고 있다. 문구를 작게 표현한 것은 문구보다 이미지를 더 강조하기 위한 것으로 볼 수 있다. 전체 구도는 시선이 아이스크림을 위에서부터 아래로 보게 하는 수직 구도이다. 이런 수직 구도를 통해 지구 온난화에 대한 경고를 보는 이에게 일깨우며 지구를 보호하자는 주제 또한 강조한다.

  이 인쇄 광고의 특징은 광고의 배경은 어두운 색깔로 표현했지만 아이스크림 주변은 좀 더 밝은 색으로 표현했다는 것이다. 배경의 어두운 색을 통해서 지구 온난화의 암울하고 어두운 분위기를 조성하며 불안감도 드러내고 있다. 하지만 아이스크림 주위는 밝게 하여 시각적으로 아이스크림을 강조하였고 이는 눈에 잘 띄게 하려고 의도한 것임을 알 수 있다. 이 광고는 아이스크림으로 지구 온난화를 표현한 참신함과 지구를 보호하자는 주제까지 담고 있는 것 같아서 적합한 것 같다.

  광고를 보고 설득 전략을 분석하고 평가하는 과정이 처음에는 매우 당황스럽고 어떻게 시작해야 할지 막막했다. 하지만 인쇄 광고는 이미지, 전체 구도, 광고 문구, 특징 등을 나누어서 평가해 보니까 조금씩 알 것 같았다. 또한 이 수행 평가를 한다고 했을 때에도 선생님과 친구들 도움 없이 이 과제를 스스로 해 나가야 한다는 걱정이 있었지만 일상생활에서 볼 수 있는 광고들을 예전과 달리 주의 깊게 관찰하고 분석해 보려고 노력하다 보니 분석하는 능력이 생기게 되었다. 또한 예전과 달라진 점은 예전에는 광고를 아무 생각 없이 보았지만 광고는 설득 전략을 이용해 섬세히 하나하나 만드는 것을 알게 되었고 광고를 좀 더 자세히 보는 습관도 가지게 되었다.

## 3 광고 수업 후에

 2000년대 초반 학생들의 겨울 외투는 하나같이 N 브랜드의 패딩이어서 교복이냐는 우스갯말을 하곤 했다. 그 후 아웃도어 브랜드의 오리털 외투가 한동안 유행하더니 작년부터는 무릎 아래로 내려오는 긴 패딩이 유행이다. '친구는 다 있다고 졸라 대니 안 사 줄 수도 없다고 / 니가 바로 등골브레이커[9]'라는 노래 가사처럼 친구가 입은 옷과 신발도 걸어 다니는 광고이다.

 학생들의 삶에서도 광고는 은연중에 작용한다. 교실에서 직접 학생들이 광고에서 의미를 만들어 내는 영상 언어를 분석하면서 무심히 지나쳤던 광고의 의미를 따져 보게 되었다. 그 전에도 광고 수업을 했지만 영상 언어 읽기부터 단계적으로 수업하면서 학생들이 모둠에서 광고를 분석하고 나서 제작으로 이어졌을 때 과정과 결과가 좋았다. 학생들의 번뜩이는 아이디어가 놀라웠고 복도에 전시하면서 자기 모둠의 광고에 대해 자부심을 가지는 모습을 볼 수 있었다. 교실이 아닌 학생들의 학교 밖 삶에서도 광고를 비판적으로 수용할 수 있었으면 하는 바람이 들었다.

 중학생들과 광고에 대해 더 깊이 있게 다루지 못한 안타까움도 있었다. 우리들이 먹고 싶은 것, 가지고 싶은 것 등 지금 욕망하는 것이 과연 진짜 우리 자신의 욕망일까? 광고 속에 나오는 아파트에 살면서 광고 속 자동차를 몰고, 광고에 나오는 옷을 입으며 광고 속 스마트폰을 들면 과연 우리는 행복할까? 돈이나 상품으로 인간의 품격과 행복을 살 수 없다는 것은 너무나 분명하다. 이런 이야기도 나누고 싶었다.

 물속에 있는 물고기처럼 광고의 바다에서 살고 있는 우리들은 신제품, 신상에 휩쓸리며 물건을 소비하는 것에 별달리 문제의식을 느끼지 못한다. 자본주의 사회에서 자신에게 필요한 것을 사는 것에 제동을 걸 수는 없지만 우리가 필요한 것보다 더 많이 더 자주 사들이고 있는 것은 아닌지 생각해 볼 일이다. 그리고 오랜 역사를 가진 시계, 믿을 수 있는 명품 가방은 전통을 중요시하면서 스마트폰은 2년마다 교체한다. 명품 시계, 명품 가방을 들면 자신이나 자신의 삶이 명품이 되는지 스마트폰을 바꾸면 자신의 삶도 기존보다 나아지는 것인지 되돌아볼 일이다.

 광고나 외부에서 부추기는 모습이 아니라 내게 맞는 삶, 자신의 인생을 생각해 보며 '내가 나일 수 있는' 게 어떤 것인지 스스로에게 끊임없이 질문을 던져 보았으면 한다. 천천히 우리를 죄어 오는 광고를 한 걸음 물러서서 보면서 자신의 욕망을 점검해 보고 자신의 마음을 한 번 들여다보았으면 한다.

## ▶ 이런 수업도 가능해요   ↳ Enter

✚ 이귀영(양현고등학교)

 실전으로 배우는 광고 제작 수업

　광고 수업을 하면서 항상 아쉬웠던 것은 학생들이 만든 광고를 교실 안에서만 보고 끝난다는 점이었다. 자신이 만든 광고가 정말 설득력이 있는지 제대로 평가받지 못하고 자기만족으로 끝나는 경우가 많았다. 광고 제작자는 있는데 광고주와 소비자는 없는 셈이었다.

　그래서 학생들이 광고 디자이너가 되는 수업을 기획했다. 실제 광고주에게 거절당하는 경험을 학생들에게 주고 싶었다. 자신의 아이디어가 세상에서 어떤 평가를 받는지, 세상의 요구에 맞추려면 어떻게 수정해야 하는지 경험할 수 있도록 수업을 구성했다. 일단 광고주 역할을 해 줄 사람을 찾아야 했다. 학생들의 광고를 보고 피드백을 해 줄 수 있는 사장님을 찾는 것은 쉬운 일이 아니었다. 다행히도 동네에 청년들이 창업한 식당이 눈에 들어왔다. 이 식당을 섭외해 학생들이 광고를 만들고, 완성된 광고 중 하나를 선정해 동네 잡지에 게재하기로 했다. 실제 광고 제작 과정을 설명하는 책들을 참고해서 수업의 흐름을 짰다.

### 1. 광고 대상과 소비자 분석

　식당의 특성, 경쟁 업체, 메뉴 특징, 홍보 상황, 인지도 등을 분석했다. 섭외한 사장님으로부터 식당을 소개하는 글을 받아 학생들에게 나눠 준 뒤 모둠별로 광고 대상과 소비자를 분석하게 했다. 학생들은 주어진 자료 외에 다양한 방법으로 정보를 수집했다. 인터넷 검색과 식당을 이용한 적이 있는 선생님들을 인터뷰하기도 했고, 설문 조사를 하거나 직접 식당을 이용해 보는 모둠도 있었다. 많은 학생들이 SNS를 통해 식당과 그곳을 이용하는 소비자에 대한 정보를 수집했다. 광고성 정보가 아닌 솔직한 후기를 찾으려 애쓰는 학생들의 모습이 흥미로웠다.

### 2. 광고 시안 제작

　광고 콘셉트를 짜고 광고 시안을 제작했다. 인쇄 광고의 특징을 설명하고 모둠별로 잡지를 주고 잡지 광고가 어떤 모습을 하고 있는지 확인하도록 했다. 그런 다음 광고주의 요구

> ▶ 이런 수업도 가능해요     ↵ Enter

사항을 전달하고 모둠별로 광고 아이디어를 만들었다. 광고를 통해 달성하고자 하는 목표를 먼저 정하고 목표 달성을 위한 구체적인 전략을 세웠다. 광고 목표로 위치 홍보, 메뉴 홍보, 호감도 상승 등을 내세웠다. 광고주는 식당 위치를 꼭 넣어 달라고 요구했다. 콘셉트를 정한 뒤에 본격적으로 광고를 디자인했다. 광고 문구를 만들고 이미지를 그려서 시안을 완성했다.

### 3. 광고 제안 기획서 작성

기획서는 앞서 했던 과정을 글로 정리해서 보고서로 만들었다. 기획서는 광고 대상 분석, 소비자 분석, 광고 콘셉트, 광고 디자인 시안, 기대 효과의 순서로 구성되었다. 모둠별 기획서를 광고주에게 전달하고 2주 뒤에 피드백을 받아 학생들에게 전해 주었다. 정말 잘 만든 광고라도 수정 요구를 꼭 넣어 달라고 했다. 수정 요구를 받은 학생들은 불만이 가득했다. 기껏 만든 광고를 수정 사항에 맞춰 다시 만들어야 했다. 교사가 봐도 시안이 더 좋은 것 같은데 다시 만드는 경우도 있었다. 자신이 원하는 광고를 만들기 위해서는 광고주를 먼저 설득해야 했다. 광고주 요구에 맞춰 그대로 다시 만드는 모둠도 있었고, 요구 사항을 다 받아들이지 않고 기획서를 더 설득력 있게 고치는 도전을 하는 모둠도 있었다.

▶ 이런 수업도 가능해요  ↳ Enter

4. 광고주 만나기

그렇게 최종본을 제작한 후에 다시 광고주에게 전달했다. 광고주가 선택한 광고만 동네 잡지에 게재하기로 했는데, 생애 처음으로 두 번 만드는 고생을 한 학생들에게 미안했다. 그래서 나머지 광고는 작게 한 페이지에 모아 게재해 줬다. 학생들은 광고 수업 내내 다른 사람 입장에서 생각해야 했던 것이 힘들었지만, 역설적으로 이를 가장 크게 배운 점으로 꼽았다. 한 학기 동안 이루어진 수업에 교사도 힘들고 학생들도 힘들었지만 정말 많은 것을 얻을 수 있는 수업이었다.

# 몰입의 즐거움,
# 게임으로 세상 이해하기

이귀영(전주 양현고등학교)

수업 시간에 게임을 다룰 수 있을까? 게임 중독 예방 교육이 아니라 게임을 주제로 토론하는 수업, 자신이 즐겨 하는 게임을 분석하고 친구와 공유하는 수업, 기존의 게임을 새롭게 바꿔 보는 수업이 가능할까? 게임이라 하면 중독성, 폭력성, 선정성을 먼저 떠올리는 사람들에게 이런 수업은 상상하기 힘든 일일 것이다. 그러나 텔레비전이나 영화에 대한 인식이 변해 온 것처럼 게임에 대한 인식도 변하고 있으며, 이제 게임은 하나의 대중문화로 자리 잡아 가고 있다. 한국콘텐츠진흥원이 조사한 2018년 게임 이용자 실태 조사에 따르면 10대의 게임 이용률은 91.9%로 거의 대부분의 학생들이 게임을 즐기고 있음을 알 수 있다. 스마트폰, VR, 인공 지능 등 최신 기술의 발달에 따라 게임의 영역은 확장되고 있으며 게임을 즐기는 사람은 계속해서 증가하고 있다. 이제 수업 시간에 게임을 본격적으로 다룰 때가 되었다. 아니 한 발 늦었다.

생각해 보면 그동안 게임을 못하게만 했지 게임을 제대로 즐기는 법을 누구도 알려 주지 않았다. 극장에서 지켜야 할 매너는 말하면서도 게임방 매너에 대해서는 생각조차 하지 않았다. 어떤 게임이 좋은지, 어떻게 게임을 즐겨야 하는지 고민하지 않고 그저 게임 문화에 대해 비판만 해 온 것은 아닌지 반성하게 된다. 게임을 단순한 오락으로만 인식하다 보니 미디어로서 게임의 가치를 제대로 살피지 못했다.

필자는 교사가 된 지금도 게임을 즐기는 20년차 게이머이다. 게임을 하다 보면 온갖 욕설과 비매너 플레이를 자주 목격하게 된다. 게임이 뜻대로 안 풀릴 때면 한참 어린 녀석들과 한바탕 싸움을 벌이는 우스운 경우도 많다. 생각해 보면 필자 역시 그동안 게임을 제대로 즐기는 법을 배운 적이 없었다. 그저 감정이 내키는 대로 플레이하고 있었던 것이다.

이제 수업 시간에 게임을 이야기하자. 바람직한 게임 문화에 대해 함께 고민하고 게임을 통해 세상을 이해하자. 어쩌면 지금 청소년들은 수업 시간에 게임을 이야기하는 최초의 세대일 것이다. 게임 교육을 받은 최초의 게임 세대는 과연 어떤 게임 문화를 만들어 나갈까? 그리고 게임 교육을 위해 교사들은 어떤 노력을 해야 할까?

국어과 교육과정에서 직접적으로 게임을 다루고 있는 성취기준은 없지만, 게임을 대중문화의 하나로 인정한다면 관련 성취기준을 많이 발견할 수 있다. 게임과 관련된 성취기준은 다음과 같다.*관련 성취기준의 내용은 1부 2장 참조

중학교 단계에서 [9도02-05], [9사02-03], [9기가04-18], 고등학교 1학년에서 [10국02-02], 선택 과목인 『언어와 매체』에서 [12언매03-05], [12언매03-06], [12언매04-02], [12언매04-03] 등이 있다. [9도02-05], [12언매03-05]는 매체를 통한 소통 과정에서 갖춰야 할 바람직한 자세를 다루고 있고, [12언매04-02], [12언매04-03]은 매체 언어생활과 언어문화의 발전을 다루고 있다. 이들 성취기준을 근거로 게임 세계에서의 언어생활을 성찰하고 게임을 즐기기 위한 바람직한 자세를 탐구하는 활동을 할 수 있다. [9기가04-18]는 정보화 시대에 발생할 수 있는 문제점과 해결책을 다루고 있고, [12언매03-05]는 매체 언어가 삶에 미치는 영향을 탐구하는 활동을 담고 있다.

이 성취기준을 근거로 게임 중독과 같은 부정적 영향과 게임을 통해 삶의 문제를 해결하는 긍정적 영향을 다룰 수 있다. [9사02-03], [10국02-02], [12언매03-06]에서는 매체를 바탕으로 형성되는 문화를 대중문화의 하나로 인식하고 이를 비판적으로 수용하는 내용을 담고 있다. 이들 성취기준을 근거로 게임을 즐기는 것을 문화 활동으로 인식하고 바람직한 게임 문화를 형성하기 위한 방안을 모색하는 활동을 할 수 있다.

## 1 게임 수업의 실제

1  게임 이용 습관을 성찰하고 자신이 즐기는 게임을 비판적으로 분석한다.
2  바람직한 게임 문화를 제시하는 게임 잡지를 제작한다.
3  변형 조건에 맞게 게임 규칙을 바꿔 새로운 게임을 제작한다.

### (1) 게임과 게이머에 대해 이해하기

이해 활동은 게임의 작동 원리를 자세히 배우는 데 초점을 두지 않았다. 그보다는 자신에게 맞는 게임을 고르고 게임 문화를 비판적으로 성찰하는 데 도움이 될 수 있도록 게임의 특성을 이해하는 것에 중점을 두었다. 학생들이 즐기는 게임은 무척 다양해서 게임에 대한 분석이 적절한지 판단하기 어려웠다. 그래서 각자 작성한 내용을 모둠원과 먼저 확인한 후에 모둠별로 대표 학생이 발표하도록 했다. 구체적인 게임 분석에 대한 평가는 학생들에게 맡기고, 질문을 통해 게임 문화에 대한 성찰을 이끌어 내는 방식으로 진행했다.

### 게임 습관 파악하기

먼저 학생들이 자신의 게임 습관과 취향을 파악할 수 있도록 게이머로서 자신을 소개하는 게이머 프로필을 작성했다. 프로필 작성은 게임상에서 주로 쓰는 닉네임을 적는 것부터 시작했다. 아이들은 각양각색의 닉네임을 사용하고 있었는데 자신의 이름이 아닌 닉네임을 적는 순간 교실에 활기가 돌기 시작했다. 마치 게임 세계와 교실이 연결되는 듯했다.

다음으로 게임 경력과 주당 플레이 시간, 현금 결제 경험을 적도록 했다. 게임에 투자한 시간과 비용을 계산하면서 자신이 게임을 얼마나 즐기는지 객관적인 수치로 확인할 수 있도록 했다. 게임을 즐기는 데 사용한 시간은 큰 차이가 없었지만 현금 결제 금액은 차이가 컸다. 현금 결제는 여러 게임에서 일정하게 이루어지기보다는 깊이 빠진 게임을 즐기면서 충동적으로 이루어지는 경우가 많았다. 게임을 즐기는 시간이 충분한지, 언제 현금 결제에 대한 충동이 생기는지에 대해 이야기하면서 학생들의 게임 세계에 다가갈 수 있었다.

플레이 유형은 리처드 바틀Richard Bartle[1]의 게이머 유형 분류에 따라 탐험가형, 킬러형, 성취가형, 사회형으로 나눴다. 탐험가형은 게임 세계를 모험하면서 게임의 다양한 요소를 경험하는 것을 즐기는 유형이다. 킬러형은 적을 죽이거나 다른 플레이어들을 괴롭히는 것을 즐기는 유형이다. 성취가형은 게임 속 랭킹을 높이거나 퀘스트를 달성하는 데 목표를 두는 유형이다. 탐험가처럼 미지의 세계를 경험하기보다는 효율적으로 성장할 수 있는 방법을 고집한다. 사회형은 혼자 게임을 즐기는 것보다는 다른 플레이어들과 소통하는 것을 더 좋아하는 유형이다.

이상의 4가지 유형은 게임의 어떤 요소에서 재미를 느끼는지를 말해 준다. 게이머 유형은 4가지 외에 더 다양하게 나눌 수 있으며[2], 게임 속 상황에 따라 여러 유형의 모습을 보이기도 했다. 플레이 유형이 같은 친구들의 공통점을 생각해 보도록 했더니 학생들이 재밌게 참여하는 모습을 볼 수 있었다. 단순히 성격과의 관련성을 파악하게 했는데 성격 심리 검사 결과와 함께 비교해 보는 것도 좋겠다는 생각이 들었다.

4가지 유형 외에 게임 속에서 어떻게 행동하느냐에 따라 즉흥적, 계획적, 주도적, 협조적 유형으로 나누고 선택하게 했다. 많은 학생들이 계획적이고 주도적으로 행동한다고 답했는데, 이 점이 오늘날 게임 문화의 특성일지도 모른다는 생각을 하게 되었다. 학생들은 요즘 게임은 팀을 구성해서 경쟁하는 방식이 많은데 협조적인 게이머가 별로 없어 게임을 하면서 자주 다툼이 일어난다고 말했다.

실제 성격과 게임 속 행동 방식이 일치하는지 비교해 보는 것도 흥미로운 부분이었다. 특히 실제 성격과 다르게 행동하거나 상반된 유형에 해당하는 학생들에게 각자가 그렇게 행동하는 이유를 들어 보니 학생들마다 게임 세계를 어떻게 받아들이고 있는지 알 수 있었다. 다음은 학생이 작성한 게이머 프로필 중 하나이다.

| 닉네임 | 킴블린 | | | |
|---|---|---|---|---|
| 게임 경력 | 7년 | | | |
| 주당 플레이 시간 | 주말 6시간, 모바일 게임(하루 10분) | | | |
| 현금 결제 경험 | 배틀그라운드, 오버워치 구입 | | | |
| 플레이 유형 | 탐험가형 | 킬러형 | 성취가형 | 사교가형 |
| | 즉흥적 | 계획적 | 주도적 | 협조적 |
| 좋아하는 장르 | PC 게임 | 모바일 게임 | 비디오 게임 | 보드 게임 |

| 게이머 소개 | 어렸을 때 별명이 게임 몬스터 중 하나인 고블린이었다. 여기에 내 성을 더해 킴블린이라고 부르는 친구들이 많다. 그래서 게임 닉네임으로 킴블린을 많이 쓴다. 본격적으로 게임을 한 것은 초등학교 4학년부터다. 친구들과 함께 하다 보니 롤, 오버워치, 배그 등 인기 게임을 해 왔다. 내 플레이 유형은 킬러형과 협조형인데 평소 남에게 상처받고 공격받는 것이 싫어서 직접 부딪치고 싸우는 캐릭터보다는 활이나 총을 쏘는 원거리 캐릭터를 주로 고른다. 한 대도 맞지 않고 적을 이겼을 때 쾌감이 있다. 게임을 하다 보면 자기가 하고 싶은 캐릭터만 고집하는 사람들을 만나기도 하는데 이럴 때면 그냥 내가 팀 밸런스를 위해 맞춰 주는 편이다. 고생했다고 팀원들이 인정해 주는 맛이 또 쏠쏠하다. 기숙사에 있다 보니 주말에 몰아서 하는 편이다. |
|---|---|

 게이머 프로필을 작성한 후에는 모둠별 대화와 반 전체 대화를 통해 서로의 게임 습관과 성향을 공유하는 것이 중요하다. 자신에 대한 이해뿐만 아니라 게임 세계에서 만나는 다른 게이머에 대한 이해가 있어야 바람직한 게임 문화로 나아갈 수 있기 때문이다. 플레이 유형을 서로 확인한 뒤에는 자신의 게임 플레이 방식을 게임 매너와 연관 지어 생각해 보도록 유도하는 것이 필요하다. 서로 다른 유형의 게이머가 함께 게임을 즐길 때 지켜야 할 매너는 무엇이고, 상대가 매너를 지키지 않았을 때 어떻게 대응하는 것이 좋을지 토의할 수 있다.

### 게임 분류하기

 게임 습관에 대해 이해한 후에는 게임의 특성을 알아보는 단계로 넘어간다. 학생들이 즐겨하는 게임들의 특성을 파악하기 위해 게임을 기준에 따라 분류하는 활동을 했다. 먼저 게임의 승패에 영향을 주는 요소가 무엇인지에 따라 분류했다. 실력과 운, 두뇌와 민첩성이라는 기준[3]으로 게임을 나누도록 했는데, 게임이 위치하는 곳은 학생들마다 다르게 나타났다. 같은 게임이라

하더라도 게임을 플레이하는 방식과 승리 경험에 따라 승리 요소를 다르게 인식하기 때문이다.

다음으로 게임을 시간과 돈이라는 기준으로 분류하는 활동을 했다. 영화, 웹툰, 소설 등 대부분의 콘텐츠들은 그것을 즐기기 위해 필요한 시간과 돈이 고정적이다. 영화 한 편을 본다면 대략 2시간에 1만 원이 필요하다는 것은 누구나 알고 있다. 하지만 게임은 필요한 시간과 돈이 게임들마다 천차만별이다. 따라서 자신의 상황에 맞는 게임을 선택하고 플레이할 줄 아는 능력을 갖추는 것이 중요하다. 고등학교 3학년이라고 해서 게임을 완전히 끊고 스트레스를 받거나 아니면 아예 게임에 빠져 사는 것보다는 간단한 게임을 선택해서 틈틈이 스트레스를 해소하는 모습이 더 현명하지 않을까?

디지털 게임을 많이 즐기지 않은 학생들은 게임을 분류하는 데 어려움을 겪기도 했다. 이럴 때 오목, 마피아 게임, 보드게임 등 간단한 게임들을 대상으로 분류해 보도록 하거나 친구들이 게임을 분류하는 것에 동참하도록 했다. 중요한 것은 게임의 작동 방식을 이해하고 상황에 맞게 게임을 고르는 태도를 갖추도록 하는 것이다.

게임의 승패가 운에 의해 결정되고 플레이 시간이 짧으면서 현금 결제 유도가 심하다면 사행성 게임인지 의심해 봐야 한다. 사행성 게임을 접하고 명절에 받은 용돈을 모두 날린 경험을 말한 학생의 경우도 있었다. 학생들은 이미 경험을 통해 게임의 상업성과 몰입성에 대해 잘 알고 있었다. 잘 알지만 친구들이 하니까 따라서 하거나, 재미있어서 그냥 한다는 경우가 많았다. 그래서 게임을 분류한 후에 모둠별로 평일, 주말, 방학으로 시기를 나눠서 어떤 게임을 하는 것이 좋을지 선정하고 이유를 말해 보도록 했다.

한 모둠은 반드시 방학 때만 해야 한다며 '문명'이라는 게임을 추천했다.

'문명하셨습니다'라는 말이 있을 정도로 중독성이 강해 함부로 시작해서는 안 된다고 했다. 학생들의 발표를 들어보니 웬만한 게임은 재미와 몰입성을 다 갖추고 있는 것 같았다. 쉽지는 않겠지만 어떤 게임에 몰입되는 것이 좋을지 친구들과 함께 고민해 보라고 말해 주며 수업을 마무리했다.

### 게임 분석하기

게임 분석하기는 자신이 즐기는 게임 하나를 선정해서 분석틀에 맞춰 분석하는 활동이다. 분석 기준으로 제시한 요소는 다양한데 가장 중요하게 봐야 할 부분은 재미, 몰입성, 상업성이다. 이 세 가지 요소는 게임의 수준과 가치를 평가하는 핵심 요소로 이에 대한 평가에 따라 명작과 졸작, 게임과 도박을 가를 수 있다고 생각했다. 그래서 먼저 이 세 요소에 대해 설명한 후에 분석 활동을 했다.

학생들은 생각보다 냉정하게 게임을 평가했고 게임의 장단점과 개선 방향을 정확하게 짚어 냈다. 문제는 학생들이 분석한 게임 중에는 교사가 잘 모르는 게임이 많다는 것이었다. 학생들이 분석한 결과를 전부 이해하는 것은 쉬운 일이 아니었다. 그래서 분석 항목을 세세하게 다 살피지 않고 학생들의 경험을 중심으로 재미, 몰입성, 상업성에 초점을 맞춰서 접근했다.

일단 모둠별로 분석한 결과를 공유한 후에 발표를 했다. 모둠 안에서 서로의 분석을 확인하기 때문에 자연스럽게 게임 전문가들의 검토가 이루어졌다. 분석의 정확성은 학생들에게 맡기고 교사는 게임과 관련된 경험 중심으로 발표 내용에 대해 피드백을 해 주었다.

먼저 '재미'는 게임을 선택하는 가장 중요한 요소로 게임을 하는 가장 큰 이유이다. 게임을 하면서 재미있었던 경험, 화가 났던 경험을 떠올려 보고 다른 게임과 차별화된 재미 요소를 발표하도록 했다. 특히 무엇이 게임을 즐겁게 만드는지, 어떤 부분에서 재미를 느끼는지 말해 보도록 했다. 어떻게 분석을 해야 하는지 설명해 주지 않으면 게임에서 이겼을 때 재미있었다는 식의 단순한 분석에 그치는 경우가 많았다. 따라서 재미 요소와 관련된 경험을 구체적으로 설명하도록 유도하는 것이 중요하다.

몰입성에 대한 분석은 게임에 빠져들게 만드는 요인이 무엇인지 파악하는 것이다. 학생들은 그저 게임이 재미있어서 빠져들게 된다고 생각하는 경우가 많다. 하지만 게임 회사는 두 가지 차원에서 게이머의 몰입을 유도한다. 하나는 적절한 도전 과제와 성장, 스토리, 재미 등 게임 내적 요인이 있고, 다른 하나는 출석 보상, 랭킹, 푸시 알림 등 게임 외적 요인이 있다.

외적인 몰입 유도 장치는 무료 게임과 모바일 게임에서 특히 많이 나타나는데, 게임과 관련된 자기 조절 능력을 키우기 위해서는 외적인 몰입 유도 장치가 게임을 더 재미있게 하라는 선물이 아니라 게임에 몰입시키기 위한 장치임을 인식하는 것이 필요하다. 학생들이 경험한 몰입 유도 장치는 다양했다. 명절 이벤트 보상을 받기 위해 명절만 되면 어쩔 수 없이 게임을 플레이했던 경험, 게임방 접속 이벤트 때 사람들이 게임방에 몰리는 바람에 빈자리가 있는 게임방을 찾아 몇 시간을 돌아다녔던 경험, 푸시 알림이 울리면 자다가도 일어나 한 판 하고 잤던 경험 등 정말 많은 이야기를 들을 수 있었다. 그동안 게임 중독 현상으로만 봐 왔던 학생들의 행동에 나름의 속사정이 있었음을 알게 되었다.

상업성에 대한 분석은 현금 결제를 유도하는 방식을 파악하는 것이다. 게임은 무료 게임과 유료 게임으로 나뉜다. 무료 게임이라 하더라도 수익을 올리기 위해 현금 결제를 유도하는 장치가 곳곳에 숨어 있다. 학생들은 이미 이 부분에 대해 잘 알고 있었으며 굉장히 비판적인 인식을 가지고 있었다. 게임성을 헤치는 현금 유도 게임에 대해 매우 부정적이었으며 차라리 일정 금액으로 게임을 구입하고 더 이상의 현금 유도가 없는 게임이 좋다는 의견이 대다수를 차지했다. 특히 일명 '가챠'라 불리는 뽑기형 아이템에 대한 문제 인식이 높았고 게임이 아니라 도박이라는 평을 내리는 학생들도 있었다. 게임 분석은 잡지 제작 활동에서 게임 분석 기사 작성으로 연결시켰다. 다음은 게임 분석하기의 결과물 중 한 사례이다.

| 게임명 | 포켓몬고 |
|---|---|
| 플랫폼 | 모바일[ ✓ ]    PC[   ]    비디오 게임기[   ]    보드게임[   ] |
| 게임 방식 | 혼자서 즐기는 싱글 게임[   ]            1:1 대결 멀티 게임[   ]<br>팀:팀 대결 멀티 게임[   ]            여러 사람이 동시에 즐기는 멀티 게임[ ✓ ] |
| 게임 실력 | 브론즈    실버    골드    플래티넘    다이아몬드    그랜드마스터 |
| 목표 | 단순히 포켓몬을 잡고 레벨을 올리는 것이 기본적인 목표이다. 하지만 체육관 시합, 레이드 배틀 등을 통해 경쟁하는 것과 대결에서 이기는 것도 하나의 목표이다. |
| 특징 | 기존 닌텐도사의 게임을 GPS와 AR, VR을 이용해서 더욱 현실감 있고 입체감 있게 만들었다. 자리에 앉아서 하는 게임이 아니라 직접 걸어 다니면서 게임을 진행하기 때문에 신체적 활동성을 증가시킨다는 점이 독특하다. |
| 재미를 주는 요소 | 원작 게임을 통해 잘 알려져 있고 유명한 캐릭터들이 등장하기 때문에 친숙함을 준다. 그러면서 동시에 원작 게임과 여러 차이점이 있어 색다름을 느낄 수 있다. 다른 유저들과 소통하고 협동할 수 있는 장치가 잘 마련되어 있다. 단순히 몇 종류의 캐릭터가 아니라 백 가지 이상의 캐릭터가 있어서 수집하는 재미가 있다. |

| | | |
|---|---|---|
| 개선해야 할 점 | 크게 미흡한 점은 없으나 이 게임을 즐기기 위해서는 직접 여러 장소를 걸어 다니면서 핸드폰을 확인해야 하기 때문에 그에 대한 주의 사항을 많이 안내할 필요가 있다. | |
| 게임을 하게 된 이유 | 친구의 추천, 원작 게임을 즐겁게 했었다. | |
| 게임을 하며 재미있었던 순간 | • 체육관 배틀에서 이겼을 때<br>• 높은 레벨의 포켓몬을 잡았을 때 | |
| 게임을 하며 화나거나 짜증 났던 순간 | • 포켓몬이 도망칠 때<br>• 배틀에서 패배했을 때<br>• GPS 신호가 잡히지 않을 때<br>• 겨울에 게임을 하다 손이 시릴 때 | |
| 몰입 유도 장치 | 일일 퀘스트와 정기 퀘스트, 푸시 알림, 친구와의 교환과 선물 | |
| 현금 결제 혜택 | 얻기 어려운 노구를 쉽게 얻을 수 있고 아바타의 고스튬을 구매할 수 있다. | |
| 리뷰 | 총평 | 기본적으로 흥미롭고 재미있는 요소가 많아서 굉장히 괜찮은 게임이라고 생각하지만 게임의 특성상 GPS를 이용하고 야외에서 하는 게임이므로 언제 어디서나 즐길 수 없는 것이 단점이다. |
| | 평점 | 8.9점 |

## (2) 게임 콘텐츠 제작하기

표현 활동은 게임 잡지와 보드게임을 직접 제작해 보는 활동이다. 자유롭고 솔직하게 활동에 참여하도록 유도해서 게임 문화를 있는 그대로 드러내는 것이 중요하다. 포장된 말보다는 솔직하게 현재의 게임 문화를 말하고 대안을 제시하도록 했다. 먼저 게임 잡지를 통해 게임에 대한 자신의 생각을 표현하고 친구와 공유하도록 했다. 다음으로 기존의 보드게임의 규칙을 조건에 따라 새롭게 만드는 활동을 했다.

### 게임 잡지 제작

　게임 잡지 제작은 게임에 대한 분석 활동을 바탕으로 자신의 게임 경험을 공유하고 게임 문화를 성찰하며 게임에 대한 이해를 넓히는 종합적인 활동이다. 게임 잡지 제작은 모둠별로 잡지를 기획하여 제작하거나, 코너별로 모둠을 나눠서 글을 작성하고 게임 분석 기사는 각자 한 편씩 써서 한 권의 게임 잡지를 제작하는 등 다양하다.

　모둠별로 잡지를 제작하게 되면 모둠마다 특색 있는 코너 구성이 가능하고 직접 표지까지 제작할 수 있어 개성 넘치는 잡지를 완성할 수 있다. 하지만 기사를 작성하는 과정에서 많은 노력이 필요하고, 분량이 적어서 한 권의 잡지라는 느낌을 받기가 어렵다는 단점이 있다. 반 전체가 하나의 잡지를 제작하는 것은 개성은 떨어지지만, 같은 코너를 맡은 친구들과 모여서 기사를 쓰기 때문에 기사의 수준이 높고 빠르게 완성할 수 있다는 장점이 있다. 그리고 반 전체의 기사가 모이기 때문에 분량 면에서도 실제 잡지와 같은 느낌을 줄 수 있다.

　게임 잡지의 느낌을 최대한 살리기 위해 시중의 게임 잡지와 학창 시절에 즐겨 봤던 게임 잡지를 참고하여 잡지 양식을 만들었다. 파워포인트에서 이미지와 기사 내용만 바꾸면 잡지가 완성될 수 있도록 했다. 먼저 활동지에 기사를 작성한 후 파워포인트로 옮기도록 했다. 각자 작성한 파워포인트 파일을 모았더니 그럴 듯한 잡지가 완성되었다. 완성된 잡지를 보고 일단 시각적인 면에서 만족도가 높았다. 평소 글을 읽는 모습을 전혀 볼 수 없었던 학생들도 게임 잡지만큼은 정독하는 모습이 신기하기도 했다.

　학생들에게 친숙한 게임을 주제로 글을 써서 그런지 시작부터 적극적으로 달려드는 모습을 볼 수 있었다. 그런데 예상치 못한 문제를 겪게 되었다. 많은 학생들이 처음 한두 줄은 쉽게 썼지만 깊이 있는 내용으로 글을 전개하지 못하고 있었다. 평소 글을 잘 쓰는 학생도 무슨 일인지 글쓰기에 어려움을 겪었다. 학생들은 게임이 어떤 가치가 있고 게임을 통해 무엇을 얻었는지 깊이 있게 생각해 본 적이 없었던 것이다. 해결책은 학생들에게 생각할 시간을 주는 것이었다. 각자 쓸 코너를 정하고 2주 뒤에 다시 쓸 시간을 주었다.

2주 뒤에 만난 학생들의 글은 많이 나아졌다. 잡지 디자인도 수정해서 분량에 대한 부담을 줄여 주었다. 잡지 제작을 하면서 인상적이었던 코너는 게임 비평과 평점 리뷰였다. 게임 비평은 게임계의 다양한 이슈와 게임 문화에 대한 생각을 정리해서 적는 코너이다. 게임 비평을 통해 게임 중독, 게임 내 언어 폭력, 현금 결제 유도 등 게임 문화에 대한 학생들의 다양한 생각과 성찰의 결과를 확인할 수 있었다. 학생들은 이미 수많은 게임을 해 본 경험이 있었다. 그 경험 속에서 좋은 게임이란 무엇인지, 바람직한 게임 문화는 어떤 모습이어야 하는지 해답을 제시하였다. 게임에 대해 생각할 수 있는 경험을 제공하는 것이 바람직한 게임 문화를 만들어 나가는 길임을 다시 한 번 생각하게 되었다.

평점 리뷰는 하나의 게임에 대한 여러 사람의 평가를 하나의 표로 제시하는 코너이다. 학생들은 현재 자신이 하고 있는 게임이 최고의 게임이라 생각하고 다른 친구가 하는 게임을 무시하는 경향이 있다. 그래서 하나의 게임도 서로 다른 평가가 나올 수 있음을 경험하도록 코너를 기획했다. 학생들은 리뷰를 모으는 과정에서 친구의 평가를 보고 바로 반응했다. 게임에 대한 가치 평가를 두고 격하게 대화를 주고받는 모습을 보고 있자니 절로 웃음이 나왔다. 결국 다름을 인정하는 것도 나와 다른 생각과 마주하는 경험을 쌓아야 가능할 것이다.

# Gamer's Choice

| 이달의 게임<br>**배틀그라운드**<br>**8.5** | 오버워치 | 배틀그라운드 |
|---|---|---|
| 차보 | 명작이다. 뛰어난 밸런스로 게임의 재미를 더해 준다. 처음 했을 때의 충격이 생생하다. 아마 안 해 본 사람이 없을 것이다. 한국 맵도 추가되어서 보는 재미가 있다. 심해에 빠지면 벗어날 수 없으니 조심할 것. | 마치 영화 속 주인공이 된 듯한 착각을 주는 게임. 생존 게임에 빠져서 다들 정신을 못 차리고 있다. 문제는 나 같은 초보는 너무 일찍 죽어버린다는 거… |
| 세페우스 | 다양한 캐릭터들이 존재한다. 각각이 재미있는 스토리를 가지고 있다. 다양한 스킨과 현질 유도 없는 게임성이 뛰어난 작품이다. 역시 블리자드라는 말이 절로 나오는 훌륭한 작품! | 최고의 게임이다. 치킨을 향한 무한 질주! 끝까지 살아남기 위한 몸부림! 지금껏 해 본 게임 중 최고라 생각한다. 게임에만 몰입할 수 있다. 어서 접속하세요! |
| 킴블린 | 처음엔 재미있게 했지만 갈수록 버그와 핵을 사용하는 사람들이 늘어나고 있다. 내분에 빠지면 제대로 게임을 즐기지 못하는 것도 피곤하게 만든다. 특정 캐릭터 위주의 조합이 아니면 승리가 힘들다는 것도 문제다. | 안 해 본 사람이 없는 국민 게임이 됐다. 친구랑 해도, 나 혼자 해도 재미있다. 실력까지 갖췄다면 더 재미있게 즐길 수 있다. 모바일보다 PC 버전이 훨씬 더 재미있었다. |
| 글로리 | 난장판이 돼 버렸다. 접속한 지가 언제인지 까마득하다. 그래픽도 괜찮고 다양한 캐릭터가 재미를 주지만 한정된 맵이 지루함을 준다. 뻔한 방식에 뻔한 진행이 반복된다. | 모바일로도 출시된 요즘 제일 잘 나가는 게임이다. 하지만 나처럼 총싸움에 약한 사람들에겐 그다지… 계속 죽는다면 이 게임 말고 RPG 게임을 하는 건 어떨지? |
| 피버 | 예전만 못하긴 해도 그래도 오버워치다. 가끔씩 접속하면 나름 재미있다. 핵 쓰는 애들이나 남 탓하는 애들만 안 만난다면 꽤 괜찮은 게임이다. | 이 시대 최고의 명작이다. 배그를 인정하지 않는 사람은 없을 것이다. 영화 속 주인공이 되어 전장을 누비는 체험을 할 수 있다. 군대 체험인가? 어서 해 보세요. |

## 게임 리뷰

## Pokémon GO | 포켓몬고

## 이제 당신도 포켓몬 마스터!

### 어떤 게임?

기존 닌텐도사의 GPS와 AR, VR을 이용해서 더욱 현실감 있고 입체감 있게 만들었다. 자리에 앉아서 하는 게임이 아니라 직접 걸어 다니면서 게임을 진행하기 때문에 신체적 활동성을 증가시킨다는 점이 독특하다. 단순히 포켓본을 잡고 레벨을 올리는 것이 기본적인 목표이다. 하지만 체육관 시합, 레이드 배틀 등을 통해 경쟁하는 것과 대결에서 이기는 것도 하나의 목표이다.

### 재미 요소는?

원작 게임을 통해 잘 알려져 있고 유명한 캐릭터들이 등장하기 때문에 친숙함을 준다. 그러면서 동시에 원작 게임과 여러 차이점이 있어 색다름을 느낄 수 있다. 다른 유저들과 소통하고 협동할 수 있는 장치가 잘 마련되어 있다. 단순히 몇 종류의 캐릭터가 아니라 백 가지 이상의 캐릭터가 있어서 수집하는 재미가 있다.

### 몰입 유도 장치는?

일일 퀘스트와 퀘스트, 푸시알림, 친구와의 교환과 선물 등이 있다. 현금 결제를 통해 얻기 어려운 도구를 쉽게 얻을 수 있고, 아바타의 코스튬을 구매할 수 있다.

### 플레이 감정은?

게임을 하면서 재미있었던 순간은 체육관 배틀에서 포켓몬을 잡았을 때다. 게임을 하면서 화가 났을 때는 포켓몬이 도망치거나 배틀에서 패했을 때다. 특히 GPS 신호가 잡히지 않을 때 짜증이 심해진다.

### 총평

크게 미흡한 점은 없으나 이 게임을 즐기기 위해서는 직접 여러 장소를 걸어 다니면서 핸드폰을 확인해야 하기 때문에 그에 대한 주의 사항을 많이 안내할 필요가 있다.

**JYL0802는…**
게임 세계를 탐험하는 것을 즐기는 경력 7년차. 요즘에는 포켓몬고에 푹 빠져 있다. 앗 포켓몬이다!

## 게임 비평

# 더 재미있게 게임을 하려면?

　게임에서 항상 거론되는 문제 중 하나는 게임 속 언어 사용 문제이다. 욕설부터 시작해서 성희롱까지 수많은 언어폭력이 존재한다. 게임 속 언어폭력은 10대 청소년들에게 특히 부정적 영향을 주고 있다. 게임 속 언어가 일상생활로 이어지면서 사회적 문제로도 커지고 있다. 이러한 문제를 해결하기 위해서는 건전한 게임 문화 교육을 진행하는 것이 필요하다. 어렸을 때부터 게임 문화 교육을 실시해서 올바른 게임 습관을 형성하는 것이 중요하다. 솔직히 언어폭력을 하는 게이머들이 자신의 행동이 잘못되었다는 것을 모르지는 않을 것이다. 다들 알면서도 감정에 치우쳐서 과격한 언행을 하는 것이다. 따라서 게임 문화 교육과 더불어서 게임 내에서 강력한 규제가 필요하다. 게이머의 잘못된 행동에 대해 조치가 미흡한 게임들은 결국 게이머들이 떠날 수밖에 없다. 게임을 하는 이유는 재미를 얻기 위해서다. 그렇다면 나의 행동이 다른 사람의 재미를 빼앗지는 않는지 생각해 봐야 한다. 게임을 하면서 언어폭력을 가하고 있다면 다음 질문에 답하기 바란다. 함께 게임을 하는 것이 더 재미있기 때문에 지금 이 게임에 접속하고 있지 않은가?

**서재광은…**
초등학교 4학년 때 게임 세계에 눈을 떴다. 장르를 가리지 않고 친구들을 압도하는 실력자. 하루빨리 게임에 대한 인식이 바뀌길 바라는 고3이다.

## 갈수록 심해지는 현질 유도

현재 우리나라 게임 회사 중 가장 영향력 있는 회사는 ○○이다. 그런데 ○○은 '돈△'이라는 별명을 가지고 있다. 우리나라 최고의 게임 회사가 이런 불명예스런 이름으로 불리게 되었을까? ○○은 어른 아이 가리지 않고 다양한 방식으로 현질(다른 플레이어에게 직접 또는 중개 사이트를 통해 현금을 주고 아이템이나 게임머니 등을 사는 행위)을 유도하며 수익을 키워 왔다. ○○의 현질 유도 방식은 게임에서 성날 중요한 퀘스트는 현금 결제를 해야 할 수 있도록 부분 유료화하고 현금 결제를 한 사람과 하지 않은 사람의 차이를 최대화하여 현금 결제를 하지 않은 유저를 상대적 빈곤에 빠뜨리고 있다. 특히 아기자기한 디자인으로 초등학생들을 유혹하는 게임도 그 속을 보면 각종 현질 유도가 넘쳐나고 있다. ○○을 비판하는 가장 큰 현질 유도 방식은 확률형 뽑기이다. 뽑기마다 좋은 아이템이 나올 확률을 다르게 하고 확률이 높은 뽑기는 더 비싼 금액에 판매하고 있는데 그 확률이 조작되었다는 의심을 살 정도로 게이머들에게는 비판의 대상이다. 게이머들은 게임을 공짜로 즐기고 싶은 것이 아니다. 정당한 대가를 지불하고 제대로 게임을 즐기고 싶은 것이다. 게임 회사의 반성과 변화가 필요하다.

**최예찬은…**
기마봉이란 닉네임으로 게임 세계를 휘젓고 다니는 게이머다. 사실 게임 실력은 초보 수준이다.

### 게임 제작

게임 제작은 보드게임을 하나 골라서 정해진 조건에 맞춰 게임 규칙을 새롭게 바꿔 보는 활동4)이다. 이 활동은 게임의 재미가 어떻게 만들어지는지, 하나의 규칙 변화가 전체 게임에 어떤 영향을 미치는지 경험하는 데 초점을 두었다. 특히 게임의 현금 결제 유도가 어떻게 이루어지는지 직접 경험할 수 있도록 했다.

디지털 게임을 바꿔 보는 활동을 생각해 봤으나 수정한 규칙을 직접 경험해 보지 못한다는 한계가 있어서 보드게임으로 바꾸어 진행했다. 같은 보드게임으로 활동하는 것이 가장 이상적이었으나, 학교에 같은 종류의 보드게임이 많지 않았다. 그래서 학교에서 구비하고 있는 몇 가지 종류의 보드게임을 가져다 수업을 진행했다.

우선 모둠별로 보드게임을 나눠 주고 핵심이 되는 게임 규칙과 재미 요소를 분석하도록 했다. 학생들이 이미 많이 해 본 보드게임들이어서 따로 게임을 하지 않아도 게임을 분석하는 데 무리가 없었다. 만약 학생들이 잘 모르는 보드게임이라면 먼저 플레이해 보는 시간을 줘야 한다. 시간의 여유가 있다면 잘 아는 게임이라도 먼저 한 판 해 보고 난 뒤에 분석하는 것이 동기 유발 측면에서 더 효과적이라 생각한다.

게임 분석을 마친 후에는 모둠별로 조건을 부여했다. 여러 조건 중에서 하나를 고르게 하는 것보다는 마치 게임 회사에서 내려온 프로젝트처럼 모둠별로 조건을 주는 것이 참여를 이끌어 내는 방법이었다. 변형 조건에는 부분 유료화, 교육용 게임, 게임 시간 단축 등을 제시했다. 모둠별로 변형 조건을 만족하도록 게임 규칙을 변경한 후에는 바뀐 게임을 설명할 사람만 남고 나머지 모둠원은 각자 다른 모둠으로 이동해서 변형된 게임을 체험하도록 했다. 본래 자기 모둠에 남은 사람들은 다른 모둠에서 온 친구들에게 변형 조건과 바뀐 규칙을 설명하고 함께 게임을 플레이하도록 했다. 게임을 플레이한 후에는 바뀐 규칙에 대한 피드백을 나누게 했다. 그런 다음 본래 자기 모둠으로 돌아가서 게임 규칙을 한 번 더 수정한 후에 모둠별로 전체 학생들에게 게임을 소개하도록 했다.

학생들은 나름 최선의 게임 규칙을 새로 만들어 내었으나 피드백 과정에서 많은 문제점을 지적받았다. 다른 모둠 친구들의 피드백을 받는 과정에서 상대의 의견을 존중하고 수용하는 태도, 문제를 새롭게 보는 시각을 느꼈다는 반응이 인상적이었다. 아이들은 게임 개발자의 역할과 게이머의 역할을 동시에 경험할 수 있었다며 즐거워했다.

### (3) 수업용 게임 제작하기

게임 수업은 학생들을 가르치면서 오랜만에 경험하는 도전이었다. 굳이 게임을 수업 속으로 끌고 온 이유는 올바른 게임 문화 형성이라는 교육적 의도도 있었지만 무엇보다 학생들이 재미있어 할 것이라고 생각했기 때문이다. 생각해 보면 새로운 수업 시도는 항상 학생들이 졸지 않고, 즐겁게 수업에 참여하기를 바라는 마음에서 출발했다.

사실 게임은 오래 전부터 수업에 활용되고 있었다. 필자도 학창 시절에 골든벨 퀴즈를 비롯해 여러 수업용 게임을 해 본 기억이 있다. 그때는 교사가 될지 꿈에도 몰랐기에 선생님의 아름다운 도전에도 불구하고 재미없는 티를 팍 내고 말았지만 말이다.

그때는 왜 재미를 느끼지 못했을까? 골든벨 퀴즈는 문제 풀이에 게임의 재미 요소를 덧붙인 형태이기 때문에 특별한 보상이 없다면 게임의 재미가 그리 크지 않다. 가장 큰 문제는 미리 공부를 해 놓지 않으면 게임을 즐길 수 없다는 점이다. 게임으로 재밌게 배워 보자는 말에 속는 셈 치고 해 봤더니 돌아오는 건 1회전 탈락의 스트레스뿐이다. 게임을 통해 재미와 교육이라는 두 마리 토끼를 잡으려면 게임 그 자체가 교육이 되어야 한다. 쉽게 말해 게임을 즐기기만 하면 자연스럽게 배움이 일어나야 한다. 물론 말이 쉽지 실제 수업 활동으로 구현하는 것은 보통 어려운 일이 아니다.

그럼에도 조금만 더 욕심을 내 보면 어떨까? 새로운 수업을 시도하게 된 마음을 생각하면서 말이다. 게임이 아닌 분야에 게임을 접목시켜 게임처럼 만드는 방법을 게이미피케이션Gamification이라 한다. 최근 들어 게이미피케이션 수업이 큰 관심을 끌고 있지만, 아쉽게도 골든벨 퀴즈처럼 문제 풀이에 게임을 접목시킨 경우가 많다. 수업 속 게이미피케이션이 한 단계 발전하려면 문제 풀이가 아니라 배워야 할 내용에 게임을 접목해야 한다. 그러기 위해서는 게임을 통해 무엇을 배우고 경험하게 만들 것인지 정해야 하고, 배움을 이끌어 내는 게임 규칙을 만들어야 한다.

다음은 수업 시간에 활용했던 게임들을 간단히 소개한 것이다. 학생들이 배우고 경험해야 할 내용이 게임 규칙으로 어떻게 만들어졌는지 살펴보면 수업용 게임을 만드는 데 도움이 될 수 있을 것이다. 게임 규칙은 고정된 것이 아니기 때문에 학교 특성에 맞게 수정하는 것이 중요하다.

### 향찰 게임

'향찰 게임'은 한글의 중요성을 경험하도록 만든 게임이다. 향찰은 한글 이전에 한자의 소리와 뜻을 빌려 우리말을 적는 표기 방식이었다. 이 향찰의 표기 방식을 활용해 과자 이름을 한자로 표기하고 답을 맞히는 퀴즈를 만들었다. 일부러 한자의 음과 뜻을 섞기도 했고 '깡'을 '강'으로 바꾸는 식으로 변형된 형태로 표기했다. 이렇게 한 이유는 답을 쉽게 맞히지 못하는 경험을 주고 싶었기 때문이다. 실제로 향찰 표기는 발음에 해당하는 한자가 없는 경우에는 비슷한 소리의 한자로 표기했다.

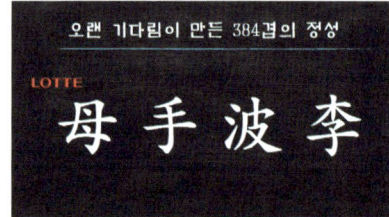 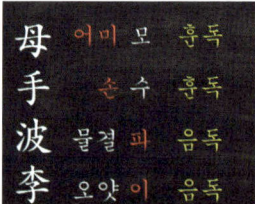 

게임을 진행하면 아이들은 말문이 막힌다. 과자 이름이라면 누구보다 쉽게 맞힐 수 있다고 큰소리쳤지만 화면에는 몇 글자의 한자뿐이다. 그러다 한 아이가 정답을 맞히면 한자의 음과 뜻을 보여 준다. 그제야 이해한 아이들은 웃기 시작한다. 하지만 게임이 계속될수록 한자를 모르면 풀 수 없다. '깡'을 '강'으로 쓰면 우리가 어떻게 아냐며 아우성친다. 이쯤 되면 성공이다. 이제 준비한 말을 할 때가 왔다. "그래, 당시에 우리 조상들도 한글이 없어서 너희들과 똑같은 어려움을 겪었다. 이것이 한글의 소중함이다."

### 협상 게임

국어를 가르치면서 어려웠던 단원 중 하나가 바로 '협상' 단원이었다. 올바른 협상의 자세를 설명하거나 '서희의 외교 담판'을 다룬 지문을 읽는 것 외에는 할 수 있는 것이 없었다. 학교나 시청을 상대로 하는 가상의 협상을 해 보기도 하지만 언제나 손쉬운 양보로 아름답게 타결되었다.

'협상 게임'은 과자를 두고 벌이는 모둠별 협상 게임이다. 게임 방식은 다음과 같다. 먼저 모둠별로 다양한 종류의 과자를 나눠 주고 서로 다른 미션을 준다. 미션의 내용은 특정한 과자 종류를 모으는 것이다. 어떤 모둠은 초코 과자를, 어떤 모둠은 봉지 과자를, 어떤 모둠은 ○○제과의 과자를 모아야 하는 식이다. 8모둠이라면 처음에 8종류의 과자를 받게 된다. 과자는 협상을 통해 교환할 수 있는데 협상은 모둠별로 한 명씩 대표가 나와 돌아가면서 진행한다.

가장 먼저 과자를 모은 모둠이 승리하기 때문에 치열한 눈치 싸움이 벌어진다. 봉지 과자이면서 초코 과자이기도 하고 ○○제과의 제품이기도 하기 때문에 협상은 쉽게 이루어지지 않는다. 그렇다고 협상 자리에 나가서 우리는 봉지 과자를 모아야 하니 너희가 필요한 과자와 바꾸자고 순진하게 말했다간 이를 눈치 챈 협상 모둠으로부터 더 많은 견제를 받게 된다.

게임에서 승리하려면 협상 상대에 맞는 과자를 협상 카드로 사용하는 전략과 상대의 미션이 무엇인지 간파하는 노련함이 필요하다. 협상을 할 때는 모둠 대표로 나선 학생 외에는 아무 말도 할 수 없다. 자신의 협상 차례가 오면 모둠의 운명이 본인의 판단에 결정된다. 게임을 하다 보면 미션 과자를 내주고 엉뚱한 과자를 받아오기도 하고 상대와 말다툼을 하다 협상이 결렬되는 경우도 발생한다. 협상의 성공 여부보다 중요한 것은 이 게임을 통해 내 결정이 미치는 영향을 경험하는 것이다.

### 스피드 퀴즈

스피드 퀴즈는 수업을 시작할 때 자고 있는 학생들을 깨우고 참여를 이끌어 낼 방법을 고민하다 만든 게임이다. 게임 규칙은 제한 시간 60초 동안 학생 1명이 단어를 설명하고 학생 1명이 답을 맞히는 방식이다. 문제는 지난 시간에 배운 내용에서 핵심 단어를 모아 만들었다. 파워포인트 슬라이드에 단어 하나씩만 크게 넣었다. 재미를 위해 중간 중간에 선생님 이름이나 '다이어트', '갑분싸' 같은 단어를 추가했다. 단어를 설명하는 학생과 답을 맞히는 학생은 수업 시간마다 바뀌서 반 전체가 빠짐없이 참여하도록 했다.

수업이 시작되면 차례가 온 학생이 텔레비전 아래에 앉는다. 화면에는 단어가 나오고 다른 한 명이 단어를 설명한다. 교사는 슬라이드를 넘기고 나머지 학생들은 두 학생이 펼치는 게임을 보며 웃는다. 그렇게 웃다 보면 어느새 게임은 끝나 있다.

이 게임이 재미있을 줄은 몰랐다. 처음엔 교사가 직접 문제를 보여 주고 답을 맞힌 학생에게 사탕 하나를 주는 방식이었다. 그러다 보니 문제에 관심이 없는 학생들은 외면하고 자기 시작했다. 그래서 모든 학생들이 직접 개념을 설명하고 이해하는 경험을 만들어 주고자 했다. 일종의 하브루타의 게임화인 셈이다. 게임을 하면서 엉뚱한 설명과 대답뿐만 아니라 생각지도 못했던 기발한 설명까지 웃을 일이 끊이지 않았다. 잠만 자던 학생도 60초 동안 게임 속 주인공이 되어 아는 대로 열심히 설명을 한다. 교사가 문제를 내는 것에서 학생이 내는 것으로 규칙만 조금 바꿨을 뿐인데 전혀 다른 경험을 얻을 수 있었다.

### 퀴즈형 게임

퀴즈형 게임은 기존의 게임 형식에 퀴즈를 결합한 수업용 게임을 말한다. 주사위를 던져 다음 칸으로 이동하고 그 칸에 있는 퀴즈를 푸는 방식이다. 문제 풀이에 게임을 결합한 이러한 방식은 새로운 내용을 배울 수 없다는 한계가 있지만 배운 내용을 정리하는 데에는 분명한 효과가 있다. 그래서 마블, 윷놀이, 사다리 등 다양한 게임의 규칙을 응용해 만들어진 활동들이 많이 있다. 필자도 소설 마블, 음운 마블, 관동 마블 등 다양한 마블형 게임을 만들어서 수업 시간에 활용했다.

수업 시간에 게임 활동을 하면 학생들은 졸지 않고 즐겁게 참여한다. 이것이 게임 활동을 하는 가장 큰 이유일 것이다. 그런데 게임 활동을 할 때는 게임에 제대로 참여하고 있는지 확인해야 한다. 처음 음운 마블을 만들었을 때다. 수준별로 모둠을 구성하고 게임을 하도록 했다. 모두가 열심히 게임을 하는데 한 모둠이 눈에 띄었다. 평소 잠만 자는 학생들이 모였는데 누구보다 재미있게 게임을 하는 모습을 보니 보람과 뿌듯함을 느꼈다. '이래서 게임 수업을 하는구나.' 했다.

그런데 이상했다. 음운 마블은 단계마다 문제의 답을 맞혀야 다음 단계로 진행할 수 있는데, 이 모둠에는 답을 말하기는커녕 정답이 맞는지 판단할 수 있는 학생이 한 명도 없었다. 그런데도 학생들은 너무 재밌게 게임을 하는 것이 아닌가? 자세히 보니 학생들은 친구가 답을 말하면 그냥 고개를 끄덕이며 다음 단계로 넘어가고 있었다. 문제는 풀지 않고 오로지 게임만 즐기니 그렇게 재미있었던 것이다. 그 뒤로 게임 규칙을 더 세심하게 만들게 되었다.

퀴즈형 게임은 교육성과 게임성의 균형이 중요하다. 재미를 추구하다 보면 학생들은 차라리 교과서를 한 번 더 보는 것이 더 도움이 된다고 말한다. 그렇다고 퀴즈에 초점을 맞추면 재미가 없다. 이 문제를 해결하기 위해서 게임 분석 활동을 적용하기로 했다. 자신이 즐기는 게임을 분석했던 것처럼 수업용 게임에 대해 분석하고 대안을 제시하는 것이다. 실제 디지털 게임들도 처음 개발했을 때부터 완벽하지 않다. 게이머들의 다양한 의견을 받아서 지속적으로 수정하면서 완성도를 높인다. 게임상의 문제를 해결하고 규칙을 조정하는 것을 패치라고 한다. 수업용 게임도 지속적인 패치가 필요하다.

학생들의 게임 분석 결과를 보니 개인의 수준과 특성에 따라 게임의 교육적 효과가 달라진다는 것을 알았다. 학생들의 피드백을 수용해 규칙을 고치면서 수업용 게임의 완성도를 높였다. 게임이 패치될 때마다 게임의 버전이 달라지는 것처럼 수업용 게임에도 버전을 명시했다. 게임을 플레이하기만 하는 것이 아니라 교사와 함께 게임을 만들어 간다는 것을 경험한 학생들은 수업용 게임에 더 적극적으로 참여해 주었다.

교사가 만든 수업용 게임을 분석하는 활동은 퀴즈형 게임의 한계를 극복하고 게임에 대한 이해를 높일 수 있는 방법이라고 생각한다. 보다 좋은 게임으로 만들기 위해 교사와 함께 분석하고 평가하는 경험이 게임을 비판적으로 인식하는 능력을 키워 줄 수 있을 것이다.

### 2 수업 평가하기

게임 수업 중 이해와 표현 활동은 창체 시간에 했기 때문에 평가에 대한 고민이 없었다. 또한 게임형 활동들은 수업 시간에 했지만 게임에 참여한 과정이나 결과를 어떻게 평가할 수 있을지에 대해서는 의문이다. 특히 게임의 핵심은 재미인데 평가가 이루어질 때 학생들이 재미있게 게임 활동에 참여할지도 걱정이다. 필자는 게임 활동을 따로 평가에 반영하지 않았고, 학생들의 활동 과정과 결과를 생활 기록부에 기록하기만 했다.

하지만 미디어 수업에 대한 관심이 높아지고 있고 게임이 청소년의 삶과 매우 밀접한 매체라는 점에서 게임을 교과 수업 시간에 다뤄야 할 필요성은 점점 커지고 있다. 그렇다면 어떻게 평가할 것인가에 대한 고민이 필요하다. 문제는 교사가 학생보다 게임에 대한 이해가 부족하다는 점이다.

이러한 문제를 고려했을 때 게임 활동을 수행 평가로 한다면 게임 잡지 제작이 가장 효과적일 것으로 보인다. 모둠별로 잡지를 제작하되 게임 문화에 대한 비평은 모둠원 모두가 의무적으로 한 편씩 작성하고 나머지 코너는 자유롭게 하나씩 선택하도록 하는 것이다. 비평이라면 게임을 모르는 교사도 글의 수준을 어렵지 않게 평가할 수 있을 것이다. 또 자유롭게 선택한 코너의 경우 동료 평가를 통해 평가하는 방법도 있다.

아래는 '게임 잡지 채점 기준표'와 생활 기록부 기록 내용이다.

| 평가 내용 | 평가 기준 | 배점 |
| --- | --- | --- |
| ① 자신의 게임 문화를 성찰했는가?<br>② 게임 문화의 문제점을 예시를 통해 이해하기 쉽게 설명했는가?<br>③ 올바른 문화 형성을 위한 합리적인 대안을 제시했는가?<br>④ 대안에 대한 논리적 근거를 제시했는가?<br>⑤ 맞춤법을 준수하고 독자를 고려한 올바른 어휘를 사용했는가? | 5개 항목 모두 만족 | 10 |
| | 4개 항목만 만족 | 9 |
| | 3개 항목만 만족 | 8 |
| | 2개 항목만 만족 | 7 |
| | 1개 항목만 만족 | 6 |
| | 모든 항 불만족 | 5 |

### 생활 기록부 기록 내용

- 「관동별곡」을 학습한 후 교육용 보드게임 관동 마블을 플레이하고 게임을 평가함. 게임의 규칙을 분석하여 교육적 성과를 높일 수 있는 아이디어를 제시하는 등 창의적 역량을 발휘함.

- 교육용 보드게임 '소셜 마블' 제작 프로젝트에 평가 위원으로 참여하여 게임의 난이도, 재미, 교육적 효과, 디자인 등 게임의 다양한 요소를 평가하고 개선 방안을 제시함. 남다른 분석력과 창의성을 갖춘 학생으로 게임 진행 시간이 너무 길어 수업 시간 안에 마무리할 수 없음을 지적하고 시작 조건을 변경한 새로운 규칙을 제안하는 등 게임의 교육적 효과를 높이는 데 크게 기여함.

- 게임 문화 분석 활동에서 자신이 평소 즐기는 게임을 선정하여 게임의 재미와 특성을 분석하고 독자가 이해하기 쉽게 게임을 소개하는 글을 작성함. 평소 사회 문제에 대한 남다른 관심을 보여 주는 등 비판적 사고력이 뛰어난 학생임. 게임 문화의 문제로 익명성과 일회적 만남을 지적하며 올바른 게임 문화 정착을 위해 게임 공간을 공적인 영역으로 인식해야 함을 주장함.

- 게임 잡지 제작을 위해 게임 문화를 성찰하는 칼럼을 작성하고 게임 리뷰를 작성하는 등 수준 높은 잡지를 완성하는 데 기여함. 특히 게임 리뷰를 위해 친구들을 평가 위원으로 섭외하고 하나의 게임에 대한 다양한 평가를 한눈에 볼 수 있게 구성하는 등 문제 해결 능력이 뛰어남.

## 3 게임 수업을 돌아보며

20년 넘게 게임을 즐기면서 게임에 대해 잘 안다고 생각했는데 수업을 준비하면서 새로 알게 된 사실이 무척 많다. 수업을 하면서 학생들과 정말 많은 이야기를 나눴고, 학생들의 문화에 더 깊이 다가갈 수 있었다. 게임 교육은 학생들뿐만 아니라 어른들에게도 꼭 필요한 교양이 아닐까 생각해 본다. 게임을 공부의 방해꾼으로 몰아세우고 아이들이나 하는 것이란 편견이 오늘날 왜곡된 게임 문화를 만들었는지도 모른다. 청소년의 삶을 이해하고 게임 문화의 가치를 키우기 위해서 게임을 적극적으로 수업으로 끌어들일 필요가 있다.

# 그리고 올리고
# 읽고 나누기, 웹툰

최은옥(고양 대화중학교)

오늘은 혼자 나왔다. 아기 띠를 매지 않고 걷는 기분이 하늘을 나는 듯하다. 그래 봤자 가는 곳은 이유식 재료를 살 식료품 가게지만. 오랜만에 혼자 걸으니 콧노래가 절로 나온다. 잠깐! '오랜만'을 '오랫만'이라고 잘못 쓰는 경우가 있는데, '오래간만'의 준말이므로 사이시옷을 쓰는 것은 오류!

위는 필자가 육아 휴직 중 만든 한 컷 웹툰이다. 자, 솔직히 말해 보자. 먼저 본 것이 왼쪽 글인가 오른쪽 그림인가? 분명 왼쪽 글이 앞서 나왔지만, 오른쪽 그림을 먼저 보지 않았는가? 이렇듯 단숨에 시선을 빼앗아 버리고 마는 '이미지'. 여기에 우리가 태곳적부터 좋아하던 '이야기'가 더해진다면? 그뿐 아니라 그걸 내 손 안에서 수시로 들여다볼 수 있다면?! 이처럼 매력적인 것이 또 있을까! 그게 바로 '웹툰'이다.

뜬금없지만 생텍쥐페리의 소설 「어린 왕자」 속 한 구절로 '웹툰' 이야기를 시작해 본다.

"길든다는 게 무슨 뜻이지?"

"그건 사람들에게서 잊힌 건데……. 서로 관계를 맺는다는 뜻이야. 네가 나를 길들이면 우린 서로 떨어질 수 없는 사이가 돼. 넌 나에게 이 세상에서 하나밖에 없는 사람이 되고, 난 너에게 하나밖에 없는 여우가 되는 거야. 친구를 원한다면 나를 길들여 봐. 먼저, 참을성이 있어야 해. 그리고 언제나 같은 시각에 와 주는 것이 좋아. 모든 것은 마음으로 보아야 잘 볼 수 있어. 중요한 것은 눈에 보이지 않거든. 자기가 길들인 것에 대해서는 끝까지 책임을 져야 해."

'어린 왕자와 여우'를 '웹툰과 독자'의 관계에 비유할 수 있겠다는 생각이 들었다. 흔히 웹툰 감상을 단순히 시간을 때우는 용도나 유흥거리 정도로 생각하는 경우가 있는데, 실상 한 웹툰을 발견하고 처음부터 끝까지 감상한다는 것은 그리 단순한 일이 아니다. 웹툰 자체가 재미있어야 함은 물론이고, 자신의 가치관과도 맞아야 한다. 또한 매주 업데이트되기를 기다리며 1~2년, 때로는 10년이 넘는 연재 기간을 보내야 한다. 이렇게 보면 한 권의 책을 읽는 것보다 오히려 더 긴 호흡이 될 수도 있다. 그 시간 동안 독자는 댓글을 남기거나 지인들에게 추천하며, 작가 그리고 다른 독자들과 웹툰의 세계를 공유한다. 그리고 같이 성장한다.

따뜻한 봄, 중학교 3학년 국어 시간. '자신의 관심사를 주제로 3분 말하기'를 하던 중이었다. 1반 국어 부장 지은이의 발표를 경청하던 필자는 속으로 혼자 웃음을 지었다. 발표 주제가 '웹툰'이다. 공부 잘하는 국어 부장이 웹툰을 그리 좋아했을 줄이야. 평소 즐겨 보는 웹툰이 40개 정도나 된다고 한다. 지은이는 웹툰의 정의부터 제작 과정, 자신이 좋아하는 웹툰 등을 PPT로 정리해서 발표했다. 지은이가 제일 좋아하는 웹툰은 필자 역시 좋아하는 작품이라 반가워서 손잡고 수다를 떨고 싶은 마음이 들었다.

청소년 시절부터 만화를 보고 그리는 것을 좋아하던 필자는 성인이 되어서도 여전히 그러고 있다. 어렸을 때 '만화'는 그저 재미로 보던 매체 중 하나일 뿐이었다. 하지만 교사가 되고 매체연구회에서 매체 관련 공부를 하면서부터 그 인식이 달라졌다. 국어 수업은 우리의 삶을 이야기하는 장이다. 그 시간에는 어떤 제재에 대하여 대화하며 감정을 공유하는 고차원적인 '소통'이 이루어진다. 서로 소통하는 것은 '공감'을 전제로 한다. 아이들과 더 쉽고 재미있게 소통할 수 있는 방법, 서로의 삶을 더 잘 이해하고 공감할 수 있는 방법 그리고 필자가 좋아하고 잘 아는 것을 생각해 보았다. 그리고 마음먹었다. 국어 수업에 '웹툰'을 활용해 보자. 먼저 교육과정에서 웹툰과 연관시킬 수 있는 성취기준을 살펴보았다.*관련 성취기준의 내용은 1부 2장 참조

중학교에서는 [9국02-07], [9국05-05], [9국03-08], [9국05-09] 등의 성취기준이 관련 있다. 웹툰 수업에서는 [9국02-07] 매체의 표현 방법과 의도를 평가하는 성취기준과 문학 영역 [9국05-05] 작품의 사회적 문화적 배경을 바탕으로 한 이해를 위한 성취기준을 결합하여 구성할 수 있다. 또 [9국03-08] 매체 특성을 고려한 표현 제작 성취기준과 [9국05-09] 자신의 경험을 형상화하는 문학 성취기준을 결합하여 일상툰 만들기 수업을 구안할 수 있다.

고등학교 선택 과목인 『언어와 매체』의 관련 성취기준으로 [12언매03-02], [12언매03-03], [12언매03-04], [12언매03-06], [12언매04-02] 등이 있다. [12언매03-02], [12언매03-03], [12언매03-04]은 웹툰 외에도 대부분의 미디어 유형에 해당하는 성취기준으로 다양하게 활동을 구안할 수 있다. [12언

매03-06]은 웹툰 댓글 문화나 웹툰의 주제 등을 성찰하여 미디어 문화의 비판적 이해에 도달할 수 있다.

웹툰의 캐릭터, 내용을 소재로 [9국01-05], [9국01-09]의 토론 성취기준과 결합하여 활동해 볼 수도 있다. 문법 관련 성취기준인 [9국04-03]이나 [10국04-04]의 바른 맞춤법 표기 수업을 웹툰을 대상으로 실시해도 좋다.

## 1 웹툰 활용 수업의 실제

다양한 소재를 재미있게 다루는 웹툰은 요즘 아이들과 쉽게 공감대를 형성할 수 있는 매체다. 그래서 이를 활용하면 아이들과 더 원활한 소통을 할 수 있다. 우선 '재미'라는 강력한 매력을 통해 아이들을 집중시키고, 이후 유의미한 가치들을 창출해 낼 수 있을 것이다. 앞서 언급했듯 수업의 목적은 공감과 소통이었기에 자기 성찰과 표현, 타인과의 의견 교류 및 공감에 중점을 두었다.

처음에는 시험이 끝난 뒤나 방학을 앞두고, 즉 교사도 학생도 부담이 덜한 시점에 웹툰 수업을 시도해 보았다. 다음 해에는 중학교 1학년 자유 학기제 동아리 시간에 '웹툰 활용반'을 개설하여 시도하였다[1]. 그 이후에는 시기적절한 때에 국어 수업에 요령껏 적용하였다. 지금부터는 '웹툰 활용반' 수업을 중점으로, 그 이후 국어 수업은 부연하며 천천히 이야기를 풀어 보려 한다.

동아리 수업은 조금 자유로운 분위기이길 바랐다. 무장 해제된 분위기에서 자신을 더 잘 드러낼 수 있을 것 같았다. 원하는 자리에 앉기, 틈새 게임하기, 컴퓨터나 휴대폰 이용하기 등 평소 국어 수업 시간보다는 더 자유로운 분위기를 조성했다. 주제는 '웹툰을 활용한 교과 통합 수업', 목표는 '웹툰 관련 수업을 통해 자신을 성찰하고 진로를 탐색하며 더 나아가 의사소통 능력, 협동심 등을 기른다.'로 설정하였다. 인원은 32명. 이 수업은 자신이 희망하여 선택한 경우가 대부분이었고(아닌 경우는 3명 있었음.), 장래 희망이 웹툰 작가인 아이들도 몇 있었다. 열정적이고 순수한 중학교 1학년 학생들은 수업마다 열심히 참여하였다. 다만, 활동 위주의 수업인데다 주어진 시간은 주당 두 시간뿐이어서 32명이라는 인원이 버거울 때가 있었다. 이외의 아쉬운 점들은 뒷부분에 모아서 언급하겠다. 매주 개인 공책을 나누어 주고 그 날의 수업 내용, 수업 후 생각(생각 매듭), 다음 시간 숙제 등을 적게 하였다. 과제 검사 및 동기 유발을 위해 칭찬 도장판도 활용했다. 개인 공책 맨 앞에 칭찬 도장판을 붙이고 과제를 잘 수행한 경우 도장을 찍어 주었다. 그리고 네이버 밴드에 동아리 밴드를 개설하여 수업 전후 안내를 하고, 학생들이 직접 개인 숙제나 조별 과제를 올리게 하였다. 분량이 많은 웹툰은 숙제로 감상해 오게 하였고, 내용이 짧거나 필요 장면이 있는 웹툰은 수업 시간에 컴퓨터실이나 개인 휴대폰을 이용하여 감상하였다.

### 활동 목표

1. 웹툰을 소재로 자신을 표현할 수 있다.
2. 웹툰을 감상하고, 댓글과 질문을 통해 서로의 생각을 공유할 수 있다.
3. 웹툰 속 내용을 주제로 다양한 토론을 할 수 있다.
4. 웹툰 속 맞춤법 오류를 찾고, 이를 바르게 고칠 수 있다.
5. 웹툰에서 아이디어를 얻어 더빙, 연극 등 다양한 표현 활동을 한다.
6. 자신의 일상을 웹툰으로 제작하고 이를 공유할 수 있다.

## (1) 자기 이해 및 표현

### 웹툰 추천하기

쑥스러운 자기소개는 다음 시간 과제로 미뤄 두고, 간단한 오리엔테이션 후 '최애 웹툰 추천' 활동을 하였다. 자신이 제일 좋아하는 웹툰 한 편을 조건에 맞추어 추천하게 하였는데, 조건은 다음과 같았다.

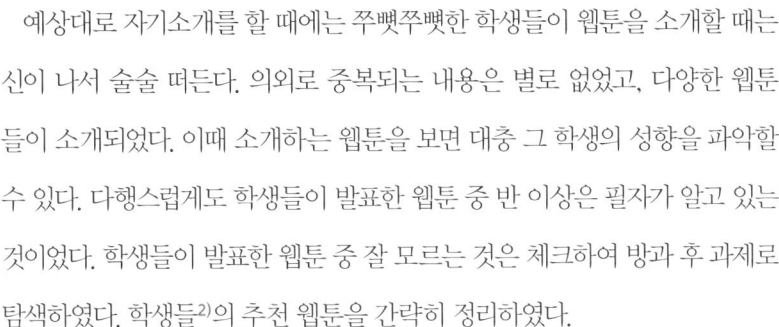
- ✔ 웹툰 제목, 작가 이름, 연재하는 곳 등 밝히기
- ✔ 추천하는 이유와 추천하고 싶은 대상 등 포함하기

예상대로 자기소개를 할 때에는 쭈뼛쭈뼛한 학생들이 웹툰을 소개할 때는 신이 나서 술술 떠든다. 의외로 중복되는 내용은 별로 없었고, 다양한 웹툰들이 소개되었다. 이때 소개하는 웹툰을 보면 대충 그 학생의 성향을 파악할 수 있다. 다행스럽게도 학생들이 발표한 웹툰 중 반 이상은 필자가 알고 있는 것이었다. 학생들이 발표한 웹툰 중 잘 모르는 것은 체크하여 방과 후 과제로 탐색하였다. 학생들[2]의 추천 웹툰을 간략히 정리하였다.

| 제목(작가) | 추천 이유 |
|---|---|
| 신의 탑 (SIU) | 주인공들마다 각자의 매력이 있음. 액션 만화지만 수준 높은 세계관, 탄탄한 스토리, 눈이 호강하는 작화라 좋음. |
| 갓 오브 하이스쿨 (박용제) | 내용이 흥미진진함. 액션 장면이 많이 나와서 재미있음. |
| 노블레스 (손제호·이광수) | 말이 필요 없음. 상상력 넘치는 스토리가 좋음. 그림이 멋있음. |
| 마음의 소리 (조석) | 개그 코드가 나랑 맞음. 그냥 가볍게 웃으면서 즐길 수 있음. |
| 귀전구담 (QTT) | 각종 사회를 비판하는 내용이 담겨 있어서. 학생의 신분으로 작게라도 참여하고 싶어서. |
| 치즈 인 더 트랩 (순끼) | 그림체랑 스토리랑 캐릭터가 다 좋아서. |
| 골든 왈츠 (세라) | 꿈에 다가가는 성장 드라마이기 때문에. 평소에 꿈에 대해 관심이 많아서. |
| 낮에 뜨는 달 (혜윰) | 역사도 배우면서 로맨스도 배움. 남주인공 짱 잘생김. 여주인공 짱 이쁨. 그림체 완전 맘에 듦. 5번 정주행해도 지루하지 않음. |
| 조의 영역 (조석) | 소재가 신선하고, 스토리 전개가 어떻게 될지 예상되지 않아서. |

| | |
|---|---|
| 내 ID는 강남미인<br>(기맹기) | 외모 지상주의와 관련된 부조리에 대해 잘 다룬 웹툰인 것 같아서. |
| 창백한 말<br>(추혜연) | 작화와 표현력이 뛰어나고 오랫동안 생각하게 해 주는 내용이 많아서. |
| 혼자를 기르는 법<br>(김정연) | 내가 가진 고민을 남도 고민하고 있다는 느낌이 들어서. |
| 신과 함께<br>(주호민) | 둘 다 사후 세계를 다룬 웹툰. 「신과 함께」는 판타지로 흥미진진한 내용에 비현실적 요소들이 나타나며 스토리가 너무 재밌고 곳곳에 볼거리도 많음. 「죽음에 관하여」는 죽음 이후를 담담하게 다루고, 교훈을 주는 방식이 신선하고 재밌음. |
| 죽음에 관하여<br>(시니·혀노) | |
| 슈퍼 시크릿<br>(이온) | 그림체가 귀엽고 초자연적인 존재를 좋아하기 때문에. 또 등장인물들의 케미가 좋아서. |
| 외모 지상주의<br>(박태준) | 우리 주변에 있을 법한 일상생활부터 범죄 이야기까지 현실적으로 표현해서. 스토리 전개가 긴장감이 느껴져서. 등장하는 캐릭터들마다 사연이 있어서 애정이 감. 4~8주마다 새로운 에피소드가 연재되는 방식이라 오래 연재됐어도 재미있게 보고 있음. |
| 스피릿 핑거스<br>(한경찰) | 작가가 '연필로 그린 것 같은 특이한 스케치 방식'을 고수하는데 그 그림체가 마음에 들어서. 집에서는 찬밥 신세였던 주인공이 그림을 그리면서 자존감을 찾고 꿈을 찾게 되는 소재가 나에게 의미 있어서. 등장하는 모든 캐릭터들이 개성 있고 코믹해서. |

### 웹툰 캐릭터로 자기소개하기

두 번째 시간에는 웹툰 캐릭터를 이용하여 자기소개를 하도록 했다. 이때는 캐릭터를 고른 이유를 세 가지 정도 들되, 자신의 특징이 잘 드러나도록 표현하라고 했다. 돌아가며 자리에서 일어나서 발표를 했다. 다양한 캐릭터들이 등장했고, 귀차니즘 캐릭터인 「대학 일기」의 '자까'가 여러 번 나왔다. 닮은 캐릭터가 없는 학생은 닮고 싶은 캐릭터를 찾아 소개하게 하였다. 만약 시간이 많거나 인원이 적었다면, 학생들 한 명씩 '자기 사진과 캐릭터를 비교하는 한 쪽짜리 PPT'를 띄워 놓고 발표하는 수업을 하고 싶었다. 여기에는 자신을 평범하다고 생각하는 두 여학생의 사례를 싣는다.

2010년 ○월 ○일 두 번째 시간
- 주제: 닮은 웹툰 캐릭터로 자기소개하기

  나는 「하루 3컷」의 주인공을 닮았어요.(잉?) 그 주인공은 외모가 그리 임팩트 있지 않고, 강하지도 않다. 내 외모도 사람들 기억 속에 꼭 박히도록 강하지 않다. 그리고 주인공의 하루도 별일 없이 끝나는데, 나도 하루가 그다지 특별하지 않고, 매일 매일이 지루…….

2010년 ○월 ○일 두 번째 시간
- 주제: 닮은 웹툰 캐릭터로 자기소개하기

  −이름: 은주(「다이스」 S랭커 후보자)
  −내가 닮고 싶은 이유: 공부도 잘하고, 이쁘기도 함. 인기도 많지만 괴롭힘 당하는 친구를 도와줌. 집안도 있는 집안에서 태어남. 있는 그대로 부족한 게 없어서 닮고 싶음.

## 「스피릿 핑거스」 멤버처럼 자기 표현하기

사실 이 수업 설계는 모험이었다. 개인적으로 한경찰 작가의 「스피릿 핑거스」를 인상 깊게 봐서 수업에 꼭 활용해 보고 싶었다. 이 웹툰은 평범한 한 여고생이 우연히 '스피릿 핑거스'라는 그림 모임에 들어가

한경찰, 「스피릿 핑거스」

서 내적 성장을 이루는 이야기이다. 모임 인원은 총 8명으로, 다양한 직업군에 다양한 연령대로 구성되어 있다. 이 모임에서는 먼저 색상으로 자신의 별명을 짓는다. 모임 날에는 각자 돌아가며 개인 포즈를 취하고 나머지는 스케치를 한다.

「스피릿 핑거스」의 이런 내용은 학생들의 내면을 특별한 방식으로 끌어낼 수 있는 좋은 소재라 생각했다. 과제로 첫 화부터 14화까지 감상해 오고, 자신을 표현할 수 있는 색상 별명과 각자만의 포즈를 구상해 오도록 하였다. 웹툰처럼 남녀 혼성 8인 1조로 하여 32명을 4조로 편성했다. 5교시는 조원 인사 및 별명 소개의 시간, 6교시에는 스케치 및 공유의 시간을 보냈다. 선뜻 나서지 못하거나 또는 장난처럼 여기지 않을까 염려스러웠는데, 교사의 기우였다. 판을 깔아 놓으니 학생들은 예상보다 적극적이고 진지하게 임하였다. 자신을 색상으로 표현하는 것도, 포즈를 취하고 스케치하는 것도 성실하게 하였다. 학생 수만큼 다양한 색상이 나왔다. 애교가 많은 학생은 귀여운 포즈를, 책을 좋아하는 학생은 독서하는 포즈를, 튀는 것을 좋아하는 학생은 기상천외한 포즈를 잡았고, 친구들은 각자만의 그림 기술로 스케치를 하였다. 기회가 된다면 웹툰처럼 지속적으로 이 활동을 하고 싶었다. 많은 친구들 앞에서 자신을 이런 식으로 드러내는 경험은 흔치 않을 것이다. 나아가 친구의 포즈에 영감을 받아 짧은 시간 안에 시를 창작하는 활동으로도 발전시킬 수 있을 것 같았다. '타인을 관찰하고 상상하며 자신의 언어로 표현하는 멋진 작업'을 아이들과 함께 해 보고 싶다.

### (2) 생각 공유 및 토론

웹툰 이야기에서는 '댓글'을 빼놓을 수가 없다. '댓글'은 '소통'이다. 비록 온라인상이지만 사람들은 정보를 제공하고, 자기 생각을 표현하고, 타인의 생각을 공감하거나 비판한다. 댓글을 통해 작가와 독자가 소통하는 사례 하나를 든다. 아래는 「광고 감독의 발암 일기」의 작가가 독자들과 소통하기 위해 올린 이야기 중 일부이다.[3]

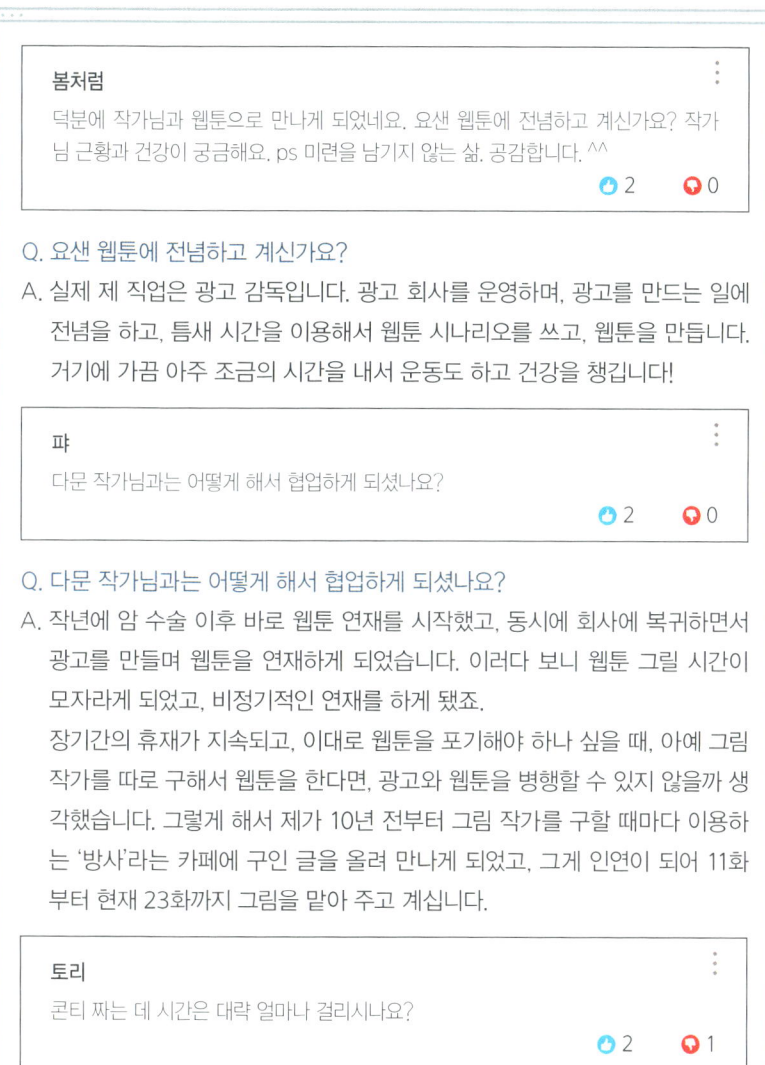

**봄처럼**
덕분에 작가님과 웹툰으로 만나게 되었네요. 요샌 웹툰에 전념하고 계신가요? 작가님 근황과 건강이 궁금해요. ps 미련을 남기지 않는 삶. 공감합니다. ^^
👍 2   👎 0

Q. 요샌 웹툰에 전념하고 계신가요?
A. 실제 제 직업은 광고 감독입니다. 광고 회사를 운영하며, 광고를 만드는 일에 전념을 하고, 틈새 시간을 이용해서 웹툰 시나리오를 쓰고, 웹툰을 만듭니다. 거기에 가끔 아주 조금의 시간을 내서 운동도 하고 건강을 챙깁니다!

**퍄**
다문 작가님과는 어떻게 해서 협업하게 되셨나요?
👍 2   👎 0

Q. 다문 작가님과는 어떻게 해서 협업하게 되셨나요?
A. 작년에 암 수술 이후 바로 웹툰 연재를 시작했고, 동시에 회사에 복귀하면서 광고를 만들며 웹툰을 연재하게 되었습니다. 이러다 보니 웹툰 그릴 시간이 모자라게 되었고, 비정기적인 연재를 하게 됐죠.
장기간의 휴재가 지속되고, 이대로 웹툰을 포기해야 하나 싶을 때, 아예 그림 작가를 따로 구해서 웹툰을 한다면, 광고와 웹툰을 병행할 수 있지 않을까 생각했습니다. 그렇게 해서 제가 10년 전부터 그림 작가를 구할 때마다 이용하는 '방사'라는 카페에 구인 글을 올려 만나게 되었고, 그게 인연이 되어 11화부터 현재 23화까지 그림을 맡아 주고 계십니다.

**토리**
콘티 짜는 데 시간은 대략 얼마나 걸리시나요?
👍 2   👎 1

> **트둥 love**
> 웹툰을 어떤 앱으로 그리시나요? S 탭으로도 웹툰 그릴 수 있나요? S펜 달려 있는 거요.
> 👍 2　👎 1

Q. 콘티 짜는 데 시간은 대략 얼마나 걸리시나요?
Q. 웹툰을 어떤 앱으로 그리시나요?
A. **서 감독**: 글 콘티는 편당 30분에서 한 시간 정도 걸리는 것 같습니다. 일상에서 아이디어가 나올 때마다 메모해 놓고 있습니다. 그 글 콘티를 제가 다문 작가님한테 카톡으로 전달하면, 다문 작가님이 러프 콘티를 그려 주십니다.
**다문**: 그림 콘티는 30분 내외 걸리는 거 같아요. 클립스튜디오 EX를 사용해서 그립니다.

독자와 독자 사이에서도 댓글을 통한 소통이 활발히 이루어진다. '추천👍 / 비추천👎'이든, '댓글에 대한 댓글'이든 말이다. 마치 웹툰에 댓글을 다는 기분으로, 학생들이 서로 감상을 나누는 수업을 시도해 보았다.

### 「하루 3컷」으로 댓글 나누기

웹툰 「하루 3컷」은 분량이 짧지만, 내용이 함축적이고 시사성을 띠고 있어 다양한 독자 반응을 일으킨다. 먼저 ①을 띄워 놓고 'L의 정체'와 '베스트 댓글'이 무엇일지 생각하게 하였다. 다양한 생각들이 나왔지만, 실제로 달렸던 베스트 댓글과 같이 '국회 의원, 정치인 등'이라는 의견이 가장 많았다. 그다음, ②를 보여 주고 댓글을 달 듯 짧은 감상 쓰기를 했다. 이후 ②에 달렸던 댓글들(③)을 보여 주었다. 댓글에 공감하는 학생들의 뜨거운 성토가 이어졌다. 잠시나마 입시 제도 및 학교 교육에 대한 자신의 생각을 자유롭게 토의하는 시간을 보냈다. 해답을 찾을 수는 없었지만, 저마다의 생각을 듣는 것에 만족하였다.

① 「하루 3컷」 - 뭐든 하나만 잘해라(2015. 6. 27.)

실력파 가수가 되었다!

프로게이머가 되었다!

② 「하루 3컷」 - 반평균 올랐네(2016. 5. 16.)

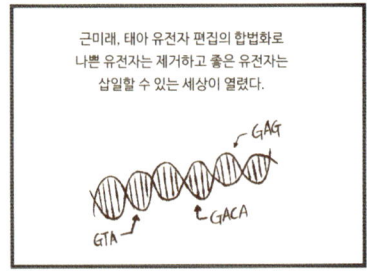

③ ②에 달린 댓글들

**요**○○○

아이들 꿈을 생각해 주세요. 이번 화 정말 소름 돋았습니다. 누군가를 죽을 만큼 악을 쓰며 밟고 올라가지 않으면 떨어져 버리다니요. 꿈을 가지고 달려 나갈 나이에 너무 잔혹한 것 아닌가요. 어른들의 단순한 욕심들 때문에 강압적으로 여러 학원을 돌아다니며 아무 생각 없이 필기나 하고 있는데 꿈을 생각할 시간이 어딨어요.

👍 8326    👎 214

**올**○○

대한민국의 중학생으로서 한마디 하면 진짜 어이없어요. 서술형 답안이 창의적 생각 기르기였나? 창의적 생각 기르기의 목적이 맞나? 만약 맞다면 차라리 객관식이나 주관식이 낫지. 서술형 답지는 학습지에 있는 거 달달 외워야지 만점 받는데 창의력은 무슨 그냥 외워야 하는 걸 문장으로 외우면 창의적인가? 심지어 비슷한 답도 인정 안 되고 제시된 답에서 80프로 이상 유사하게 적어야 하는데 뭐가 창의력 키우기인지…. 자유 학기제도 들어보니까 대학교 축소판이더마는. 팀 과제를 한 명이 몰아서 하고 다른 팀원은 개인 과제만 착실히 해 오고. 팀워크를 중시할 거면 팀워크가 확실하게 이루어지는지 확인이라도 하든가 과제 내 주고 결과물 제출하면 끝이야.

👍 6546    👎 361

**m**○○○

평범한 대한민국 고등학생입니다. 조별 과제 진짜 싫어요. 요즘 창의성, 주입식 교육 문제로 송송 창의력 소별 과제 내 수시는데 한 번도 장의 교육을 받아 본 적이 없는 것 같은데 그걸 어떻게 뚝딱 해요? 나중에 결과 보면 창의는 무슨. 인터넷 열심히 뒤지고 돈 많이 쓰고 가장 모범적인 친구들만 좋은 점수 받더라고요. 그리고 방학 때 꿈 찾기 안 하나는 분들. 방학 때는 공부 안 해요? 선행 학습 하느라 바빠요. 남들 다 하는 자기 개발 그것도 하고 있어요. 중국어, 일본어, 어학연수….숨 좀 쉬게 해 주세요. 잠 좀 편히 자게 해 주세요. 내일이 오는 게 무섭지 않았으면 좋겠어요. 그런데 또 나만 힘들고 괴로운 게 아니라서. 힘든 게 힘든 게 아닌 게 되어 버려요. 난 힘든데 그거 아무 것도 아니라네요. 내가 이상한 건가요? 이젠 내가 뭘 해야 하고, 뭘 하고 싶은지도 잘 모르겠어요. 나를 잃어가는 것 같아요. 내가 서 있는 이곳이 어딘가요?

👍 1285    👎 40

### 「나빌레라」로 수다 떨기

이 수업은 동아리 학생들이 아닌 중 1, 중 3, 고 2를 대상으로 실시한 학년 말 수업이다. 평점 10점 만점의 웹툰 「나빌레라」는 발레를 하고 싶은 치매 노인 '심덕출'과 사연 있는 발레리노 20대 청년 '이채록'에 관한 이야기이다. 2019

년 서울예술단에서 이 웹툰을 창작 가무극으로 공연했는데, 드라마로 제작되어도 세대를 어우르는 인기작이 될 것 같다. 개인적으로는 돌아가신 할아버지 생각이 나서 이 웹툰에 더 빠져들었던 것 같다.

Hun·지민, 「나빌레라」

학생들과는 크게 '이해 → 내면화 → 확장' 단계로 수다 떨기 수업을 하였다. 아래는 학습지 질문을 간단히 정리한 것이다. 다양한 감상들이 나왔고, 학생들은 특히 캐스팅 작업을 할 때 마치 본인이 감독이라도 된 양 신나 보였다. 아직 어린 학생들이지만 70대의 삶을 진지하게 상상하던 모습, 주인공들의 심정에 공감하고 주인공들을 연민하던 모습들이 따뜻한 기억으로 남았다.

| 단계 | 이해 | 내면화 | 확장 |
|---|---|---|---|
| 질문 | • 제목의 뜻?<br>• 인상적인 장면?<br>• 감명 받은 대사?<br>• 공감되는 인물?<br>• 작가가 하고 싶은 말? | • 내가 70살이라면?<br>• 내가 치매라면?<br>• 내가 도전하고 싶은 것은?<br>• 우리 부모님이 무언가에 도전한다면?<br>• 우리 가족 중 치매 환자가 생긴다면? | • 내가 댓글을 단다면?<br>• 지인에게 추천한다면?<br>• 뒷이야기를 상상한다면?<br>• 드라마나 영화로 만든다면 캐스팅은?<br>• 드라마나 영화로 제작할 때 고려할 점은? |

### 「금수저」로 두 마음 토론하기

HD3 작가의 「금수저」로 두 마음 토론을 시도해 보았다. 「금수저」는 가난한 집 아들인 주인공 승천이, 길에서 우연히 '사용하면 부모님이 바뀌는 금수저'를 얻게 되고, 이를 가장 친한 친구 인 부잣집 아들 태용이네서 사용하면 서 일어나는 이야기를 다룬 작품이다. 아이들에게는 미리 13, 34화를 감상 해 오게 했다. 이 작품은 이미 알고 있 는 학생들이 많았다.

HD3, 「금수저」

'두 마음 토론'은 3인 1조로 하는 1:1 토론으로, '천사와 악마 게임'이라고도 한다. 양측 주장에 다 일리가 있어서 선택이 어려운 문제에 적합한 토론으로, 남을 설득하거나 공정하게 판결하는 훈련을 할 수 있다. 토론 전에 자신의 주장과 근거 세 가지를 공책에 정리하게 했다. 그 뒤 사전 거수로 '천사, 악마, 심판' 중 본인의 역할을 정하였다. '천사'는 '금수저를 쓰지 않을 것이다.'라는 입장, '악마'는 '금수저를 쓸 것이다.'라는 입장이었다. 토론 규칙은 다음과 같았다.

---

1) 천사와 악마는 서로 대화를 하지 않는다.
2) 심판은 공정하고 엄정한 판결을 해야 한다.

---

천사와 악마들은 약 10분의 시간 동안 열심히 토론하였고, 가운데 심판들은 신중히 고민하여 사회를 보고 최종 심판을 했다. 열띤 토론 장면은 감동적이었지만, 현실은 씁쓸했다. 토론을 진행하기 전, 사전 투표를 했을 때는 천사의 입장이 많았는데 토론이 끝난 다음에는 악마의 입장으로 바뀐 학생들이 많았던 것. 시간이 더 많았다면 학생들의 생각을 더 들어보고 싶었는데 아쉬웠다. 그래도 학생들이 자라면서 언젠가 이 주제에 대해 또 한 번 생각해 보

지 않을까? 교사는 그런 기회를 제공한 것으로 충분하지 않을까? 결과가 교사의 예상 밖이었지만, 인생에서 진짜 정답이란 없는 거니까.

이렇게 웹툰을 활용하여 토론하면 무궁무진한 주제들을 추출할 수 있다. 더 나아가 학생들이 직접 웹툰에서 문제 상황을 발견하고 이를 통해 토론 주제를 뽑아내게 하는 것도 좋다. 다음은 웹툰에서 추출한 다양한 토론 주제 사례이다.[4]

| 제목 | 추출한 토론 주제 |
|---|---|
| 하나(HANA) | 의학 발전을 위해 동물 실험을 계속해야 하는가. |
| 뷰티풀 군바리 | 양성평등을 위해 여성의 군복무를 의무화해야 하는가. |
| 여탕 보고서 | 여탕이나 남탕에 이성의 어린아이(5세 이하)가 들어가도 되나. |
| 프리드로우 | 청소년이 진한 화장을 해도 되는가. |
| 어서 오세요. 305호에 | 동성 간의 결혼을 합법화해야 하는가. |
| 마음의 소리 | 잔돈이 없을 때 큰 금액의 지폐를 내는 것은 부끄러운 일인가. |
| 외모 지상주의 | 학교 폭력을 당하는 친구를 위한 언어적, 신체적 폭력은 정당한가. |
| 연애 혁명 | 다른 사람에게 상처를 주지 않기 위한 거짓말은 정당한가. |
| 신의 탑 | 존엄사를 법적으로 허용해야 하는가. |

## (3) 바른 언어생활

### 맞춤법 수정하기

웹툰으로 할 수 있는 가장 간단한 수업이지 않을까 싶다. 웹툰은 청소년들이 많이 보는 매체이기 때문에 그만큼 영향력이 크다. 6년 전, 「패션왕」을 보다가 맞춤법 오류가 많이 눈에 띄어서 처음 시도한 수업이었다. 무심코 보던 웹툰에 그렇게 많은 맞춤법 오류가 있는지 몰랐다며 놀라던 학생들 모습이 생생하다. 요즘에는 작가도 독자도 온라인에서의 맞춤법 준수 의식이 높아져서 예전 같지는 않지만 언제든 시도하면 좋을 수업이다. 중학교 1학년 국어 수업 중 품사 단원이 있는데 연계할 수 있어서 더욱 좋았다.

이때는 컴퓨터실을 이용하였다. 우선 맞춤법에 맞지 않는 몇 가지 사례를 화면에 띄워 보여 주었다. 맞춤법 오류, 띄어쓰기 오류 등을 바로잡고 학생들이 배운 품사 용어를 활용하여 설명하였다. 온라인 사전을 활용하면 좀 더 쉽게 고칠 수 있다는 팁을 주었다. 과제 개수는 개인당 2개 이상으로 정하고 간단한 활동지를 배부하였다. 그다음, 학생들에게 자신이 평소 즐겨보는 웹툰을 정독하게 하였다. 그리고 오류를 발견하면 일단 활동지에 기록하게 했다. 기록이 끝나면 교사의 피드백을 받아 수정하여 최종 완성하게 했다. 여기서 끝이 아니었다. 자신이 점검한 내용을 '웹툰에 댓글 달기, 작가에게 메일 보내기' 등의 추후 활동으로 마무리하게 했다. 이 수업을 하면서 필자의 기대보다 학생들이 맞춤법에 약하다는 것을 깨달았다. 국어 교사의 눈에는 쉽게 보이는 것들이 학생들에게는 보이지 않았다. 바른 언어생활을 위한 상시 맞춤법 교육이 중요함을 느꼈다.

| < 내가 찾은 웹툰 속 맞춤법 오류 > | | | |
|---|---|---|---|
| 제목 | 생활의 참견 | 작가 | 김양수 |
| 맞춤법 오류 장면 따라 그리기 | 나 안먹어! 매워 (그림) | | |
| 바르게 고쳐 쓰기 | 안먹어! | → | 안 먹어! |
| 틀린 부분 문법적으로 설명하기 | 부사 '안', 용언 '먹다'가 각각의 단어이므로 띄어 써야 한다. | | |

참고로 이영발 선생님서울 문영여고의 웹툰 맞춤법 수업 중 학생 발표 사례와 학생부 문구를 덧붙인다.

> **2015년 1월 학생부 기록 문구**
>
> 창체 논술 시간 중 '웹툰에 나타난 한글 맞춤법 오용 사례'를 자세히 조사하여 공책에 사례 조사 후 느낀 점을 잘 정리함. 특히 웹툰 「마음의 소리」, 「소소한가」, 「녹두전」, 「괜찮아 애송이」, 「패밀리 사이즈」, 「외모 지상주의」, 「오빠 왔다」 등에 나타난 사례들과 한글 맞춤법 규정을 나란히 한눈에 비교하여 볼 수 있도록 편집함. 세종 대왕 이미지를 스타일에 넣어 시각적으로 가독성을 높이는 등 형식과 내용 면에서 매우 우수한 창의적인 PPT를 만들어 여러 학생들 앞에서 유창하고 조리 있게 잘 발표함.

## (4) 영역 통합 표현

학생들이 작품을 감상하고 이해하는 것에 그치지 않고, 자기 것으로 만들어 새롭게 표현하는 활동을 하고 싶었다. 상상력을 발휘하고, 내가 아닌 다른 존재가 되고, 혼자가 아니라 함께 머리를 맞대는 수업 두 가지를 소개한다.

### 성우가 되어 웹툰 녹음하기

화법 영역을 고려하여 설계한 수업이다. 준비물로 휴대폰을 지참하도록 하였다. 나윤희 작가의 「지금 이 순간 마법처럼」의 7화를 활용하였는데, 원래 알고 있거나 학생들이 추천했던 작품이 아니라 적당한 장면을 찾다가 발견한 것이다. 학생들도 처음 보는 장면이길 바라는 마음에서였다. 먼저 남녀 혼성으로 4인 1조 편성을 했다. 조별로 모여서 '작품 속 등장인물 파악 → 상황 맥락 파악 → 유추한 상황 맥락에 따른 각 대사의 특징 분석 → 역할 분담 후 성우처럼 녹음 → 녹음한 파일 동아리 밴드에 업로드'를 차례로 수행하게 했다. 업로드 한 녹음 파일을 모아 모두 함께 들으며 조별 차이를 비교하고 최고의 조를 뽑도록 하였다. 인상적이었던 장면을 뽑자면, 국어 시간에는 조용하던 한 학생이 화내는 주인공 역을 맡았는데, 목소리가 그렇게 클 줄이야!

평소와 다른 모습을 발견하고 내심 기분이 좋았다. 국어 시간에 이렇게 화낼 일이 어디 있겠는가.

### '○○의 세포'가 되어 연극하기

다양한 영역의 통합 수업을 위해 연극 수업을 기획해 보았다. '2016 오늘의 우리 만화상'[5]을 수상한 이동건 작가의 「유미의 세포들」을 활용하였다. 이 웹툰은 주인공 유미의 감정, 생각, 체내 활동을 '의인화된 뇌세포'들로 표현한다는 점이 특징이다. 이 웹툰을 잘 모르는 분은 영화 「인사이드 아웃」을 떠올리면 도움이 될 것이다.

이동건, 「유미의 세포들」

이 수업은 2주에 걸쳐 총 4차시로 진행하였다. 1, 2차시에는 4인 1조로 조를 편성하고 조장을 선출한 뒤, 주제 선정 및 극본 작성의 시간을 주었다. 구체적인 스토리보드(대본)를 제작하게 하였고, 필요한 음악이나 소품 등을 꼼꼼히 계획하게 하였다. 소품은 학교 예산을 이용하되 하교 후 조별로 구입하게 하였다. 효과음을 위해 개인 노트북을 가져온 학생도 있었다. 3차시에는 대본 연습 및 소품 준비, 4차시에는 연극 발표회를 진행했다. 발표 전에 미리 조별 스토리보드를 복사하여 공유하였다. 여덟 조가 돌아가며 발표했고, 학생들은 자기 평가 및 상호 평가지를 작성했다. 연습 시간이 충분하지 않았고 각 조마다 피드백을 주지 못해서인지 발성이나 동선 등이 아쉬웠지만, 정말 재미있었다. '국어 시험 치를 때의 긴장감, 이성 친구와의 밀당 그리고 이별의 아픔, 남학생들이 게임할 때의 심리, 국어 선생님의 소개팅?!' 등등 다양한 주제가 나왔다. 톡톡 튀는 아이디어와 청소년 문화를 엿볼 수 있던 시간이었다.

## (5) 내 삶에의 적용

### 일상툰 만들기

문학·예술 작품들을 보면 작가의 자전적인 경험을 모티브로 하거나 작가 자신의 삶을 형상화한 경우가 많다. 웹툰의 경우도 마찬가지다. 학창 시절의 경험, 강아지를 키운 경험, 상경하여 고시원에서 살아 본 경험, 아버지가 치매에 걸린 경험 등등. 그중에서도 개인의 일상을 다룬 웹툰을 일상 웹툰, 줄여서 '일상툰'이라 한다. 조석 작가의 「마음의 소리」[6], 자까 작가의 「대학 일기」, 곽백수 작가의 「가우스 전자」 등이 대표적이다.

학생들이 자신의 이야기를 자유롭게 풀 수 있도록 짧은 일상툰 만들기 수업을 해 보았다. 먼저 자신이 예전에 겪었던 일이나 최근에 경험한 일에서 소재 및 주제를 찾게 했다. 의미 있거나 인상적인 이야기면 좋고, 그냥 재미있었던 일도 좋다고 하였다. 그 다음 등장인물을 설정하고 인물 관계도를 그려 본 뒤 캐릭터를 구체화(이름, 나이, 성격, 특징 등)하도록 했다. 동생들을 돌보느라 너무 피곤하다는 한 여학생의 이야기에 웃음이 나왔다. 매일 아침 일찍 일어나 학교 오는 것이 힘들다며 하소연하는 남학생의 이야기에는 공감?이 갔다.

이야기를 다듬어서 최소 4컷~최대 8컷으로 그림을 그리고, 이를 휴대폰으로 찍어 동아리 밴드에 올리도록 하였다. 밴드에서 서로의 작품을 감상하고 후기를 공유하도록 했다. 사실 한 학기 동안 꾸준히 이루어지면 좋은 수업인데 단발성으로 그쳐 아쉬웠다. 또 학생들이 자기 일상툰을 제작하기 전에 기존 작가들의 일상툰을 먼저 분석하는 활동을 해 볼 걸 하는 아쉬움이 남았다.

## 2 다시 수업에 뛰어든다면

그동안의 수업에 대한 단편적 기록을 마치고 이제는 아쉬웠던 점을 간추려 보겠다. 만약 다시 기회가 된다면 재정비하여 더 좋은 수업을 하고 싶은 마음이 크기에, 민망하지만 솔직히 기록해 두어야겠다는 생각이 든다.

우선 시간적 부분. 늘 함께 지내는 같은 반 학생들이 아니라 동아리 수업이었기에 서로 친해지기까지 시간이 많이 필요했다. 한 주에 단 두 시간 수업이라 아쉬움이 많았다. 앞에서도 시간이 부족해서 아쉬웠다는 말을 많이 남긴 것 같은데, 지금 생각해 보면 사실 교사의 욕심이 많았다는 생각이 든다. 처음이라 의욕이 넘쳐 진득한 수업을 하지 못한 것 같다. 좀 더 심도 있는 이야기를 나눌 수 있도록 호흡을 천천히 하고 학생들이 소화할 시간을 충분히 줄 걸 그랬다.

다음은 물리적 부분. 학습지나 인쇄물의 크기 때문에 개인 공책보다는 일반 파일철을 마련하여 활동을 진행했으면 좋았을 것이다. 그리고 휴대폰을 이용하는 경우 현실적으로 데이터 사용 문제가 걸렸다. 학생들이라 데이터 사용에 부담을 느끼는 경우가 많았다. 이때에는 교사 휴대폰의 핫스팟 기능을 켜서 학생들이 쓰게 하거나 짝과 함께 휴대폰을 쓰도록 하였다. 반드시 인터넷이 필요한 경우에는 미리 컴퓨터실을 빌렸는데, 동아리 시간이라 미리 선점해야 하는 번거로움이 있었다. 그리고 만약 태블릿, 포토샵 등 제반 시설이 갖추어졌더라면 수업의 완성도가 더 높았을 것이다. 국어과 수업에서는 힘들어도 국어-미술 통합 수업으로는 가능하지 않을까?

참, 한 가지 예상치 못한 문제가 발생한 적이 있다. 학생들과 「나빌레라」를 감상하러 컴퓨터실에 갔는데 웹툰 사이트가 접속 불가 사이트였던 것이다. 부랴부랴 교육청에 연락을 취해 '유해 사이트 접속 허용 신청서'를 작성, 제출하고 나서야 일주일 동안 해당 사이트에 접속하여 웹툰을 감상할 수 있었다.

또한 온라인 모임 공간으로 네이버 밴드를 활용하였는데, 이곳은 학생들의 과제 활동 공간으로 그다지 적합하지 않았다. 더 접근이 용이한 인프라가 있었다면 좋았을 것이다. 개인별 게시판, 조별 게시판이 있으면서 카페나 블로그보다 이용이 쉬운 애플리케이션 등이 있으면 적극 활용하고 싶다.

그 다음은 평가의 문제. 활동 위주의 수업이라 정량 평가보다는 정성 평가만 이루어진 경향이 있다. 정량 평가라고 해 봤자 칭찬 도장이나 학생들의 자기 평가 및 상호 평가지 정도였을까. 생활 기록부에 수업 활동에 대한 질적인 내용들을 기록하긴 했는데, 아직 정량 평가에 대한 고민은 충분히 하지 못했다. 자유 학년제라 필요성을 못 느끼기도 했거니와 정량 평가에서 벗어나고 싶은 마음도 컸다. 활동 내용들이 고학년 교육과정에서 실현된다면 더 체계적으로 단계를 다듬고 정량 평가를 시도할 수 있을 것이다.

**생활 기록부 기록 내용**

- 웹툰 작가를 꿈꾸고 있으며 모든 수업에 적극적으로 참여함. 성실한 자세, 뛰어난 그림 실력 등 웹툰 작가로서의 자질을 두루 갖춤. 자신만의 메시지를 전달하기 위해 일찍이 준비하고 있는 점을 볼 때 훗날 그 미래가 기대됨.
- 웹툰 내용을 요약하여 소개하는 글쓰기 활동에서 두각을 드러냄. 줄거리 요약 능력이 뛰어나며 자신의 감상을 유려한 문장으로 기록함.
- 웹툰 캐릭터를 활용하여 자신을 소개하는 활동을 할 때 적극적으로 준비하여 인상 깊은 발표를 함.
- 웹툰 「스피릿 핑거스」 멤버처럼 별명을 만들고, 자기만의 개성 있는 포즈를 취하고, 모둠별로 스케치하는 활동을 함. 이때 친구들의 추천으로 최고의 스케치상에 뽑힘.
- 웹툰 「하루 3컷」의 주제 표현 방식을 공부하고, 소설 「소음 공해」를 소재로 새로운 주제를 창출하여 세 컷에 표현하는 활동을 함. 이때 날카로운 통찰력과 탁월한 표현력으로 요즘 세태를 풍자함.

- 웹툰을 활용한 모둠별 화법 수업에서 뛰어난 연기력과 돋보이는 협동심으로 멋진 결과물을 제출함. 이 활동에서 친구들의 추천으로 최고의 성우상에 뽑힘.
- 웹툰 「금수저」를 감상하고, '내가 만약 주인공이라면 금수저를 사용할 것인가.'를 주제로 두 마음 토론을 함. 심판 역할을 맡아 타당한 근거를 들며 공정한 판결을 내림.
- 웹툰 「유미의 세포들」을 모티브로 새롭게 극본을 창작하고, 연극에 필요한 소품을 준비하고, 각자 맡은 역할을 열심히 연습하여 모둠별 연극 발표를 함.
- 웹툰 「마음의 소리」처럼 자신의 일상 속에서 소재를 구하여 일상툰을 제작하고, 동아리 밴드에 게시하여 친구들과 공유함.

마지막으로 시간이 허락된다면 더 다루고 싶은 주제들이 있다. 랑또 작가의 「가담항설」로 고전 시가 해석 나누기, 모랑지 작가의 「소녀의 세계」로 교우 관계 또는 외모 콤플렉스에 대하여 이야기 나누기, 주호민 작가의 「신과 함께」를 참고하여 새로운 저승도 제작하기(현대 사회의 죄악과 그에 맞는 벌) 등이다. 온라인 세상이 그러하듯 웹툰 세상도 유행이 있고 여러 작품의 연재와 완결이 빠른 시간에 이루어진다. 하지만 고전이 현대 사회에서도 가치 있는 작품으로 다루어지듯, 양질의 웹툰 또한 우리 삶에 큰 의미를 주는 가치 있는 콘텐츠로 남지 않을까?

## 3 이젠 놓을 수 없는 웹툰

작년 겨울, 서울의 모 여고에 특강을 나갔다. 의뢰받은 수업은 독서 학교 행사 중 웹툰 수업이었다. 다른 학교 학생들을 대상으로 웹툰 수업을 하는 것은 처음이라 내심 긴장했는데, 중앙 현관을 들어선 지 채 1분도 되지 않아 '오늘 강의는 성공이겠군!' 하는 촉이 왔다. 복도에서 우연히 만난 여고생 왈, "너 그 숙제로 봐 오라고 했던 웹툰 다 봤냐? 나 어젯밤에 그거 보다 울었잖아."

그 숙제는 일주일 전에 필자가 미리 내 준 것이었고, 여고생이 보다 울었다던 그 웹툰은 「나빌레라」였다. 그날 수업 내용은 생텍쥐페리의 소설 「어린 왕자」와 웹툰 「나빌레라」를 연관 지어 하나의 큰 주제를 찾아보는 것이었다. 마음 따뜻한 여학생들의 성원에 힘입어 특강은 잘 마무리되었다. 학생들은 언뜻 보면 연관 없어 보이는 두 작품의 주인공을 비교하고, 나아가 하나의 주제로 엮는 것을 신기해했다. 이 작품을 활용한 수업에서는 귀여운 중학교 1학년 아이들과도 서로 진솔한 마음을 나눌 수 있었다.

이렇게 웹툰을 소재로 수업을 하다 보면, 처음에는 가벼웠던 학생들의 눈빛이 후반부에는 진지해지는 반전 매력을 느끼게 되는데, 이게 참 중독적이다. 수업을 기획할 때 의도했던 것처럼, 웹툰은 소통과 공감의 좋은 도구가 될 수 있었다. 필자가 잊지 않도록 항상 마음에 새기는 말이 있는데, '가장 좋은 매체는 바로 교사'라는 것이다. 웹툰을 잘 활용하여 '재미'와 '의미', 이 두 가지를 다 잡는 좋은 매체가 되고 싶다.

# 영화처럼, 카메라에 담은 우리들의 이야기

권혜령(부천 상원고등학교)

학기말이 되면 교실이 영화관이 되던 때가 있었다. 학생들에게는 방학을 앞두고 교과서에 쉼표를 찍는 시간이었고, 교사들에게는 방학 전까지 마무리해야 하는 업무들을 처리하는 시간이기도 했다. 그래서 부모님들의 민원 전화가 오기도 했고, 교감 선생님은 영화 보는 것을 금하기도 했다. 이제 학생부가 생기면서 고등학교의 학기말 풍경은 많이 달라졌다.

영화, 두 시간 동안 화면 속에 담긴 이야기를 눈으로 보면서 짜릿함과 설렘, 흥분과 긴장을 느끼게 하는 한 편의 서사. 소설책 읽기를 힘들어하는 아이들이 있지만 영화 보기를 싫어하는 아이들은 없다. 한 달에 몇 번 영화를 보러 가족이나 친구들과 극장으로 향하고, 집에서 인터넷으로 내려받아 보거나 휴대폰으로 쉽게 감상한다. 더구나 요즘은 소설이 영화가 되기도 하고 웹툰이 영화가 되기도 해서 영화는 아주 친숙한 매체이다.

이미 많은 교사들이 자신의 수업 내용과 영화를 연결 지어 학생들에게 보여 주고 있다. 교사들에게 영화는 흥미로운 텍스트이며 수업 내용을 동기 유발할 수 있는 교재이다. 개인적으로 국어 시간에 영화를 보는 것에 관심을 가진 것은 오래 전부터이다. 2017년만 해도 북한이 핵 실험을 강행하고 미사일까지 발사해서 한반도의 긴장감이 컸다. 다행히 2018년 남북한의 두 정상이 만나 평화 선언을 하면서 새로운 전기가 마련되었다. 그때 문재인 대통령과 김정은 국방위원장이 처음 만난 곳이 판문점 군사 분계선이었다. 18년 전이었던 2000년 개봉한 박찬욱 감독의 영화 「공동 경비 구역 JSA」를 하나의 작품으로 국어 시간에 읽는 것이 가능하다는 도전을 했고, 그 수업 사례를 발표하고 책으로 펴냈던 일들이 떠올랐다. 왜 국어 교사가 국어 시간에 영화까지 가르쳐야 하냐는 이야기를 들었던 시절이었다.

그 이후 교육과정에서도 영화를 다루게 되고 국어 교과서에는 영화가 실리게 되었다. 2007 개정 교육과정에 따라 중학교 국어 교과서에는 「말아톤」, 「달리는 차은」, 「집으로」 등의 영화들이 들어왔다. 그러나 활동은 영화의 줄거리를 파악하고 인물의 심리를 살펴보는 정도여서 성취기준을 달성하기에는 부족해 보였다. 특히 시나리오와 영화는 같은 작품이 아니다. 같은 시나리오를 누가 연기하는가, 누가 감독을 하는가에 따라 얼마든지 다른 작품이 만들어질 수 있기 때문이다.

그러나 국어과에서 영화를 다룬다는 것은 선언적 의미가 크다. 영화 읽기를 교양 과목에 하는 것이 아니라 국어 시간에 해야 하는 것에 대해 갑론을박이 있지만, 영화는 언어와 영상, 소리가 복합적으로 어우러지는 텍스트로 문학과 관련성이 크다. 이제 영화관에 가면 불이 꺼지고 영화가 시작되듯 신나게 영화를 공부해 보자.

교육과정을 먼저 살펴보면, 2007 개정 국어과 교육과정에서부터 직접적으로 영화를 명시하고 있다. 2009 개정 교육과정에서는 라디오, 영화 등 갈래별 구분이 없이 매체, 매체 자료라고 되어 있다. 2015 개정 교육과정에서는 소설이나 웹툰이 영화로 바뀌는 것처럼 재구성된 작품과 원작을 비교하는 것이 드러나는 등 보다 적극적으로 다루고 있다. 국어과 교육과정에서 영화와 관련된 성취기준은 다음과 같다.*관련 성취기준의 내용은 1부 2장 참조

중학교 단계에서는 [9국02-07], [9국03-08], [9국05-04], [9국05-08] 등의 성취기준이 있다. [9국02-07]은 매체에 드러난 다양한 표현 방법과 의도를 평가하며 읽기를, [9국03-08]에서 영상이나 인터넷 등의 매체 특성을 고려하여 생각이나 느낌, 경험을 표현하는 활동을 할 수 있다. [9국05-04]의 작품에서 보는 이나 말하는 이의 관점에 주목하여 작품을 수용하는 활동은 영화 작품을 통해서도 가능하다. [9국05-08]은 문학 작품이 영화로, 웹툰이 영화로 재구성된 작품을 원작과 비교하고, 변화 양상을 파악하며 감상할 수 있다.

고등학교 『국어』에는 [10국02-02], [10국05-05], 선택 과목인 『언어와 매체』에는 [12언매03-02], [12언매03-04], 『문학』에는 [12문학02-06] 등의 성취기준이 있다. [10국02-02]는 매체에 드러난 필자의 관점이나 표현 방법의 적절성을 평가하는 것을 포함하며 [10국05-05]는 주체적인 관점에서 작품을 해석하고 평가하는 활동을 할 수 있다. 고등학교 수준에서 영화라고 명시되지는 않았지만 [12언매03-02], [12언매03-04]의 성취기준을 근거로 다양한 관점과 가치를 고려하여 매체 자료를 수용하고 창의적 표현 방법과 심미적 가치를 이해하고 향유하는 활동을 할 수 있다. 뿐만 아니라 [12문학02-06]에서 다양한 매체로 구현된 작품의 창의적 표현 방법과 심미적 가치를 문학적 관점에서 수용하고 소통하는 활동을 할 수 있다.

## 1 영화 수업의 실제

**활동 목표**

1. 영상 언어의 특징을 이해할 수 있다.
2. 토의를 통하여 영상으로 만들 이야기를 완성할 수 있다.
3. 스토리보드를 바탕으로 의미 있는 영상물을 제작할 수 있다.
4. 친구들이 만든 영상을 감상 및 평가할 수 있다.

### (1) 질문하며 영화 읽기

교육과정에서 다루고 있으니 수업 시간에 영화 보기가 쉬워졌다. 우선 교육과정에 나타난 성취기준을 선택하여 재구성하였다. 영화를 해석하는 힘을 기르고, 영화가 인기를 얻는 맥락을 비판적으로 이해하여 그것에 대한 비평문을 쓰는 것까지 나아가게 하고 싶었기 때문이다.

영화 읽기는 2015년 시험이 모두 끝난 학기말에 이루어졌다. 옛날에는 영화를 먼저 본 교사가 질문을 만들어 채우게 하는 식으로 영화의 서사를 이해하는 방법을 썼지만 요새는 모두 학생들이 하도록 설계한다. 독서 교육에서 질문하기의 중요성을 경험했기 때문에 영화 읽기에서도 그 방법을 쓴다. 윤동주 시인의 삶을 다룬 영화 「동주」[1]를 감상하고 질문하기를 했다. 질문의 방향은 세 가지였다. 영화의 내용 자체에 대해 궁금한 점을 묻고 영화를 만든 감독에게 궁금한 점을 쓰게 했다. 그리고 이런 질문들이 결국은 자신에게 향한다고 강조하면서 자신에게 물어보고자 하는 것을 적게 했다. 그리고 나서 학생들의 질문을 세 가지 측면으로 파워포인트로 정리해서 보여 주었다. 질문자의 이름도 밝혀 적어 이렇게 멋진 질문을 던졌다면서 칭찬도 해 주었다. 그리고 한 질문 한 질문에 대해 아이들의 답변을 들어 보게 했다. 자신이 이해한 영화의 내용에 대해서, 자신이 만약 감독이라면, 영화를 본 나의 입장에서 서로서로 말하는 시간이었다.

| 영화의 내용에 대해 묻는다 | 감독에게 묻는다 | 나에게 묻는다 |
|---|---|---|
| • 윤동주 시인은 과연 시를 쓰고 후회 적은 없었을까? <br> • 몽규와 동주가 서명을 강요받을 때 왜 이렇게 상반된 태도를 보였을까? <br> • 「서시」에서 윤동주 시인이 그토록 괴로워한 것은 무엇일까? | • 왜 흑백 영화로 만들었는가? <br> • 다른 시인도 있는데 왜 윤동주인가? <br> • 현재와 과거를 넘나드는 기법을 사용한 이유는? <br> • 왜 강하늘이라는 배우를 선택했는가? | • 나는 몽규이고 싶나, 동주이고 싶나? <br> • 내가 저 당시 윤동주였다면 어떻게 행동했을까? <br> • 윤동주처럼 부끄럼 없이 살 수 있을까? <br> • 반성과 부끄러움을 과연 자각할 수 있을까? |

▶ 영화 보고 질문하기 활동의 예(석천중 3학년들과 한 활동)

2016년에는 질문하며 영화를 읽고 모둠 토의하여 한 편의 글쓰기까지 한 수업이 있다. 그 진행 과정은 다음과 같다.

---

**질문하며 영화 읽기 + 토의하여 글쓰기**

1. 영화 감상(1~3차시)
2. 핵심어를 가지고 질문하기(4~5차시)
3. 친구의 질문에 대해 모둠 토의하기(4~5차시)
4. 핵심어와 질문을 통해 한 편의 영화 리뷰 쓰기(6차시)
5. 친구들과 영화 리뷰 바꿔 읽고 하트 표시해 주기(7차시)

---

중학교 3학년들과 「헝거게임」[2]이라는 영화를 보았다. 영화 리뷰를 쓰라고 하면 분명 우리 학생들은 '그런 거 왜 써요? 쓸 말이 없어요.' 이런 반응이 나올 것이 분명했다. 쓰기는 자기 생각이 차근차근 단계적으로 모여 글로 나오는 것이니 학생들이 생각할 기회를 주고 그것을 우려내는 쓰기를 했다. 그 방

법 중에 하나가 영화에 대해 질문하기였고, 자신의 질문을 다른 친구의 생각을 들어 보면서 해결하는 것이었다. 이렇게 질문과 답이 오간 내용을 바탕으로 글쓰기를 하도록 했다. 먼저 영화의 핵심어를 세 가지 뽑아서 개인적으로 질문을 만들어 보았다. 그런 다음 모둠별로 질문을 나누면서 영화 내용에 대해 토의를 하였다. 마지막으로 첫 번째 질문지가 들어 있는 학습지를 보면서 각자 한 편의 영화 감상문을 쓰는 것으로 진행했다. 학생들이 쓴 영화 감상문은 내용이 풍부했고 나름대로 멋지게 이야기를 해냈다.

이 영화 수업은 국어 수업뿐만 아니라 모든 수업에 흥미를 보이지 않던 학생도 참여한 수업이다. 결국 이 학생은 졸업을 한 달 앞두고 강제 전학을 가게 되었는데, 1학기말에 질문하며 영화 읽기에서 학습지를 다 채워서 영화 감상문을 써냈다. 교과서에 실린 그 어떤 문학 작품도 그 학생을 움직이지 못했다. 그런데 영화를 보는 것, 그리고 영화에 대해 이야기하는 것에 대해서 전혀 다른 모습을 보여 주었다.

---

### 「헝거게임」 영화 감상문

박○○

1학기 수업 진도가 끝나고 방학까지 비는 시간 동안 선생님께서 영화를 보여 주신다고 하셨는데, 그 영화가 바로 「헝거게임」이었다. 영화에 나타나는 세계관, 그리고 '헝거게임'의 유래, 배경 등을 보고 참 신기하고 새롭다는 생각이 들었다. 소설을 영화화한 작품 치고는 완성도가 높은 영화를 보지 못해 영화에 대한 기대는 거의 없는 편이었다.

나는 영화의 주요 소재가 되는 '헝거게임'에 초점을 두고 싶다. 내가 생각하기에 영화를 감상하면서 주의 깊게 보아야 할 세 가지 키워드는 '약, 전장(게임이 펼쳐지는 공간), 활'이라고 생각한다. 먼저 '약'이란 주인공 캣니스와 피타가 상처를 치료할 때 사용한 것을 말한다. 약은 캣니스와 피타의 사이를 돈독하게 만들어 후에 우세한 머릿수를 승리로 따낼 수 있게 된다.

두 번째로 볼 것은 게임이 펼쳐지는 '전장'이다. 그 이유는 게임 운영자들이 공간을 임의로 조작해 게임 참가자들을 곤란한 상황에 빠뜨리기 때문이다. 그런 점에서 헝거게임의 잔혹한 면을 보여 주는 동시에 캐피톨 사람들의 탐욕적이고 속물적인 모습을 드러내 주는 소재라고 생각한다.

마지막으로 나는 '활'을 꼽고 싶다. 영화에서 활은 주인공을 상징하는 도구라고 할 수 있다. 그런 점에서 게임 전개 양상을 바꾸는 결정적인 역할을 한 활이 나는 중요한 키워드라고 생각한다. 게임은 캣니스가 활을 갖기 전과 후로 나누어도 무방할 정도이다.

가장 인상 깊었던 장면은 게임이 끝나기 직전에 카이토가 피타에게 칼을 겨눌 때이다. 카이토의 '결국 다 죽는 거야.'라는 말은 게임이 참가자인 청소년들에게 얼마나 큰 짐이 되었는지, 그 처절한 게임 속에서 그들이 무엇을 위해 싸웠는지 고민하게 만들었기 때문이다 그 순간만큼은 누구보다 카이토가 외로워 보였고 억울해 보였다.

이 영화는 어쩌면 관객들에게 '과연 당신도 게임을 보며 희열을 느끼는가?'라고 물어보지 않나 생각한다. 위에서 이미 말한 활은 그런 관객을 저격하는 도구이다. '자신이 쏜 화살은 부메랑이 되어 다시 돌아온다.'는 말이 있는데, 이 영화에서는 캐피톨을 빗대어 말하고 있는 것 같다.

고등학교로 옮겨 온 2017년에는 「몬스터 콜스」[3]를 1학기말에 읽고 나서 영화[4]를 감상했다. 책과 영화의 차이가 있지만 이 작품의 경우 책도 영화도 모두 수작이다. 소설이 영화로 매체 변환되면서 각 매체의 특성과 그 특성이 이야기 전개에 어떤 영향을 미쳤는지를 이야기해 보려고 했지만 소설을 읽고 영화를 보는 데 시간이 많이 걸렸고 방학식이 임박해 시간이 없었다. 아쉬움이 남지만 이런 시간 배분 문제가 현실적으로 큰 어려움이기도 하다. EBS 문제집도 아닌데 이런 수업에 대한 학생들의 인식도, 학부모의 인식도 아직은 걸음마 단계라 교사가 끌고 나가기가 벅차다.

(2) 영화 이해하기

 음악 시간에 노래를 부르는 게 가수가 되기 위해서가 아니듯 국어 시간에 영화를 보는 것은 영화 산업에 뛰어들 사람을 만드는 게 아니다. 국어 시간이면 글을 써야 하는 게 아니냐고 흔히 반문한다. 그러나 학생들이 글이 아닌 영상으로 자신의 생각과 이야기를 전달할 수 있다면 이는 글쓰기만큼 가치 있는 경험이 될 것이다. '들으면 잊는다. 보면 기억한다. 해 보면 이해한다.'는 공자의 말을 들먹이지 않아도 직접 체험해 보는 것이 학습 효과가 가장 높은 방법이기도 하다.

 필자가 국어 시간이든 동아리 시간이든 매체 수업에서 중요시하는 것은 세 가지이다. 먼저 배움은 삶이다. 학생들뿐만 아니라 현대인의 삶에서 이미 매체는 뗄 수 없는 삶의 조건이다. 영화와 교실이 분리될 것이 아니라 글을 읽고 해석하듯 영상 언어를 해석하고 서사를 통해 심미적 가치를 느껴 보는 것도 국어과에서 안아야 할 부분이라고 생각했다.

 두 번째는 매체 제작은 여러 사람이 함께 해야 한다는 것이다. 영화나 광고, 게임 등은 개인이 혼자서 만들어 내기 어렵다. 영화는 시나리오 작가부터 배우를 비롯해 감독, 스태프 등 수많은 사람의 노력이 없다면 나오지 않는다. 학교에서도 친구들과 이야기하면서 협력하지 않으면 안 된다. 가족이 모인 식탁이나 교실 등 한 공간에 있어도 제각각 스마트폰을 들고 다른 세계에 빠져 있는 아이들이다. 함께 무엇을 만들며 고민하고 경험하면서 친밀감을 느끼며 정서적 공감대가 넓어진다.

 세 번째는 학생들한테 던져 주고 '하라'는 식은 무책임하다는 것이다. "수행 평가에 들어가니 ○○일까지 만들어서 제출해."라는 교사의 말과 태도는 폭력적이다. 감독이 전체 흐름에 맞게 각 배우가 최고의 연기를 할 수 있게 하듯이 교사는 각 단계마다 학생들이 겪을 수 있는 어려움을 알고 적절한 처치를 해 주어야 한다. 뭘 어떻게 해야 할지 공부 시간에 같이해야 한다. 그렇게 해도 방과 후에 남아서 연기를 해야 하고, 편집을 해야 하는 학생들의 몫이 크다.

동아리 시간에 이루어진 영화 수업의 흐름을 표로 정리하면 다음과 같다.

| 모둠 짜기 | 모둠 이름·구호 만들기, 전체 영화 내용 구상하기, 역할 나누기 | |
|---|---|---|
| 이해 | 한 문장으로 한 장면으로 나타내기 | 카메라의 각도와 거리에 따라 다른 의미 파악하기 |
| | 한 컷을 사진과 이야기로 만들기 | 이미지로 이야기 만들기 |
| | 영화 속 최고의 컷 찾기 | 영상 언어 읽기 |
| | 영화의 포스터 분석하기 | 영상 언어 읽기 |
| 제작 | 영화 예고편 구상하기 | 주변의 소재를 가지고 쓰기 |
| | 스토리보드 작성하기 | 혼자서 그리지 않기, 모둠원들이 2칸씩 작성 |
| | 촬영하기 | 청소년미디어센터 |
| | 편집하기 | 청소년미디어센터 |
| | 상영회, 소감 나누기 | 다른 모둠의 작품에 대해 칭찬하기, 아쉬움 나누기 |

모둠 짜기는 국어과의 공부 시간에 하듯이 짠다. 그러나 모둠원들의 소통이 무엇보다 중요하므로 서로 협력해야 함을 강조한다. 원하는 사람끼리 짜도록 하지만 소외되는 아이가 생길 경우에는 다시 짜겠다고 하고 서로 존중해서 짜라고 하면 별 무리가 없었다. 모둠이 결정되면 모둠 이름이나 구호를 만들어 발표시키는 등 모둠원끼리 친해질 시간을 준다.

시나리오 쓰기가 제일 문제이다. 학생들에게 카메라를 들고 그냥 찍으라고 하면 영화를 패러디하는 수준이거나 뻔한 스토리의 이야기가 나온다. 학생들이 해 보고 싶은 이야기를 끄집어내는 것도 필요하다. 그러나 시나리오 쓰기가 쉽지 않아서 프리즘 카드나 사진으로 이야기 만들기, 소설의 도입부를 제시하고 뒷이야기 상상하기, 주제어를 생각해서 확산해 가기 등 여러 가지 방법을 동원해 보았다.

카메라의 각도와 거리에 따라 전달하는 메시지, 표현 효과가 달라지고, 색과 소리, 빛에 따라 전혀 다른 이야기가 될 수 있다. 이러한 영상 언어에 대한 이해가 있는 것과 없는 것은 차이가 크다. 전에는 학습지로 교사가 강의하듯이 했지만 이번에는 학생들이 한 컷 찍기를 해 보고 거기에다 교사의 설명을 보태는 방식으로 해 보았다. 이미 학생들은 휴대폰과 붙어 살고 있어서 셀카를 찍으면서 자신이 가장 예뻐 보이는 '얼짱' 각도를 알고 있다. 따라서 카메라의 각도와 거리를 이야기해 주면 금방 이해를 한다. 영화 속에도 감독이 어떤 말을 하려고 카메라를 특정한 위치에서 놓고 찍는다고 알려 주었다.

이러한 영상 언어의 이해에 따라 스토리보드를 작성하고 그것을 바탕으로 촬영에 들어간다. 촬영을 할 때는 각 모둠장에게 촬영 장소를 교사에게 알리게 하고, 촬영할 때 다른 반이나 다른 모둠에 피해가 가지 않도록 사전 안내를 한다. 요즘은 스마트폰으로 동영상을 찍어 쉽게 편집하는 애플리케이션이 많다. 모둠에서 편집 역할을 맡은 학생들을 모아서 편집 기술을 알고 있는지 확인해야 한다.

### 한 문장을 한 장면으로 나타내기

영상 언어를 이해하기 위한 첫 단추는 한 문장을 한 컷으로 찍는 것이다. 학생들에게 제시한 문장은 '그가 들어왔다.'였다. 오래 전 영화 「공동 경비 구역 JSA」에서 수혁이 군화발로 들어간 장면이 선명하게 떠오른다. 마찬가지로 학생들에게도 질문을 던진다. '그는 어디로 들어갔을까, 그는 어디에서 왔을까, 그는 왜 왔을까, 그러고 나서 그는 무엇을 할까.'라는 식으로 그가 어떤 사람이고 어떤 상황이라는 것을 설정하면 좀 더 장면을 연출하기가 쉽다.

학생들에게 미리 학습지에다 자신이 찍을 장면을 스토리보드처럼 한 컷으로 그려 보고 찍으러 나가라고 했다. 동아리 시간이어서 학생들이 모두 휴대폰을 가지고 있었기 때문에 동아리 단체 대화방을 만들어 자신이 찍은 한 컷을 올리도록 했다. 그리고 학생들이 찍어 올린 사진에 대해 댓글을 달아 주었다. 그리고 친구가 찍은 구도로는 다시 찍지 말고 새로운 컷을 찍어 보라고 권했다. 남들이 보지 않는 시선으로, 남들이 다 아는 대로 하지 말고 자신만의 컷을 만들어 보라고 했다.

학생들이 온라인 대화방에 올린 사진을 내려받아 인쇄를 해서 칠판 앞에 붙여 두었다. 그리고 사진에 나타난 카메라의 각도, 거리를 보면서 어떤 의미나 효과가 느껴지는지 같이 생각해 보았다. '친구가 나보다 더 뛰어나고 잘나 보일 때', '내가 못나 보일 때' 등 상황을 제시하여 카메라로 어떻게 찍으면 그런 의미가 잘 드러날지 추가적으로 설명했다.

나중에 어떤 친구의 카메라를 통해 본 눈이 참신한지 스티커를 붙여 보기로 했다. 칠판 앞에 나와서 자신의 사진과 친구의 사진을 보면서 또 한 마디씩 한다. 학생들은 얼굴을 빼꼼히 내민 친구의 표정이 재미있다며 거기에 스티커를 많이 붙였다. 학생들과 교사의 마음이 늘 일치하는 것은 아니기 때문에 필자는 슬리퍼를 클로즈업으로 찍은 장면을 뽑았다.

### 한 장면을 다른 사진과 연결하여 이야기 만들기

다음은 칠판에 붙여 놓았던 사진을 본인에게 돌려주고 프리즘 카드를 모둠별로 나누어 주었다. 그리고 자신의 사진 앞뒤에 프리즘 카드를 골라서 연결하여 그가 왜 문으로 들어갔는지 이야기를 만들기로 했다. 한 컷 한 컷이 의도적으로 이어지면 이야기가 된다는 것을 경험하게 하기 위해서였다.

그렇게 고른 사진과 이야기는 단체 대화방에 올려 서로 공유하도록 했다. 학생들이 만든 이야기는 영화를 상상하고 지은 것이 아니어서 구체적이지 않았지만 사진으로 이야기를 만드는 것을 어려워하지는 않았다. 사진으로 이야기를 만드는 것에서 나아가 공동의 이야기를 만들어 보는 것도 재미있을 거라는 생각을 했지만 이번에는 시도해 보지 못했다. 그리고 학생들이 찍은 사진을 A4 크기의 흑백으로 출력을 했더니 프리즘 카드와 연결시켰을 때 아이들의 사진이 잘 드러나지 않았다. 프리즘 카드와 같은 크기의 컬러로 인쇄해 왔으면 하는 아쉬움이 있었다.

▶ 내기에서 져서 주방으로 들어가 설거지를 했다.

▶ 해가 뜨고 어느 날과 같이 작업복으로 갈아입고 갯벌일을 하러 간다.

▶ 한 사진작가가 잘생긴 태현의 사진을 찍으려 한다. 그가 수줍게 들어왔다. 그의 귀여운 미소가 장승을 닮았다. 그 사진은 그 사진작가의 잊지 못할 걸작으로 남을 것이다.

▶ 가수가 꿈인 다현이는 열심히 음악 전공을 하고 유명 엔터테인먼트에 들어가서 가수의 꿈을 이뤘다.

### 영화 속 최고의 컷 찾아보기

두 시간의 영화가 한 장면으로 집약되어 기억에 남는 경우가 많다. 지난 시간에 '내가 찍은 한 컷'처럼 영화 속에서도 관객의 기억에서 사라지지 않는 한 장면이 있으니 찾아보자고 했다. 한 권의 책에서 사람마다 인상적인 부분이 다르듯 영화에서 어떤 장면이 인상적인지 찾아보고 이야기를 나누는 것도 의미 있을 거라고 생각했다.

모둠에서 학생들이 각자 이야기 나눈 것은 다양했다. 공포 영화를 못 본다는 학생도 있었고, 애니메이션 「인사이드 아웃」이나 영화 「신과 함께」의 한 장면을 뽑기도 했다. 자신이 인상 깊었던 장면에 나오는 등장인물의 의상이나 말을 떠올리면서 인상 깊은 이유를 나누었다.

| 제목 | 인상적인 장면과 그 이유 |
|---|---|
| 인사이드 아웃 | 슬픔이가 "울음은 날 한결 느긋하게 만들어 주고 삶의 무게를 더는 데 도움이 돼."라고 말하는 장면이 인상 깊었다. 슬픔은 많은 사람들이 부정적으로 생각하는데 긍정적일 수 있다는 점이 마음에 와 닿았기 때문이다. |
| 어린 왕자 | 어른이 된 어린 왕자가 자신의 과거를 잊어버리고 조종사도 기억을 못했지만 그 기억을 되찾는 과정이 인상 깊었다. |
| 신과 함께 | 마지막 심판 때 죽은 아들이 엄마 꿈에 나와서 어릴 때의 잘못을 사과하는 장면이다. 너무 감동적이었고 나의 삶을 되돌아볼 수 있었다. |
| 미션 임파서블 | 절벽에서 악당과 폭탄 스위치를 두고 싸우는 장면이 기억에 남는다. 절벽에서 떨어질 듯 말 듯하고 폭탄이 터지기 몇 초 안 남은 상황이 스릴 넘쳤기 때문이다. |
| 미드나잇 선 | 태양을 피해야만 하는 XP라는 희귀병에 걸린 여자 주인공이 시간을 착각해 햇빛을 보게 된 장면이다. 너무 심장이 떨렸다. |

### 영화 포스터 분석하기

영화 예고편이 강렬한 스토리를 압축해서 보여 준다면 한 컷의 포스터는 영화의 얼굴이다. 한국 영화 중 학생들에게 잘 알려진 「부산행」, 「곡성」, 「괴물」[5] 세 편의 영화를 준비했고 국내 포스터와 해외에서 소개된 포스터를 비교해 보게 했다. 영화를 보는 관객이 달라질 때 제작사가 어떤 점을 초점으로 영화를 알리는지를 따져보기 위해서였다.

각 모둠에서 영화 한 편씩 선택하도록 했다. 모둠에서 학생들은 어떤 영화의 국내와 해외 포스터의 차이를 쉽게 찾아냈다. 우리나라에서는 인물 중심으로 배우를 강조하는 반면 해외 포스터에서는 상황을 알리는 배경과 제목을 부각시키고 있었다. 학생들은 학습지를 중심으로 차이점을 모두 정리한 다음 발표를 했고 다른 모둠에서 찾아낸 것을 같이 나눴다.

 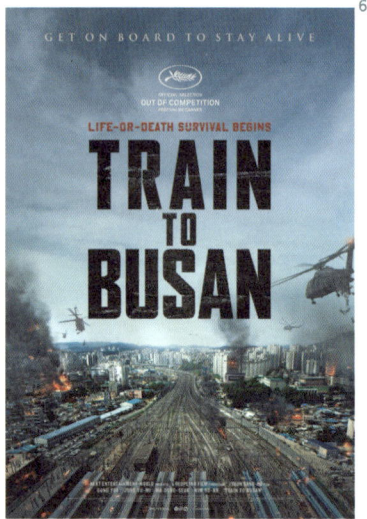

학생들도 이 활동에 대해 재미있어 했다. 포스터만 보고도 그 영화에 대한 이야기를 주고받았다. 게다가 포스터가 관객에 따라 다양하게 만들어진다는 걸 학생들이 스스로 말했을 때 '그래 이거다.'라는 생각이 들었다.

- 포스터 하나에도 관객들의 호기심을 자극하려 하는 게 보인다.
- 어떤 방식으로 사람들의 관심을 끌 수 있는지 이 포스터를 통해 알게 되었다.
- 우리나라 포스터에선 배우를 강조했다면, 외국 포스터에서는 재난 배경과 제목을 강조했다는 점에서 나라에 따라 홍보하는 방식이 다르다는 것을 깨달았다.

## (3) 영화 제작하기

### 영화 예고편 구상하기

이참에 우리는 영화를 제작해 보기로 했다. 늘 관객의 입장이었다면 이제 제작자, 감독이 되어 보는 것이다. 그러나 우리가 알고 있는 영화 수준으로 만들기는 어려워서 학생들이 관심 있는 문제에 대한 영화 예고편까지만 만들기로 했다.

두 모둠에서 만들어 낸 이야기는 「3분 친구」와 「예담 어벤저스」이다. 먼저 「3분 친구」는 친구가 없는 다현이가 친구를 사귀고 싶어 3분 친구를 구매한다는 설정을 했다. 마트에서 간편 조리 식품을 사는 것처럼 원하는 친구를 고를 수 있는 것이다. 다현이는 돈 많은 친구, 감정이 풍부한 친구, 재미있는 친구, 친절한 친구, 우등생 친구, 신중한 친구를 만났다. 이 친구들은 처음에는 다현이에게 잘 대해 주지만 시간이 지날수록 이상해진다. 결국 다현이는 현실의 친구를 찾아 나선다는 이야기이다. 친구 캐릭터를 잡아낸 걸 보니 학생들이 원하는 친구 유형이 보이기도 했다.

두 번째 모둠에서 만든 이야기는 「예담 어벤저스」이다. 학교 폭력에 시달리던 예담이 운동을 통해 강해져 그를 괴롭히는 무리들에게 통쾌하게 복수하고 다른 학교까지 넘볼 수 있게 된다는, 그야말로 남학생들의 로망을 담은 이야기이다. 남학생들에게도 친구는 중요한 문제였지만 기존의 영웅 서사나 복수극의 이야기 구조에 따라 단순화해서 다루었다.

영화 제작 계획서와 스토리보드를 마련해 보았는데, 학생들이 이야기를 짜는 데 시간이 많이 걸려 스토리보드를 섬세하게 작성하는 것까지 나아가지는 못했다.

### 영화 예고편 제작하기

학교의 동아리 활동에서 벗어나 지역의 미디어센터를 방문해서 영화를 제작해 보려고 했다. 교사의 역할이 많기도 하고 지역 사회에 연계해서 전문가를 만나 좋은 기자재로 촬영하는 것도 필요하다고 생각했다. 그러나 우리 학교가 있는 부천에는 미디어센터가 있기는 하지만 학생들이 영상 촬영 프로그램에 참여하기 어려웠다. 그래서 서울시립청소년미디어센터를 찾아갔다.

먼저 영화 강사 선생님께 교육을 받고 제작 과정에 대한 설명을 들었다. 그러고 나서 우리가 작성해 간 스토리보드대로 찍어 보기로 했다. 태블릿에 영화 예고편을 만들 수 있는 애플리케이션이 깔려 있어서 예고편을 수월하게 완성할 수 있었다.

미리 영화의 내용을 마련해 갔지만 예고편에 압축적으로 담을 장면을 다시 수정해서 짜야 했다. 그리고 미디어센터를 누비면서 장면 찍기를 반복했다. 평소에 교실에서 보던 학생들의 모습과 달랐다. '이렇게 하자, 저렇게 하자, 이건 어때?' 하면서 서로 협의하며 드러눕는 연기도 서슴지 않았고, 한 장면을 찍고는 자기들끼리 웃겨서 깔깔거리다가 다시 찍기를 하는 게 흐뭇하기만 했다. 이미 카메라의 각도와 거리를 익힌 아이들이라 「예담 어벤저스」를 찍는 학생들은 땅바닥에 누운 아이의 얼굴을 같이 누워서 클로즈업하기도 하는 등 카메라 사용에서 과감했다.

두 시간은 금방 지나갔다. 완성된 예고편을 함께 보는 자리에서 하나를 완성했다는 것에 큰 성취감을 느끼는 게 보였다. 예고편을 보고 나서 소감을 나누면 좋았겠지만, 시간이 없어 학습지 형태로 활동 소감문을 적어서 제출하게 했다.

### 감상 및 소감 나누기

다음 동아리 활동 시간에 서울시립청소년미디어센터에서 제작한 영화 예고편을 다시 보면서 그때 어려움과 즐거움을 나누었다. 1분짜리였지만 그것을 만들기 위해 애썼던 시간들이 다시 생각나는지 흐뭇한 모습들이었다. 각자 제출한 소감문을 나눠 주고 그것을 바탕으로 자신의 솔직한 후기를 발표했다.

---

영화 혹은 예고편을 휴대폰으로 간단히 제작할 수 있었다는 것이 매우 신기했다. 영상 제작에 필요한 것들 그리고 실제 촬영을 어떻게 하는지 자세히 알 수 있어 좋았고, 영상 예고편 하나를 만드는 데 많은 시간이 걸린다는 것을 알았다. 새삼 다시 한 번 영상 제작자 분들의 고됨을 이해하고 내가 스스로 만들어 뿌듯했던 시간이 되었다.

---

최고의 영화상, 촬영 감독상, 여우주연상, 남우주연상, 조연상, 작품상, 흥행상 등 여러 상을 만들어 많은 친구들이 그 역할에 따라 칭찬을 받는 시간을 가지고 싶었지만 수업에서 실행하지 못했다. 몸을 사리지 않고 영화 제작에 뛰어든 학생들을 격려하는 시간이 있었으면 좋겠다. 그리고 교사가 생각한 작품의 완성도와는 달리 학생들의 반응이 좋았던 작품이 있었다. 나중에 예술 교육 강사에게 물어보니 영화에서 흥행이라는 요소가 있듯이 관객 호응도가 좋은 것은 그것대로 플러스 점수를 주는 것을 추천했다.

학생들의 활동을 생활 기록부에는 이렇게 기록을 해 주었다.

> **생활 기록부 기록 내용**
>
> 자신이 즐겨 보는 매체에 대해 성찰해 보는 '나만의 매체 탐구' 활동에서 자신이 즐겨하는 게임에 대해 설명하고 자신에게 게임의 의미, 자신의 게임 습관 등을 소개하며 적극적으로 참여함. 영화 포스터 분석하기에서 어떤 영화가 국내 개봉과 해외 개봉에서 관객들을 고려하여 반영하는 요소가 다르다는 것을 구체적으로 찾아냈으며 '그가 들어왔다.'라는 한 문장을 자신만의 카메라 시각으로 찍어 메시지를 전달함. 모둠 친구들과 직접 스토리를 구상하여 영화 스토리보드를 마련함. 청소년미디어센터에 가서 전문가의 설명을 듣고 학교 내 왕따 문제를 극복해 가는 남학생의 모습을 유머러스하게 표현한 「예담 어벤저스」라는 1분짜리 영화 예고편을 제작함. 공동 작업에서 주인공인 예담 역할을 맡아 바닥에 누워서 흐느끼는 등 쑥스러워하지 않고 연기를 해 영화 예고편을 완성하는 데 큰 공헌을 했음. 스스로도 영화 예고편 제작에서 배우처럼 연기를 한 것이 잊을 수 없는 추억이라는 소감을 밝힘.

## 2 영화 수업을 돌아보며

매체의 변화 속도만큼 매체 속에 담기는 콘텐츠의 변화도 크다. 교사는 학생들이 접하는 매체나 콘텐츠를 따라갈 수가 없다. 여러 번 실패를 거치면서도 국어 시간이나 동아리 시간에 매체를 다룬다. 영화가 좋고 영화를 가지고 학생들과 이야기하는 것이 좋다. 학생들이 매체를 읽어 내고 매체로 이야기할 수 있게 해 주는 것이 교사의 역할이 아닌가 싶다. 교사는 학생들이 변화하는 것 중에 하나를 선택하여 집중하게 하고 그 매체를 통해 자신의 생각, 이야기를 담거나 매체 속에 담긴 생각들을 찬찬히 들여다보게 하는 사람일 것이다. 속도를 잠시 붙잡아 두고 아이들이 경험을 하는 동안 매체나 스스로에 대해, 옆 사람에게서 보지 못했던 부분을, 스쳐 지나가듯 했던 부분을 찬찬히 느끼길 바란다. 관계도, 성장도 그러한 과정을 거치듯이. 학생들과 영화를 가지고 수업했던 날들도 나중에는 한 편의 영화처럼 기억될 것이다.

  가수 이소라는 '나는 알지도 못한 채 이렇게 태어났고 / 태어난 지도 모르게 그렇게 잊혀지겠지.'[7]라고 노래했다. 인간으로 태어나 살아가면서 겪는 일들이 노래가 되고 문학이 되며 영화가 된다. 장영희 교수는 '문학은 '내가 남이 되어 보는 연습'이고 남의 아픔과 슬픔을 이해하는 마음이야말로 진정 아름다운 사람이 되기 위한 조건'[8]이라고 말했다. 영화를 통해서 남이 되어 보는 연습을 할 수도 있고 영화 속 인물을 보면서 내 인생도 비춰 볼 수 있다. 그리고 알지도 못한 채 태어났고 어떻게 될지도 모르는 내 인생 영화를 지금 만들어 가고 있으며 어떤 좋은 이야기로 내 인생 영화에 담을 것인지를 생각해 보는 것이다. '카메라는 내 삶을 내 식으로 바라보는 도구'라는 어떤 사진가의 말처럼 자신의 이야기를 담는 것이다. 그러다가 세상을 따뜻하게 하는 '영화 같은' 이야기를 담아낼 수도 있을 것이다.

## ▶ 이런 수업도 가능해요   ↳ Enter

 시나리오 써서 영상 만들기

2015년 석천중 2학년 국어 시간의 사례를 보탠다. 2009 개정 교육과정에 따라 교과서에는 영상으로 자신의 경험을 표현하는 활동이 있었다. 이런 활동을 하려면 한 학년을 같이 맡는 교사와의 관계가 중요하다. 그 해 한 학년의 국어과 교사는 세 명이었다. 국어과 수업 설계와 평가 계획 회의에서 세 사람은 교과서에 있는 단원 중 영상 제작하기 단원을 수행 평가로 넣자는 의견에 동의하였고, 단계적으로 소설을 써서 시나리오로 만든 다음에 영상을 제작하자는 의견이 나왔다. 그래서 1학기말 2차 지필 평가가 끝난 이후, 7월에 모둠별로 소설의 뒷이야기를 만들도록 했다. 그리고 개학 후 시나리오 쓰기 수행 평가와 영상 UCC 제작하기를 진행하기로 했다.

영상 만들기에서 가장 중요한 시나리오가 문제였다. 그래서 『상상력 먹고 이야기 똥 싸기』라는 책과 같이 아이들이 뒷이야기를 만들 수 있게끔 하자고 제안을 드렸다. 같이 호흡을 맞췄던 오주연 선생님은 아이디어가 풍부하셨다. 오주연 선생님은 자신이 직접 소설의 일부를 써 학습지로 만들어 오셨다. 네 가지의 상황이었는데 그 가운데 한 가지를 소개하면 다음과 같다.

---

한가로운 휴일 아침이었다. 빛나는 여유롭게 아침을 맞이하고 있었다. 따사로운 봄 햇살 아래 애완견 뽀미도 눈을 지그시 감고 낮잠을 즐기고 있었고, 빛나를 포함한 가족들은 모두 모여 차를 마시며 텔레비전을 보고 있었다.

'띵동!' 갑자기 방에 있던 빛나의 휴대폰이 울렸다. 문자가 온 모양이었다. 급하게 연락 올 곳이 없었기에 나중에 확인하기로 하고 그냥 두었다. 그런데, '띵동!' '띵동!' 연달아 2개의 문자가 더 왔다. 무슨 일이지? 문자의 내용이 궁금해서라도 더 앉아 있을 수 없었던 빛나는 서둘러 방으로 향했다.

---

이런 내용으로 학습지를 만들어 등장인물의 관계도를 그려 보고 줄거리를 써 보게 하였다.

## ▶ 이런 수업도 가능해요

수행 평가와 개인 활동, 모둠 활동을 적절히 나누려고 계획했다. 수행 평가로 시나리오 쓰기를 해서 우수작 6편을 골라 6개의 모둠을 만들었다. 시나리오가 좋아야 영상이 알차기 때문이다. 시나리오 쓰기의 수행 평가 채점 기준은 아래와 같다.

**수행 평가 – 시나리오 쓰기**
- ✓ 자신이 쓴 소설에서 5~7컷 분량의 주요 장면만 뽑아서 시나리오로 작성할 것.
- ✓ 5컷이 안 되거나 7컷이 넘는 경우 감점함.
- ✓ 5~7컷 안에 첫 장면과 결말을 포함하여 전체적인 줄거리가 드러나도록 장면을 구성해야 함.

**채점 기준표**

| | | |
|---|---|---|
| ① 주제 및 내용이 창의적인가? | 모두 만족 | 10 |
| ② 글이 통일성이 있으며 개연성을 고려하여 사건을 전개하고 있는가? | 5개 항목만 만족 | 9 |
| ③ 이야기의 흐름을 고려하여 장면을 적절히 나누었는가? | 4개 항목만 만족 | 8 |
| ④ 시나리오의 구성 요소들을 적절히 고려하여 작성하였는가? | 3개 항목만 만족 | 7 |
| ⑤ 영상 매체의 특성을 잘 이해하고 영상 매체로 제작하는 것을 고려하여 시나리오를 작성하였는가? | 2개 항목만 만족 | 6 |
| ⑥ 조건에 제시된 분량을 지켰으며 3분 정도의 영상 매체를 제작하기에 적합하게 작성하였는가? | 1개 항목만 만족 | 5 |
| | 모든 항 불만족 | 4 |

시나리오에 따라 작품 설명서를 작성해서 모둠 친구들이 어떤 내용으로 영상을 만들 것인지를 정리하는 시간을 가진 다음에 스토리보드를 작성했다. 평소에도 김소월의 시 『먼 후일』을 스토리보드로 작성하면서 어떤 상황인지, 인물이 어떤 말을 했을지 생각해 보는 활동을 했다. 교과서에 나온 박완서의 소설 『자전거 도둑』도 스토리보드로 작성해서 목소리 연기까지 해 보는 활동을 했다. 아이들이 스토리보드를 만들면서 상상하는 활동을 해 본 적이 있어서 낯설어 하지 않았다.

▶ 이런 수업도 가능해요   ↳ Enter

촬영 시간으로는 두 시간을 주었다. 다른 반의 수업에 방해가 되지 않도록 사전 안내를 했고, 모둠별로 활동 장소를 알려주면 교사는 순회하면서 확인했다.

편집해서 제출할 기한을 일주일 준 뒤 상영회를 열었다. UCC 상영회에서 서로의 작품을 감상하고 소감을 나누면서 수행 평가까지 했다. 다른 모둠의 작품을 보면서 개인별로 한 줄 평을 쓰도록 활동지와 자신의 활동 소감문 양식을 나눠 주었다. 모둠별 상영이 끝날 때마다 소감을 발표했고 교사의 평도 덧붙였다. 자신들도 제작을 해 본 뒤라 카메라의 움직임이나 연기에 대해서 아이들이 구체적으로 이야기했다. 학습지를 걷어서 모둠별로 정리해서 다시 나눠 주면서 반 친구들의 반응을 나눴다.

다른 반에서 만든 작품도 공유하자는 의견이 있어서 한 반에 대표작 한 작품씩 골라 10개 작품을 학기말 학년부에서 프로그램을 정해서 할 때 UCC 상영회를 가졌다.

# 유튜브와 SNS로 소통하기

장은주(서울 마곡중학교)

요즘 장래 희망이 '유튜브 크리에이터'라고 말하는 학생들이 점차 늘고 있다. 불과 몇 년 사이에 유튜브가 확산되기도 했고, 1인 크리에이터들이 지상파 텔레비전 프로그램[1]에 등장하고 있기도 하니 어쩌면 그리 놀랄 일도 아니다. 학생들은 태어나면서부터 스마트 환경에 익숙해지고 심지어 이제는 어르신들도 쉽게 스마트폰을 이용하고 SNS를 하니 말이다.

그런데 인터넷과 스마트 기기는 급속도로 확산되었지만 정작 우리 수업에서 인터넷의 속살에까지 접근하는 것은 쉽지 않다. 수업의 도구로써 인터넷과 스마트 기기를 활용하는 사례는 많지만, 인터넷의 특성을 이해한다거나 유튜브나 SNS 등으로 유통되는 정보의 속성을 분석하는 수업 사례는 많지 않다. 인터넷에 대한 내용이 교육과정에 구체적으로 명시되지 않기도 하거니와, 학생들이 교사들보다 인터넷에 관한 지식이나 경험이 훨씬 풍부하기에 교사들로서는 인터넷을 수업의 재료로 다룬다는 것이 어색할 수도 있다.

인터넷의 매체적 특징은 복합 양식성, 하이퍼텍스트성, 상호 작용성으로 요약된다. 인터넷은 디지털 기반 매체이기 때문에 디지털 방식으로 만들어진 멀티미디어 정보를 담을 수 있다. 텍스트, 이미지나 사진, 음성이나 소리, 동영상 등 다양한 양식으로 만들어진 자료를 하나의 화면에서 동시에 구현할 수 있다. 또한 한 점이 무수히 많은 다른 점들과 복잡하게 얽혀 있는 실타래처럼 인터넷에서는 정보와 정보가 얽혀 있다. 그리고 기존의 매체에서는 주로 일방향적으로 생각이나 정보가 전달되었다면 인터넷에서는 생산자와 사용자의 경계가 모호하고 생산자와 사용자, 사용자와 사용자 간의 소통도 활발하게 이루어진다.

사람들이 인터넷에서의 의사소통 활동에 참여하는 방식은 다양하다. 소극적인 소비자가 아니라 적극적인 생비자(생산자+소비자)로 참여할 수도 있다. 그런데 인터넷 공간에서 누구나 방송국을 운영하거나 글을 올릴 수도 있다 보니 사용자들이 이용할 수 있는 수준을 훨씬 넘어선 정도로 정보가 넘쳐 난다는 문제가 생겼다. 인터넷 이용자가 급증하면서 음란물이나 불법 저작물을 유통시키는 문제도 있다. 우리 삶의 일부가 되어 버린 인터넷을 현명하게 이용하려면, 자신에게 필요한 정보를 찾아서 효과적으로 이용하고, 자신이 수집한 정보가 어떤 관점에서, 어떻게 만들어졌는지, 신뢰할 만한지 등을 따져보며 비판적인 안목으로 받아들이는 태도가 필요하다.

기존의 교육 내용과 연결 지어 보면, 인터넷과 관련된 핵심 개념으로 저작권 및 초상권 준수 등을 떠올리기 쉽다. 이것은 윤리적 측면의 내용으로, 학생들에게 꼭 필요한 지식이다. 하지만 이것 외에도 인터넷을 이해하고 사용하는 데 필요한 지식과 기능이 있다. 우선 인터넷을 이용하여 자신에게 필요한 정보에 적절하게 접근할 수 있어야 한다. 검색 도구는 무엇으로 할지, 검색어는 어떻게 설정할지, 정보를 얻을 출처는 무엇으로 할지 말이다. 또 인터넷 매체를 통해 전달된 정보가 신뢰할 만한 것인지, 그 정보에 담긴 의도가 무엇인지, 어떤 사람들을 겨냥한 것인지를 분석할 수 있어야 한다. 그리고 블로그나 SNS로 무엇인가를 표현할 때에는 전체 내용을 어떻게 구성할지, 제목을 어떻게 지을지 또 내용을 효과적으로 전달하기 위해 글꼴이나 글자 크기, 글자 색을 어떻게 설정할지, 텍스트의 내용에 따라 어떤 이미지를 함께 배치할지, 어떤 내용에, 어느 출처의 정보로 하이퍼텍스트를 설정할지 등을 고려할 수 있어야 한다.

국어과 교육과정에서 인터넷과 관련된 성취기준으로는 중학교 단계에서 [9국02-08], [9국03-08], [9국03-10], 고등학교 1학년에서 [10국02-02], [10국03-05], 선택 과목인 『언어와 매체』에서 [12언매03-01], [12언매03-05], [12언매04-04] 등이 있다.*관련 성취기준의 내용은 1부 2장 참조

[9국02-08]는 글을 읽으면서 관련된 자료를 찾기 위해 인터넷을 활용하는 활동을, [9국03-08]는 인터넷의 매체 특성을 고려해서 자신의 생각을 표현하는 활동을 포함한다. 특히 [9국03-10], [10국03-05]는 인터넷상의 글쓰기에서 지켜야 하는 쓰기 윤리를 다룬다. 이 외에도 [12언매03-01], [12언매03-05]에는 인터넷이 명시되지 않았지만, 이 성취기준을 근거로 인터넷에서의 의사소통의 원리를 이해하고 활용하기 위한 활동을 할 수도 있다. 하지만 각종 웹사이트, 유튜브, SNS 등에서 이루어지는 소통에 참여하기 위한 구체적인 방법이 교육과정에 제시되어 있지는 않다. 교과서에도 학생들이 사용하는 인터넷 매체를 다룬 단원이나 바탕글이 없었다. 그래서 다양한 관점에 대해 다루는 단원을 학습하면서 인터넷 매체를 대상으로 분석하는 활동을 구안해 보았다.

유튜브 방송을 바라보는 시선은 크게 '재미'와 '걱정'으로 나눌 수 있을 것이다. 유튜브 방송에는 먹방, 생활 정보, 게임, 수다 등 무수히 많은 종류의 콘텐츠가 있다. 사용자들은 특정 정보를 얻기 위해 유튜브 방송을 보지만 때로는 그냥 재미로 보는 경우도 많다. 한편 혐오 표현이나 선정적 혹은 폭력적인 내용, 일부 유튜버의 부도덕성 등으로 인해 유튜브를 우려의 시선으로 바

라보는 사람들도 있다.

　필자 역시 전자보다는 후자에 가까웠던 터라 인터넷을 과연 수업에 가져올 수 있을까 하는 걱정이 앞섰다. 학생들은 교사에게 유튜브 방송 내용을 직접 언급하지는 않더라도, 일부 유튜버의 말을 일상생활에서 습관적으로 사용하곤 했다. 필자도 그 말을 무심코 따라 했다가 그 유튜버의 실체를 알고는 괜히 부끄러워진 적도 있다. 하지만 유튜브가 끼칠 부정적인 영향만을 걱정하여, 학생들이 못 보게 막으려고만 하기보다는 차라리 학생들과 함께 유튜브 방송에 대해 제대로 따져 보는 것이 낫겠다는 생각이 들었다. 그래서 다양한 관점에서 인터넷 매체를 분석하는 수행 활동을 계획하기 시작했다.

　처음에는 모둠별로 유튜브 방송을 만들어 보고, 상호 평가를 하는 활동을 해 볼까 했다. 그런데 유튜브 채널에 대한 분석도 없이 무작정 제작 활동을 하게 되면, 아무런 의미 없이 기존의 방송을 답습하게 될 것 같았다. 그리고 학생들의 결과물을 웹 공간에 올리는 것이 걱정되기도 했다. 학생들은 인터넷 공간에 자신을 드러내는 것에 두려움이 거의 없다. 그것은 자신을 잘 표현할 수 있는 바탕이 되겠지만, 한편으로는 인터넷의 파급력이나 개인 정보 보호의 필요성에 대한 인식이 부족하기 때문은 아닌가 싶었다. 그래서 우선은 무엇을 만들고 표현하기 이전에 이해하고 분석하는 활동이 이루어져야 한다는 생각이 들었다.

　그래서 우선 인터넷 매체를 분석하기 위한 틀을 마련하기로 했다. 인터넷 매체를 분석하기 위한 질문들은 미디어 교육의 주요 범주에 따라[2] '제작자, 재현, 언어, 수용자'로 구성했다. 그런데 중학생들에게는 이 용어가 낯설고 어려울 것 같아서 각각 '제작자, 내용, 형식, 사용자구독자'라고 바꾸고, 세부 질문들을 만들었다.

국어과의 학습 활동들은 학생들에게 글을 어떻게 읽어야 하는지, 문학 작품을 어떻게 감상해야 하는지를 안내하는 길잡이 역할을 한다. 그런 것처럼 국어 수업에서 하는 활동들을 통해 미디어가 어떤 성격을 갖고 있는지, 미디어를 어떻게 분석해야 하는지를 학생들이 경험을 통해 익히게 하고 싶었다.

## 1 인터넷 수업의 실제

교과서의 두 개 단원 성취기준을 살펴보고, 내용을 재구성해서 수행 평가 계획을 세웠다. 소단원으로 구성된 성취기준들 중 일부를 고른 다음, 인터넷 기반 매체를 하나 정하여 분석하고, 매체 자료로 발표하는 활동을 하기로 했다.

### 수업 개요

- 대상: 중학교 2학년
- 성취기준(2009 개정 교육과정)

| 번호 | 성취기준 |
|---|---|
| 듣기·말하기(9) | 사회적으로 의미가 있는 내용을 매체 자료로 구성하여 발표한다. |
| 읽기(2) | 글이나 매체에 제시된 다양한 자료의 효과와 적절성을 평가하며 읽는다. |
| 읽기(7) | 동일한 대상을 다룬 서로 다른 글을 읽고 관점과 내용의 차이를 비교한다. |

- 학습 목표
  1. 인터넷 매체의 특성을 이해하고, 자신이 사용하는 인터넷 매체를 비판적으로 분석한다.
  2. 내용을 통일성 있게 구성하고 매체를 효과적으로 활용하여 발표한다.
- 활동 방식: 인터넷 기반 매체 분석하기(모둠 협력 학습)
- 수행 시기: 2018학년도 1학기(6월 둘째 주~셋째 주)
- 평가 방법: 수행 평가(모둠 평가 및 개인 평가)
- 차시: 총 4차시

### (1) 1차시: 매체 정하기

　첫 시간에는 과제를 설명하고, 모둠별로 분석할 매체를 정하도록 했다. 우선 각자 즐겨 사용하는 인터넷 매체에 대해 이야기를 나누어 본 다음, 모둠별로 한 가지를 정하고 그 매체를 정한 이유를 쓰게 했다. 인터넷 매체로는 유튜브 채널만이 아니라 SNS, 웹사이트 등 다양하게 생각해 보도록 했다. 혹시나 부적절한 매체를 정하거나 그저 재미만을 추구하면 어쩌나 내심 조마조마하기도 했다. 분석할 매체를 빨리 정하고 바로 분석을 시작하게 될 줄 알았는데, 매체를 정하는 과정은 의외로 오래 걸렸다. 한 모둠에서도 몇 개의 유튜브를 거의 매일 보는 학생이 있는가 하면 유튜브를 거의 이용하지 않는 학생도 있었다. 유튜브를 즐겨 보는 학생들이 모둠 안에 있더라도 서로 보는 방송이 달랐다. 간간이 "그건 너무 심하잖아.", "분석할 내용이 없을 것 같아."라는 말도 들려왔다.

　1인 방송은 콘텐츠가 다양하다는 것이 특징이다. 사용자는 자신의 목적과 취향에 따라 방송을 선택할 수 있다. 그러니 한 교실 안에서도 유튜브 소비의 양상이 다양할 수밖에 없었다. 물론 '도티 TV'처럼 대부분의 학생들이 익히 잘 알고 있는 방송도 있었지만, 그런 방송들을 최근까지 즐겨 보는 것은 아닌 것 같았다. 수행 평가로 분석할 대상을 정하려니, 식상한 방송, 의미 없는 내용만 이어지는 방송, 자극적이거나 선정적인 방송들은 모두 제외되었다.

　10~20분 정도의 논의 끝에 학생들이 선정한 매체 대부분은 필자도 처음 들어본 것이었다. 필자가 맡았던 3개 반5~7반의 19개 모둠에서 정한 매체는 유튜브 채널 14개, 홈페이지 3개였다. 이 매체들이 다룬 소재는 음악이나 영화, 게임, 일상의 재미, 먹방 등으로 나누어 볼 수 있다. 학생들이 선정한 매체

를 다음 표와 같이 정리해 보았다(괄호 안은 학급).

| 소재<br>인터넷 매체 | 영화/음악 | 게임 | 일상의 재미 | 먹방 | 기타 |
|---|---|---|---|---|---|
| 유튜브 채널 | 쥐픽쳐스(5)<br>리뷰엉이(7)<br>J.fla(7) | 뜨뜨뜨(6)<br>서울어묵(6) | 공대생(5, 5)<br>이환(5)<br>재넌(5)<br>소근 커플(6)<br>유정호 TV(7) | 밴쯔(6, 7)<br>영국 남자(6) | 이슈왕(5)<br>퇴경아 약 먹자(6) |
| 홈페이지 | 멜론(6)<br>마블 블로그(7) | | | | 넷기어(7) |

대부분은 유튜브 채널이었지만 홈페이지를 분석하기로 한 모둠도 있었다. 논의를 하면서 매체를 정하지 못한 모둠에게는 필자가 알고 있던 유튜브 채널인 '쥐픽쳐스'와 '리뷰엉이'를 추천하기도 했다. 학생들이 일상적으로 즐기는 인터넷 매체는 주로 게임, 일상의 재미, 먹방, 음악이나 영화를 다루는 것들이었다. 기타로 분류한 인터넷 매체들은 주로 분석을 위해 새롭게 찾아본 것들이었던 셈이다. 이 중 '공대생', '이환', '재넌'은 일상의 재미를 다루면서 먹방을 하기도 한다.

그런데 인터넷 매체를 정할 때, 분위기가 남달랐던 반이 있었다. 학생들은 수군거리면서 어떤 단어를 말했는데, 유튜브 방송의 제목이었다. 알고 보니 학생들이 했던 말은 그 반의 건우가(명가 하는 유튜브 방송이었다. 건우는 방송을 시작한 지 얼마 되지는 않았지만, 학생들 사이에서 입소문이 났던 것이다. 그다지 특별할 것 없는 내용이지만 또래들이 보기에는 재미있었던 것 같았다. 결국 건우네 모둠에서는 건우의 유튜브 방송을 분석해서 발표하기로 했다.

필자 역시도 첫 시간이 끝나고 나서 호기심에 건우의 유튜브 방송을 들어

가서 살펴보았다. 게임하는 영상이나 자신의 방을 소개하는 영상이 나왔다. 특별히 뭘 준비했던 것 같지도 않고, 별 내용도 없는 것 같아서 솔직히 '이런 걸 도대체 누가 볼까?', '왜 이런 것을 찍었을까?' 하는 생각이 들었지만, 수업 시간에는 그런 티를 내지 않았다. 다만, 다음 수업 시간에 건우네 모둠에 가서는 건우의 영상을 보았다면서 괜히 아는 척을 하기도 했다.

건우의 영상을 살펴본 김에 학생들이 정한 방송들 중 내용을 예측하기 어려웠던 것들은 포털 사이트에서 검색하여 언론에 보도된 사회적으로 문제가 된 것은 아닌지 확인하기도 하고 방송 메인 화면을 대강 살펴보기도 했다. 혹시나 감당하기 어려운 장면들이 포함되었을까 봐 걱정하기도 했는데, 아주 심각한 문제들은 보이지 않았다. 물론 유튜버 개인의 문제점들이 보이기도 했는데, 그런 문제점들은 수업 시간에 나눌 이야깃거리로 생각해 두었다.

모둠별로 매체를 정한 다음에는 학습지에 있는 물음에 답하며 그 매체에 대해 분석해 보도록 했다. 학생들은 학습지의 질문에 답을 하는 데 대체로 어려움을 느끼는 것 같았다. 그래서 질문의 내용을 풀어서 설명해 주거나 모둠별로 진행 상황을 보며 도움말을 해 주었다. 아래는 학습지의 질문을 간단히 정리한 것이다.

| 구분 | 질문 |
| --- | --- |
| I.<br>제작자 | ① 누가 만들었나요? 제작자에 대한 정보(나이, 성별, 소속, 특성 등)를 메모해 봅시다.<br>② 제작자는 믿을 만한가요? 제작자는 다루고 있는 주제에 대해 잘 알고 있나요? |
| II.<br>내용 | ③ 이 매체에는 어떤 가치, 생활 방식, 관점이 반영(혹은 생략)되어 있나요? 제작자가 매체를 만들면서 특히 중요하게 생각하는 것은 무엇인가요?<br>④ 주제나 표현 방식이 비슷한 다른 매체와 비교해 봅시다. 다른 매체와 비교할 때 이 매체의 특징은 무엇인가요? |

| | |
|---|---|
| Ⅲ.<br>형식 | ⑤ 사용자에게 의미를 명확하게 전달하기 위해 어떤 시각 이미지(사진, 그림, 영상, 색상 등)나 음향, 자막(글자 크기, 글꼴, 문구 등)을 선정하였나요? 그것은 효과적인가요?<br>⑥ 사용자의 인식이나 지식, 태도에 맞는 내용을 선정하였나요? 사용자를 고려한 언어 표현을 사용하고 있나요? |
| Ⅳ.<br>사용자<br>(구독자) | ⑦ 사용자는 어떤 사람들인가요? 어떤 사람들을 대상으로 만들어졌나요?<br>⑧ 이 매체를 이용하는 사람들은 이 매체의 내용을 어떻게 이해하나요? 사람들의 반응은 어떠한가요? |

첫 번째로 제작자에 대한 물음에서는 제작자가 어떤 의도나 목적을 가지고 그런 방송을 하는지, 제작자가 방송 주제에 대해 잘 알고 있는지 등을 판단해 보도록 했다. 학생들은 우선 위키피디아나 포털 사이트 등을 이용해서 제작자에 대한 구체적인 정보를 찾아 정리했다. 제작자 개인의 전공이나 직업을 바탕으로 주제에 대해 잘 알고 있는지 여부를 판단해 보기도 했다. 유튜버가 비전문가이거나 허위 정보를 다룬다거나 기업의 협찬을 받고 있는 경우라면 이것저것 따질 수 있을 법도 했는데, 학생들이 '재미'로 본다는 방송들의 유튜버는 일상생활에서 각종 실험을 보여 주는 공대생'공대생'이거나 가끔 아이돌 댄스를 추기도 하지만 의약품에 대한 정보를 올리기도 하는 약사 '퇴경아 약 먹자'이거나 게임 방송을 하는 게이머'뜨뜨뜨뜨', 유명한 곡을 자기만의 방식으로 불러서 올리는 가수'J.Fla'였다.

두 번째는 내용에 관한 것으로, 정보가 신뢰할 만한지, 어떤 관점이나 가치관을 반영하고 있는지, 공정하게 대상을 바라보는지 등에 대한 질문들을 학습지에 넣었다. 미디어를 비판적으로 이해하기 위해 필수적인 질문들인데 학생들은 이 영역의 질문들을 가장 어려워했다. 특히 '이 매체에는 어떤 가치, 생활 방식, 관점이 반영(혹은 생략)되어 있나요?'라는 질문에는 제대로 답을 하기 어려워했다. 각 모둠을 다니며 이 질문을 다시 풀어서 설명해 주기는 했지만 그것으로는 부족했다. 방송에 담긴 고정 관념이나 편견, 제작자의 가치관 등을 파악해 내는 데에는 여러 자료들을 살펴보며 깊이 생각해 보는 과정이 필요하겠다 싶었다. 제작자나 방송에 대한 검색을 하면서 제작자의 부도덕한 태도나 방송 운영에서의 비윤리적인 방식 등이 문제시된 경우에는 그것을 발표할 내용으로 삼기도 했다.

세 번째는 형식에 관한 것으로 자막, 언어 표현, 호칭, 구독자의 시선을 끌기 위한 전략 등을 찾아보도록 했다. 유튜브와 홈페이지는 표현 방식이 다르기 때문에 분석할 요소에 대해서는 좀 더 구체적으로 안내해야 했다. 홈페이지를 분석하는 모둠에서 형식에 대한 질문을 하기에, 그 홈페이지의 상단과 하단 등 전체 구성을 살펴본 다음, '회사 소개' 페이지를 읽어 보고 생각이나 정보를 어떤 방식으로 전달하는지 찾아보도록 했다.

마지막으로 네 번째는 사용자에 관한 것인데, 유튜브 방송에서는 구독자 수를 우선 확인하도록 했다. 그 구독자들이 그 방송을 어떻게 받아들이고 반응하고 있는지도 확인해야 하는데, 구독자층에 대한 정보나 전반적인 반응을 일반 사용자가 살피는 것은 어려웠다. 대신 학생들에게는 방송에 달린 댓글이나 홈페이지의 사용자 게시판이나 Q&A 등을 꼼꼼하게 살펴보면서 사람들이 그 매체를 어떻게 받아들이고 있는지를 생각해 보도록 했다. 댓글 중에 특징적인 것이 있다면 발표 자료에 포함시킬 수 있다고도 안내하니 학생들은 댓글을 더욱 꼼꼼하게 살펴보았다. 방송을 보고 분석하는 학생들 자신도 사용자이기 때문에 "너희들은 어떻게 생각하니? 다른 사람들의 댓글 말고 너희들의 생각을 말해 봐."라는 말을 거듭하면서 모둠원들의 생각이나 느낌도 발표 자료에 포함하도록 했다.

## (2) 2차시: 개요 작성하기 / 3차시: 대본 완성하기

2차시에는 1차시에 분석했던 내용을 바탕으로 해서, 발표할 원고의 개요를 작성하고 각자 발표할 부분을 나누었다. 발표 원고의 개요는 1차시 학습지에서와 같이, 'Ⅰ. 제작자 → Ⅱ. 내용 → Ⅲ. 형식 → Ⅳ. 구독자' 순으로 작성하는 경우가 많았는데, 개요는 다양한 방식으로 변형할 수 있고, 모둠별로 1차시 학습지에 없는, 새로운 내용 한 가지를 반드시 추가하도록 했다.

개요를 쓰고 대본을 작성하는 동안, 모둠별로 스마트폰 2대를 이용할 수 있도록 했다. 전원이 스마트폰을 이용하거나 컴퓨터실에서 자료를 찾으면 함께 논의를 하기보다는 각자 자료를 찾는 데만 집중할 수 있기 때문이다. 교실에서 와이파이를 사용할 수 없었기 때문에 인터넷 공유기를 들고 갔는데, 인터넷 공유기로는 스마트 기기를 최대 8대밖에 쓸 수 없었다. 그나마도 때로는 작동을 하지 않을 때가 있어서 학생들이 데이터를 써야 하는 상황이 생기기도 했다.

발표하는 날 아침까지 발표 대본을 메일로 보내도록 했다. 학생들은 각자 발표 대본을 작성해서 모둠장에게 보내고, 모둠장은 그것을 파일 하나로 만들어서 교사에게 메일로 발송하도록 했다. 다음은 발표 대본 중 일부 내용을 발췌한 것이다.

> 정○○: '이슈왕'에 대한 정보는 아직 밝혀진 바가 많이 없습니다. 소문에 따르면 남자라는 것 외에 전혀 알 수가 없어요. 그리고 '이슈왕'에 대한 신뢰성은 조금 떨어집니다. 출처도 거의 나오지 않기 때문이죠. 그래도 우리가 알면 좋을 만한 정보는 많이 나와 있습니다.
> 이○○: 영상 속 정보는 대부분 출처가 불확실하나 통계 자료를 쓸 때는 출처를 꼭 명시하는 편입니다. 일단 이 매체의 가치는 우리가 다 챙겨 보기 어려운 우리 사회의 이슈가 되는 사건들을 풀어서 정리해 3분 남짓하는 영상

에 담아냈다는 것에 있습니다. 개인 관점이 포함되어 있는 영상이 아닌 것도 있는데, 관점이 포함되어 있는 경우에도 항상 중립을 유지하고 있습니다. 이 매체는 주로 연예계 뉴스를 많이 다루는 편입니다. 이것을 나쁘게 보면 과도한 관심 끌기라고 볼 수도 있고, 좋게 보면 주로 젊은 연령층인 사용자를 고려했다고 볼 수도 있습니다. 이와 비슷한 주제를 다루고 있는 다른 채널로 '이슈텔러'가 있는데, '이슈텔러'는 주로 동영상을 사용하지만 '이슈왕'은 사진을 주로 사용한다는 것, '이슈텔러'는 긴 제목을 붙이지만 '이슈왕'은 짧은 제목을 단다는 것, 그리고 '이슈텔러'는 사용자를 애칭으로 부르거나, SNS를 한다거나 하는 방식으로 사용자와 더 친밀하게 소통하려고 한다는 차이점이 있습니다.

5반 5모둠 발표문('이슈왕') 중

---

윤○○: (중략) '뜨뜨뜨뜨'는 과거 게임 방송인 트위치에서 유명 스트리머로 활동을 하였다. 당시 '뜨뜨뜨뜨'는 트위치 뷰봇 사용 논란으로 지금은 채널이 삭제된 상태이다. 트위치 뷰봇은 시청자 수와 팔로워 수를 조작하는 프로그램으로 시청자 수에 많은 영향을 받는 인터넷 방송 프로그램인 만큼 사용하게 되면 인터넷 방송 전체에 치명적인 영향을 끼칠 수 있기 때문에 채널이 삭제되었다. (중략)

최○○: (중략) '뜨뜨뜨뜨' 채널의 특징은 무엇이 있을까요? '보겸'이라는 게임BJ와 비교하여 한번 특징을 찾아보겠습니다. 먼저, '보겸'은 게임 BJ로써 배틀그라운드 게임 방송을 주로 업로드 하지만, 배틀그라운드를 제외한 다른 영상들도 업로드 합니다. 하지만 '뜨뜨뜨뜨'는 오직 배틀그라운드 영상만 업로드 합니다. 두 번째 차이점은 시청자들과 그 시청자들이 방송을 보는 관점입니다. '보겸'을 보는 시청자들은 게임 영상을 보는 재미를 느끼기 위해 방송을 시청하고, '뜨뜨뜨뜨'를 보는 시청자들은 '뜨뜨뜨뜨'의 실력만을 보기 위해 방송을 시청합니다. 마지막으로, '보겸'은 매번 유튜브 이벤트를 하지만, '뜨뜨뜨뜨'는 유튜브 이벤트를 포함한 어떠한 이벤트도 하지 않습니다. 공통점으로는 배틀그라운드 게임 방송을 업로드 한다는 점과 아프리카TV에서 방송을 진행한다는 점입니다. 이 공통점과 차이점을 보아, '뜨뜨뜨뜨'는 배틀그라운드 등의 게임을 매우 잘하는 게임 BJ라고 말할 수 있겠습니다.

6반 7모둠 발표문('뜨뜨뜨뜨') 중

학생들은 수업 시간에 각자 대본을 작성해서 모둠장에게 넘기거나 방과 후에 SNS로 대본을 작성해서 모둠장에게 전하기도 했다. 자신이 담당한 내용의 슬라이드도 각자 작성해서 모둠장에게 보냈다. 그런데 각자 맡은 부분만 끝내면 된다고 생각해서인지, 어투가 일관성이 없거나 내용 연결이 조금은 부자연스러운 경우도 있었다.

대본과 함께 발표를 위해 모둠별로 PPT 자료도 준비하도록 했다. 발표하기 전에 PPT는 교실 컴퓨터에 미리 저장하고, 발표할 때는 가급적 대본을 보지 않고 발표할 수 있도록 연습을 하게 했다.

5반 3모둠은 즐겨 보던 방송을 분석 대상으로 삼았다. 학생들은 발표 준비를 하면서, '그냥 재미있어서' 봤을 뿐인 방송을 두고, 소재가 무엇인지, 재미를 주는 요소는 무엇인지, 제작자는 방송을 위해 어떤 준비를 하는지, 사람들은 왜 이 방송을 좋아하는지를 자기들의 방식으로 설명했다.

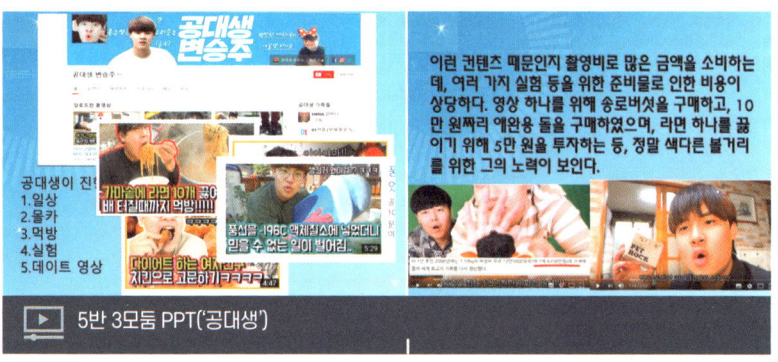

▶ 5반 3모둠 PPT('공대생')

5반 1모둠도 평소에 즐겨보던 유튜브 방송을 분석 대상으로 삼았다. 유튜버에 대한 소개, 방송의 소재와 특징 등을 소개한 다음에는 방송 내용과 제목을 다르게 붙인다든지, 개인적인 문제를 SNS에 공개하여 사람들이 보게 하고, 유튜버 개인의 생활 방식이나 가치관에 관한 문제점을 지적하기도 했다.

### (3) 4차시: 발표 및 평가하기

각 모둠이 발표하기 전, A4 절반 크기의 학습지를 학생들에게 나누어 주었다. 앞면은 상호 평가지이고 뒷면은 소감을 간단히 작성하는 공간을 만들었다. 각 모둠의 발표를 들으며 서로 평가해 보도록 하고, 각자 1회 이상 질문을 하도록 했다. 상호 평가를 위해 제시한 평가 항목은 아래와 같다.괄호 안의 숫자는 각 항목의 배점

- ✔ 다양한 측면에서 분석했나? (5)
- ✔ 모둠의 관점이 드러났는가? (5)
- ✔ 쉽고 명료하게 발표하였나? (4)
- ✔ 매체 자료를 효과적으로 작성하였나? (3)
- ✔ 협력이 원활하게 이루어졌는가? (3)

건우네 모둠에서는 건우가 첫 번째로 나와 제작자에 대해 발표하기로 했다. 그 누구보다 잘 발표할 수 있는 내용이니 당연한 선택이었던 셈이다. 2차시에 발표할 내용을 마련하면서 건우는 자신도 몰랐던 새로운 정보를 발견하기도 했다. 건우가 스마트폰으로 자신의 유튜브를 살펴보다가 방송 관리자

로서 자기 방송을 구독하는 사람들의 성별, 연령대 등을 확인한 것이다. 건우네 모둠에서는 그 자료를 갈무리해서 발표 자료에 넣기로 했다. 그리고 그 모둠의 마지막 발표자가 그 자료를 활용해서 구독자에 대한 분석 결과를 발표하기도 했다.

▶ 유튜브 채널 분석 결과 발표(제작자)　　▶ 유튜브 채널 분석 결과 발표(사용자)

발표를 하며 학생들은 새로운 용어들을 자유롭게 사용했다. 한 모둠의 발표자는 'ASMR'이라는 말을 자연스럽게 사용하면서 발표를 했는데, 발표가 끝나고 'ASMR'을 모르는 사람도 있을 테니 설명해 주면 어떻겠냐고 했다. 그러자 앉아서 발표를 듣고 있던 학생들 중 몇몇이 보충 설명을 해 주기도 했다. 발표를 듣던 학생들은 매체에 사용된 비속어나 과도한 행동, 소위 '어그로'라고 불리는 낚시성 제목 등을 비판하기도 했다. 유튜브 크리에이터가 하는 행동이 적절했는지의 문제, 트위치 뷰봇 등으로 조회 수를 높이는 문제 등에 대한 질의응답이 오고 가기도 했다.

　전체 모둠의 발표가 끝난 다음에는 인터넷 매체를 분석하여 발표하고, 다른 모둠의 발표를 들으면서 알게 된 점이나 느낀 점을 써 보도록 했다.

우선, 다른 모둠의 발표를 들으면서 새로운 사람들을 많이 알게 되었다. 예를 들면 '뜨뜨뜨뜨'나 '밴쯔' 같은 경우 내가 잘 모르던 사람들인데 그 사람들의 직업 등에 대해 알 수 있었다. 그러나 이보다 더 중요한 것은 다른 친구들이 인터넷 기반 매체에 대해 어떻게 생각하는지 알 수 있었다는 점이다. 나는 개인적으로 인터넷 기반 매체를 통해 방송하는 사람들을 좋아하지 않는다. 여러 가지 문제가 많이 일어나는 것 중 하나가 그러한 사람들 때문인 것과 이를 통해 나쁜 정보나 옳지 않은 정보를 접할 수도 있기 때문이다. 그러나 이번에 분석을 하고, 친구들의 이야기를 들어보니 인터넷 기반 매체를 이용할 때 옳은 정보인지 아닌지 비판적으로 바라보고, 스스로 판단할 수만 있다면 큰 문제가 없을 것이라 생각하게 되었다. 앞으로 인터넷 기반 매체를 이용할 때 위의 유의점을 항상 생각하며 이용해야겠다.

6반 양○○

애들이 발표한 것 중에서, 평소 굉장히 싫어하던 스타일의 유튜버가 몇몇 있었는데 그 이유가 자극적이고 관심만 끄는 제목, 조금 부적절한 내용을 담고 있다고 들어서였다. 실제로 유튜브를 보면서 가끔 목격하기도 했고……. 그런데 발표를 들어보니 내가 몰랐던 좋은 면도 있는 듯해서 놀랐다. 애들이 조금 순화해서 발표해 준 걸 수도 있지만 사실 좋은 면이 1개도 없을 거라고 생각하고 있었기 때문이다.

또 내가 평소에 가끔 보던, 우리가 발표한 유튜브 채널을 조사하다 보니 안 좋은 면도 좀 보이고, 출처를 밝히지 않았다는 것 등을 알게 되었을 때 굉장히 놀랐다. 당연하게 믿고 있었는데……. 인터넷 기반 매체를 사용할 때에는 출처를 밝혔는지 꼭 확인하고, 매체가 전달하는 내용을 무조건 수용만 하는 게 아니라 비판적으로 받아들일 수 있어야 한다고 생각하게 되었다.

6반 문○○

각 모둠이 준비한 원고와 발표, 개인이 작성한 학습지와 소감문을 바탕으로 평가를 했다. 평가 방법은 1차시에 안내를 하고, 학습지에 평가 기준을 포함시키기도 했는데, 평가 기준은 다음과 같다.

| | 평가 기준 | 배점 |
|---|---|---|
| 모둠 | ㉠ 제작자, 내용, 형식, 사용자 측면을 모두 고려하여 분석하였는가? | 5 |
| | ㉡ 모둠의 생각이나 관점이 드러나는가? | 5 |
| | ㉢ 청중을 고려하여 쉽고 명료하게 발표 내용을 전달하였는가? | 4 |
| | ㉣ 매체 자료를 효과적으로 작성하고 사용하였는가? (제출 기한 준수 포함.) | 3 |
| | ㉤ 준비와 발표 과정에서 모둠원 간 협력이 원활하게 이루어졌는가? | 3 |
| 개인 | ㉥ 발표할 내용을 성실하게 작성하였는가? (학습지) | 5 |
| | ㉦ 다른 모둠의 발표를 적극적으로 들었는가? | 5 |
| 합계 | | |

## 2 수업을 마치며

 필자로서는 낯설기만 했던 유튜브를 수업의 재료로 끌어온 것만으로도 의미가 있었다. 학생들이 발표하는 내용을 듣지 않았다면, 인터넷 매체에 대해서는 여전히 보호주의적 관점을 취했을지도 모른다. 학생들의 발표를 들어 보니 한 반, 한 모둠 안에서도 유튜브의 소비 양상이 다양하고, 유튜브를 바라보는 관점도 다양했다. 꺼내 놓고 함께 이야기해 보니 또 다양한 관점에서 유튜브 방송에 대해 생각해 볼 수 있었다.

 하지만 몇 가지 아쉬움이 남는다. 우선 모둠 편성 과정에서 학생들의 관심을 좀 더 고려하지는 못했다. 우리 학교는 기본적으로 모든 학급이 ㄷ자로 좌석 배치를 하고 거의 모든 시간을 모둠으로 앉아 있기 때문에 모둠 구성에 대해 깊이 고려하지는 않았다. 원고를 쓰고 발표 자료를 구성하는 등의 기본적인 수행 능력면에서는 모둠 편성이 대체로 균등하게 이루어지기는 했지만, 정작 이번 수행 활동에서 중요한 학생들의 관심사와 인터넷 이용 양상을 고려해서 모둠을 편성하지는 못했다. 만약 학생들의 인터넷 이용 양상을 미리 고려했다면, 인터넷 이용 양상이 비슷한 학생들끼리 혹은 관심 분야가 비슷한 학생들끼리 모둠을 편성하여 더 깊이 탐구하면서 다양한 매체들이 선정되었을 수도 있을 것이다. 그리고 질의응답도 더 활발하게 이루어질 수 있었을 것이다.

또 하나 아쉬운 점은 학습 내용과 질문을 좀 더 다듬을 필요가 있었다는 것이다. 이 수행 평가의 근거가 되는 교육과정과 교과서의 단원은 '관점'의 차이가 주요 학습 내용이었기 때문에 인터넷 매체의 특성까지는 다루지 않았다. '관점'에 대한 학습에 이어서 진행한 수행 평가라서 제작자의 관점, 가치관까지 파악했으면 했는데, 그것까지는 좀 어려웠던 것 같다. 모둠에서 분석할 매체를 정하면서 매체를 선택하고 배제할 때 무엇을 고려하였는지를 써 보도록 하고, 매체의 내용을 분석하기 위한 질문을 좀 더 쉽게 구성했다면 좋았을 텐데 하는 아쉬움이 들었다.

### 3 더 학습할 주제들

학생들은 교사보다 인터넷 환경에 더 익숙하고 디지털 기기를 능숙하게 다룬다. '그냥' '재미'로 즐긴다. 하지만 왜 그것을 보게 되는지, 재미를 느끼는 요소가 무엇인지, 제작자가 어떤 의도를 갖고 있고, 그 매체가 자신에게 어떤 의미가 있는지, 자신이 이 매체를 만든다면 그때는 어떤 전략을 사용할 수 있는지 등에 대해서는 분명 따져 볼 필요가 있다. 단일 양식으로서의 글뿐만이 아니라 복합 양식으로서의 인터넷 매체 또한 우리 교육에서 학생들과 함께 따져 보고, 얘기해 보아야 할 중요한 학습 대상이다.

앞서 인터넷 매체를 비판적으로 이해하는 활동을 살펴보았는데, 인터넷을 통한 의사소통에 참여하고 인터넷 매체를 생산하는 활동에 대한 학습도 중요하다. 직접 인터넷 방송이나 블로그 등을 제작·공유하는 활동을 하고 그

과정에서 자신이 느꼈던 점과 유의할 점이 무엇인지를 생각해 보도록 할 수 있다. 특히, 인터넷에서는 누구나 정보의 생산자가 될 수 있고, 그 정보가 무한히 복제되며 강한 파급력을 지닐 수 있기 때문에 미디어 윤리 측면의 학습이 매우 중요하다. 사이버 폭력이나 지식 재산권 침해와 같은 문제가 적잖이 발생하고 있는 현실을 고려할 때 이 점은 꼭 짚어 봐야 할 문제이다.

    교실 안에서 인터넷을 사용하지 않더라도 최근 중요하게 논의되는 뉴스를 소재로 하여 인터넷 문화에 대한 토론을 하면서 인터넷에 대한 학습을 할 수도 있다. 예컨대 '정보 공유와 저작권 보호, 무엇이 더 중요한가?', '인터넷 상의 혐오 표현혹은 유해 사이트을 법으로 규제해야 하는가?', 'SNS는 인간관계를 형성하는 데 도움이 되는가?' 등과 같은 주제로 토론을 할 수도 있다. 학생들이 인터넷 기반 의사소통과 관련한 논의 주제를 찾기 어려워할 경우 신문 기사나 칼럼, 방송 등을 제시하거나, 학생들이 제시한 사례들을 종합 정리한 다음 모둠별로 선택하도록 할 수도 있을 것이다.

## ▶ 이런 수업도 가능해요    ↳ Enter

✚ 송여주, 이세진(경기글로벌통상고등학교)

 영화 읽고 인터넷 문화 성찰하기

　인터넷의 익명성과 그로 인해 발생하는 무분별한 악플, 신상 털기 등이 영화의 소재가 되기도 했다. 영화 「소셜포비아」홍석재 감독, 2015는 인터넷에서 벌어진 시비로 일어난 사건의 의혹을 파헤쳐 나가는 이야기이다.

　이 영화를 보고, 줄거리를 정리한 뒤 인터넷 문화에 대해 성찰해 보는 활동을 할 수 있다. 다음은 ○○고등학교 1학년 2학기 수행 평가지 항목이다.

1　'지웅'과 '용민'은 무슨 시험을 준비하고 있었나?
2　'레나'를 찾아갔던 'BJ 양게'와 현피를 위해 모였던 사람들이 '레나'의 죽음을 타살이라고 생각하고 진범을 찾으려고 했던 이유는 무엇인가?
3　'레나'가 썼다고 생각했던 악플은 사실 누가 쓴 것이었나?
4　'레나'가 자기 집으로 사람들이 몰려왔을 때 느꼈을 감정은 어떤 것이었을까?
5　결국 '레나'의 죽음은 자살과 타살 중 무엇으로 밝혀졌는가?
6　자신이 살아오면서 온라인이나 인터넷 방송 등에서 직접 겪거나 지켜 본 영화와 같은 상황들(악플러의 활동이나 누군가를 표적 삼아 공격하거나 마녀사냥을 하는 등의 행위)을 적어 보고, 그런 행위의 문제점과 자신이 생각하는 해결 방안을 서술하시오.

## ▶ 이런 수업도 가능해요   ↳ Enter

　영화를 보며, 영화의 등장인물과 사건의 전개를 세심하게 이해하는 활동을 어려워하는 학생들도 있었다. '레나'가 썼다고 생각했던 악플을 쓴 사람을 찾지 못하거나 '레나'가 죽게 된 원인이 결국 밝혀지지 않았다고 보는 학생들이 있었다. 그래서 수행 평가에 영화에 대한 이해를 목표로 한 평가 문항을 넣었다.

　이 수업의 주요 활동인 자신이 접했던 비윤리적인 인터넷 문화를 성찰하는 글쓰기는 학생들에게 호응은 좋았으나, 학생들은 주로 피해자나 관찰자의 입장에서 글을 썼다. 이 수업에서 아쉬웠던 점은 평범한 사람들이 사소한 듯 보이는 행위를 함으로써 가해자와 비윤리적인 문화 형성자가 될 수 있음을 성찰하는 과정이 들어가지 못했다는 점이다. 학생들이 영화의 관련 장면을 보고 대화를 나누는 과정에 청소년들도 인터넷 문화를 주도적으로 형성하는 주체임을 인식할 수 있도록 수업 설계를 했으면 좋았을 것이다.

　이 외에도 「썸머 워즈」호소다 마모루 감독, 2009, 「서치」아니쉬 차간티 감독, 2017, 「주먹왕 랄프 2」필 존스턴·리치 무어 감독, 2018 등 인터넷 문화를 반영하고 있는 영화나 애니메이션들이 있다. 이러한 작품을 감상하고 이들 작품이 재현하는 인터넷 문화는 어떤 것이며, 그러한 인터넷 문화는 우리 삶에 어떤 영향을 미치는지, 우리는 어떤 태도로 인터넷을 사용해야 하는지 등에 대해 이야기해 볼 수 있다.

# 매체 변형,
# 새로운 의미와 가치의 탄생

임세희 서울 풍성중학교

「신과 함께」를 웹툰으로 보거나 영화로 본 적이 있는가? 원작 웹툰이 영화로 재탄생된 것인데, 두 매체로 접하며 어떠한 차이를 느꼈나? 웹툰이라는 매체로 접할 때에는 그림, 글말풍선, 내레이션, 칸 등으로 표현된 이야기를 따라가며 읽고 보는 재미와 감동이 있고, 새로 재탄생된 영화로 접할 때에는 이미지, 등장인물의 말, 음향, 음악, 자막 등 영상 언어로 표현된 2시간 분량의 이야기를 집중해서 보며, 원작에 없거나 새로 생겨난 내용이나 주제를 발견하는 재미와 감동이 있을 것이다.

미디어 문화의 활성화와 디지털 기술의 발달로 어떤 매체가 원 텍스트의 상태와 다르게 변하는 매체 '변환'이 이뤄지는데, '전용'은 텍스트의 속성이나 형태가 크게 변하지 않는 것이고, '변용변형'[1]은 텍스트의 형태가 크게 바뀌는 것을 말한다.[2] 이 글에서는 매체 변환 중 주로 '변용변형transformation'에 대해 다루고자 한다.

매체 변형의 예로, 페르난도 보테로의 「모나리자」는 레오나르도 다빈치의 「모나리자」를 패러디parody[3]를 통해 변형한 그림이다. 그림 속 여성을 통통하고 풍만하게 바꾸어 그림으로써 정형화된 미의 기준을 풍자하고 있는 것이다.

레오나르도 다빈치, 「모나리자」[4]    페르난도 보테로, 「모나리자」[5]

　이 외에도 「백설 공주」, 「잠자는 숲속의 공주」와 같은 동화가 새로운 이야기로 패러디되거나 영화로 만들어지고, 「반지의 제왕」, 「해리포터」와 같은 소설이 영화나 게임으로 만들어지는 경우도 그 예로 들 수 있을 것이다.

　내용이 같아도 그것을 담아내는 매체가 달라지면 표현 방식도 달라진다. 소설은 문자 언어로 표현되고, 소설의 내용을 바탕으로 만들어진 드라마나 영화는 이미지, 등장인물의 말, 음향, 음악, 자막 등 영상 언어로 표현된다. 또한 드라마나 영화는 방송이나 상영 시간의 제약으로 인해 소설의 내용을 똑같이 표현할 수 없다. 그리고 드라마나 영화를 만드는 감독이 소설을 해석하는 방식에 따라 내용과 표현이 달라지기도 한다.

　변형에 대한 수업을 하게 된 개인적인 동기는, 소설을 영화화한 「줄무늬 파자마를 입은 소년」을 보고 큰 충격을 받아 원작 소설을 구해 읽게 된 경험에서 찾을 수 있다. 이 작품은 제2차 세계 대전의 상처와 고통을 순수한 두 어린아이 독일인 장교의 아들과 유태인 아이 사이에서 벌어지는 비극적인 이야기를 통해 보여 주고 있다. 영화와 달리 소설의 결말 부분을 글로 읽으며 잔잔하고 먹먹하게만 느껴졌던 슬픔이 영화의 결말을 보면서는 눈앞에 보이는 영상으로 인해 공포와 충격으로 다가오는 경험을 하였다. 이를 통해 같은 이야기인데 소설로 읽었을 때와 영화로 보았을 때 어떻게 해서 이러한 감상의 차이가 생기는 것인지 궁금함이 생겼다. 그리고 학생들과 함께 원작이 영상영화, 드라마 등으로 다시 만들어진 작품들을 감상하고 매체에 따라 어떠한 공통점과 차이점이 있는지 비교해 보고, 학생들 스스로 원작을 바탕으로 하여 영상을 만들어 보는 활동을 해 보면 흥미롭겠다는 생각을 하게 되었다.

국어 교육의 측면에서 '변형' 현상에 대해 이해하고, 학생들이 스스로 원작을 변형하여 재창작해 보는 수업이 지니는 의미는 네 가지로 정리할 수 있다.

첫째, 매체에 따른 표현 방식과 그 차이를 이해함으로써, 디지털 시대 다양한 형태로 창작되는 문학과 예술 작품들에 대한 이해를 높이고, 더불어 다양한 형태의 문학과 예술 작품을 창작할 수 있는 능력을 키울 수 있다. 예를 들어, 만화「토지」오세영는 글로 표현된 소설「토지」박경리의 이야기를 만화라는 매체 속에서 그림, 글말풍선, 내레이션, 칸, 효과음, 효과선 등의 표현 방식을 통해 전달하고 있다. 이를 통해 소설은 문자로 전달되는 의미를 파악해야 하고, 만화는 그림과 문자 등의 결합으로 만들어 내는 의미를 파악해야 한다는 것을 알 수 있다. 나아가 학생들은 이러한 매체에 따른 표현 방식의 차이점에 대한 이해를 통해 문자 언어로 된 작품뿐만 아니라, 그림이나 영상 언어이미지, 등장인물의 말, 음향, 음악, 자막 등가 복합적으로 표현된 문학과 예술 작품까지도 창작할 수 있게 된다.

둘째, 작품을 비판적으로 감상할 수 있는 능력을 키울 수 있다. 예를 들어, 우리가 잘 알고 있는 동화「백설 공주」를 보자. 백설 공주는 타고난 아름다움 덕분에 왕자에 의해 구조될 뿐 어디에도 인간으로서, 여성으로서 갈등하고 자신의 인생을 책임지려는 주체적이고 인간적인 모습은 나타나지 않는다. 이 이야기를 새롭게 쓴 「흑설 공주」(이경혜)에서는 흑설 공주가 자신의 검은 피부색 때문에 세상 사람들에게 손가락질을 받지만, 어느덧 자신이 지닌 내면의 아름다움을 깨닫게 되고, 자신만의 삶을 살아가면서 다른 사람들도 스스로의 아름다움을 발견하도록 도와준다. 이처럼 변형된 이야기를 통해 기존 이야기가 전달하려는 의미를 다시 한 번 생각하게 되고 '아름다움의 기준', '여성으로서 삶을 주체적으로 살아간다는 것'에 대해 비판적으로 생각해 보게 되는 것이다.

셋째, 창의적 생산자가 되어 보는 즐거움을 누릴 수 있다. 매체 제작 활동을 해 보면 단순히 소비자에 머물지 않고 자신의 상상과 가치관을 하나의 작품 속에 담아내는 창의적 생산자가 되어 보는 경험을 할 수 있다. 학생들은 이러한 경험을 통해 마치 실제 작가처럼 작품을 만들어 내는 과정을 이해하게 되는 즐거움을 느끼고, 더불어 무언가 자신만의 창작물을 만들어 냈다는 것에서 자부심을 느끼게 된다. 한 편의 소설을 만화나 영상으로 변형시켜 보는 활동을 하면서 학생들은 과정은 힘들었지만 색다른 경험을 한 것 같아 신기하고 재미있었다는 소감을 많이 이야기했다.

넷째, 새롭게 재탄생되는 의미와 가치를 깨닫게 된다. 다른 사람이 재창작한 작품을 공유, 감상, 평가해 봄으로써 원작이 새로운 작품으로 재탄생되면서 갖는 새로운 의미와 가치에 대해 생각해 보게 된다. 웹툰 「신과 함께」가 우리나라에서 영화, 게임 등 다양한 매체로 재탄생될 수 있었던 이유는 무엇일까? 우리 사회는 입시 경쟁과 취업난, 경제난으로 개인은 약육강식과 무한 경쟁, 각자도생의 삶에 내몰리게 되고, 가족과 사회 공동체마저 해체되어 가고 있다. 더불어 정의가 시들어 버리고 불의가 승승장구하는 사회에서 좌절감을 느끼고 우리 삶과 사회 속에서 공정한 심판이 이뤄지기를 바라는 열망이 일어나면서 많은 이들이 '저승'이라는 웹툰의 모티브에 공감하게 된 것이다. 이러한 사회적 배경에서 웹툰이 영화로 재탄생되면서, 웹툰에서 강조한 가치가 '정의'였다면 영화에서는 '효'라는 가치와 함께 가족 또는 여성모성의 위로와 배려를 통한 '공동체성 회복'이라는 새로운 의미와 가치가 부각되게 된 것을 알 수 있다.

2015 개정 국어과 교육과정에서는 '재구성된 작품과 원작을 비교하며 감상하기를 지도할 때에는 원작과 재구성된 작품의 내용과 표현만이 아니라 관점의 변화나 그에 따른 형식과 맥락, 매체 등의 변화 양상을 파악하도록 한다.'[6] 고 하여 전용과 변용변형 형상을 아우르는 '변환'의 개념으로서 '재구성'이라는 용어를 사용하고 있다.

국어과 교육과정에서 '매체 변형'과 관련된 성취기준은 다음과 같다.\*관련 성취기준의 내용은 1부 2장 참조

중학교 단계에서는 [9국02-07], [9국05-08], 고등학교 단계에서는 [10국02-02], 선택 과목인 『언어와 매체』에서는 [12언매03-01], [12언매03-02], [12언매03-03], [12언매03-04], [12언매03-06], 선택 과목 『문학』에서는 [12문학02-05] 등이 있다.

[9국02-07], [12언매03-01]은 매체에 따른 다양한 표현 방법과 의도 및 효과를 평가하는 활동, [9국05-08], [12언매03-02]는 재구성된 작품과 원작을 비교하며 공통점과 차이점을 파악하며 감상하는 활동, [10국02-02], [12언매03-06]은 원작이 재구성되면서 필자제작자의 관점이나 표현 방법에 어떠한 변화가 있는지 비교해 보거나, 매체를 바탕으로 형성되는 문화에 대해 비판적으로 이해하고 주체적으로 향유하는 활동과 관련된다. [12언매03-03], [12

언매03-04], [12문학02-05]는 매체 창작과 관련된 기준으로서 다양하고 주체적인 관점에서 원작을 다양한 매체로 재구성해 보는 표현제작 활동과 관련된다.

교과서에서는 주로 소설이나 영화를 매체 변형의 예로 들었다면, 다음 변형 수업의 실제에서는 학생들의 동기 유발과 참여를 높이기 위해 학생들의 삶에서 많이 접하는 게임, 만화웹툰, 애니메이션이라는 매체를 활동에 끌어들였다. 첫 번째 수업에서는 '소설→영화→게임'으로 재구성된 매체들을 살펴보면서 좀 더 다양한 매체의 표현 방식과 효과를 비교하며 이해하도록 해 보았고, 두 번째 수업에서는 '만화웹툰→영화'로 재구성된 매체를 통해 원작과 변형된 작품을 비교해 보며 변화 양상을 이해하는 활동을 해보았다. 세 번째 수업에서는 매체 제작 활동으로서 '소설→애니메이션'으로 변형해 보는 활동을 해 보았다.

## 1 변형 수업의 실제

**활동 목표**

1. 매체에 따른 표현 방식과 그 효과를 이해한다.
2. 재구성된 작품을 원작과 비교하고 변화 양상을 파악하며 감상한다.
3. 원작을 다양하게 재구성하여 매체를 변형해 볼 수 있다.

### (1) 활동 1: 매체에 따른 표현 방식 이해

2018년에는 동아리 '도서 문화 탐방반'을 맡아 변형 수업을 진행하였다. 동아리 활동 시간에 소설 「나니아 연대기」 중 '사자와 마녀와 옷장'의 한 챕터를 함께 읽고, 영화 「나니아 연대기: 사자, 마녀, 그리고 옷장」을 감상한 뒤 본 수업을 하였다. 이 활동은 중학교 2학년 2학기 국어 교과서2015 개정 교과서의 '재구성' 단원에서 소설, 영화 등 매체에 따른 표현 방법과 효과를 이해하고자 할 때 해 보아도 좋다.

원작이 영화로 변형된 작품은 많지만, 수업 텍스트로 「나니아 연대기」를 선택한 이유는 첫째, 동아리 수업 학생 중에는 중학교 1학년 학생이 많았고, 이제 막 초등학교를 졸업하고 한창 판타지 장르를 좋아할 나이였기 때문이었다. 둘째로, 현실과 부딪히며 갈등하고 자아를 탐색하고 세워 가는 중학생들에게 도움이 될 수 있는 내용, 즉 희생과 사랑의 정신으로 악을 물리치는 도덕적인 교훈이 담겨 있기 때문이었다. 마지막으로 판타지의 고전으로서 그리스-로마 신화, 북유럽 신화, 기독교 사상 등 이미 학생들이 많이 접해 본 이야기들을 모티브로 한 소설로 작품성이 높기 때문이었다.

동아리 수업에서는 소설 「나니아 연대기」 중 '사자와 마녀와 옷장'의 일부 글과 이 부분이 나타난 영화와 게임 영상을 함께 본 후에 소설이 영화, 게임 등으로 변형되면서 어떤 표현상의 특징과 효과가 나타나는지 자유롭게 이야기하며 정리해 보았다.

학생들은 소설이 영화화된 것을 보고 '소설은 읽으면서 우리가 자유롭게 상상하는데, 영화는 머릿속으로 상상했던 장면을 실제로 보여 줘요.', '어떤 내용은 영화에서 생략되기도 해요.', '배경 음악이 분위기를 더 살려 줘요.' 등의 반응을 보였다. 또한 이 부분이 게임으로 변형된 영상을 보며 '소설에 없던 코인, 토큰을 획득하는 것이 재미가 있어요.', '옷장의 무늬가 레벨을 표시해요.', '다음 레벨로 넘어갈 때 영화 속 장면을 잠깐씩 보여 줘요.', '소설은 이미 정해져 있는 이야기인데, 게임은 어떻게 플레이를 하느냐에 따라 게임 내용이 다 달라져요.' 등의 이야기를 하였다.

학생들이 개인 활동지로 이야기한 것을 모아서 정리하면 다음과 같다.

| 소설 | 루시는 옷장 문이 잠겨 있으리라 생각하면서도 왠지 볼 만한 가치가 있을 것 같다는 생각이 들어 뒤에 남았다. …… 잠시 후 루시는 자신이 깜깜한 밤중에 눈을 밟은 채 숲 한가운데에 서 있다는 걸 깨달았다.<br>– C. S. 루이스, 『나니아 연대기』7) |
|---|---|
| 표현 방식 | 서술, 묘사, 대화 등의 글(장면에 따라 삽화 일부 포함)로 표현 |
| 효과 | 독자가 머릿속에 인물, 사건, 배경 등의 이미지를 다양하게 상상할 수 있음. |

| 영화 |  <br>– 앤드류 아담슨 감독, 「나니아 연대기: 사자, 마녀, 그리고 옷장」 |
|---|---|
| 표현 방식 | • 인물들의 대사, 행동이나 배경 등을 시각적 장면으로 직접 보여 줌.<br>• 독자가 소설을 통해 머릿속으로 상상했던 장면들이 과장되거나, 축소 또는 생략되기도 함.<br>• 배경 음악과 효과음이 더해져서 장면의 분위기를 살려 줌. |
| 효과 | • 장면을 글자로 표현하는 것보다 이미지로 보여 주어 더욱 생동감 있게 나타낼 수 있음.<br>• 영화 길이상 주요 사건이나 갈등 등이 두드러진 장면은 시간을 더 할애하여 표현할 수 있으며, 어떤 장면은 빠른 전개를 위해 축소 또는 생략할 수 있음.<br>• 배경 음악, 효과음을 들으며 장면의 분위기, 사건의 성격, 인물의 심리 등을 머릿속으로 상상, 유추할 수 있음. |

| 게임 | |
|---|---|
| |  <br>– 게임 「나니아 연대기: 사자, 마녀, 그리고 옷장」 플레이 장면[8] |
| 표현 방식 | • 플레이어가 캐릭터를 선택하여 플레이하면서 이야기가 전개됨.<br>• 전체적으로 영화 배경 안에서 플레이하도록 되어 있지만, 저택 안에서 루시가 사라져 구출하는 내용이나 저택의 관리인을 피해 도망치고 숨는, 영화에 없는 이야기가 펼쳐짐.<br>• 옷장의 무늬가 레벨을 표시한다거나, 나니아 세계 안에 들어가 공중에 떠 있는 코인과 토큰을 획득하는 것, 플레이어 2명이 협력하여 장애물을 부수는 것 등 게임적 요소가 나타남.<br>• 중간 중간 영화 속 주요 사건 단위로 레벨이 바뀌면서 실제 영화의 해당 장면을 잠깐씩 보여 주며 그 다음 스토리를 이어가도록 플레이어를 돕는다는 것이 영화와 다름. |
| 효과 | • 소설 속 각 인물의 입장이 되어 작품의 배경에서 플레이어 자신만의 이야기를 펼쳐 볼 수 있음.<br>• 소설이나 영화에 없던 코인, 토큰을 획득하고, 팀과 협력하여 장애물들을 만나고 헤쳐 나가는 과정이 있어 성취감과 재미를 느낄 수 있음.<br>• 게임에서 다음 레벨로 넘어갈 때에 영화 속 장면을 잠깐씩 보여 줌으로써, 플레이어가 다음 게임에서 펼쳐 갈 이야기의 배경을 예측하며 게임을 할 수 있게 해 줌. |

### (2) 활동 2: 원작과 변형된 작품 비교, 변화 양상 이해

'활동 1'에 이어서, 학생들이 잘 알고 있는 웹툰 중 영화, 게임 등 다양한 미디어로 변형된 작품을 선택하여 원작과 변형된 작품을 비교하는 활동을 해 보았다.

먼저, 학생들은 동아리 첫 번째 시간3시간에 도서관에 있는 강풀의 만화웹툰 「26년」 전권을 보고, 두 번째 동아리 시간3시간에 영화 「26년」을 감상하였다. 그리고 만화웹툰가 영화화되면서 어떤 부분이 달라졌고, 그 이유는 무엇일지 학생들에게 이야기해 보게 하였다. 학생들은 주로 '만화에 있었던 내용이 많이 생략되어 있어요.', '영화에서는 액션 신 같은 것을 더 길게 찍었어요.'라고 이야기하며, 원작 웹툰이 더 재미있다는 반응을 보였고, 영화가 원작에 비해 크게 변형된 측면은 찾아내지 못했다.

여기에서 더 나아가 학생들과 함께 왜 원작이 영화보다 낫다고 봤는지 생각해 보게 하면 좋을 것 같다. 원작 웹툰 「26년」에서는 5·18 민주화 운동으로 인해 고통받고 상처 입은 인물들 각각이 어떠한 삶을 살아왔고 왜 아파하는지 자세히 이야기해 준다. 반면 영화 「26년」에서는 피해자들이 어떤 삶을 살았고 왜 아파하는지 잠시 스치듯 지나가고, 영화를 보는 이들에게는 단순히 맹목적인 복수만이 두드러지는 느낌을 주고 있다. 영화라는 매체가 지니는 시간의 제한성으로 인해 보여 줄 수 있는 이야기에 한계가 있있기 때문이다. 그럼에도 캐릭터에 대해 설득력 있게 설명해 줄 수 있는 다른 영화적 장치를 두었다면 원작이 주는 강력한 메시지가 전달될 수 있지 않았을까 하는 아쉬움이 남는 작품이었다.

이와 달리, 만화 「신과 함께」와 영화 「신과 함께」는 원작과 변형된 작품을 비교해 보는 수업에 활용하기 적절한 작품이다. 긴 호흡을 지닌 원작 웹툰과 달리 영화의 시간적 한계로 인해 주인공 김자홍 이야기와 군인 원귀 이야기라는 두 가지 에피소드를 하나의 이야기로 합친 것, 변호사 진기한이라는 인물의 부재, 망자 김자홍의 직업이나 가족의 변화, 원작과 달리 주인공 가족에 대한 이야기가 비중 있게 다뤄지는 등의 많은 부분이 변형된 측면을 찾아볼 수 있다.

### (3) 활동 3: 매체 변형 제작 활동 – 소설을 영상으로 만들기

앞선 매체 언어의 표현 방식 및 원작과 변형된 작품을 비교하는 이해 활동에서 나아가 매체를 변형시키는 표현제작 활동을 해 보았다.

소설을 애니메이션으로 변형하는 활동을 해 보았는데, 애니메이션은 글자막 외에도 그림이미지, 등장인물의 말, 음향, 음악 등이 결합된 복합 양식을 지닌 친숙한 영상 매체이고, 원작 소설을 읽으며 학생들이 머릿속으로 상상했던 이미지를 직접 그림이나 이미지로 표현하기에 쉽고, 교실 안에서 학생들과 스마트폰 애플리케이션을 활용해서 좀 더 쉽게 편집할 수 있기 때문에 선택하였다.

이러한 매체 변형 활동이 국어 수업에 필요한 이유는 첫째, 문자 언어글를 영상 언어자막, 그림(이미지), 등장인물의 말, 음향, 음악 등로 변형해 보면서 매체 언어의 표현 방식이 어떻게 바뀌는지 비교하여 이해할 수 있고, 둘째, 원작을 바탕으로 자신만의 새로운 작품을 창작해 보는 즐거움이 있으며, 셋째, 새롭게 재창작된 작품 속에서 생겨나는 새로운 의미와 가치를 공유, 감상, 평가할 수 있는 기회가 되기 때문이다. 더불어 영상 세대인 학생들이 한국 단편이나 세계 명작 소설을 어렵고 멀게만 느끼지 않고 가깝고 친숙하게 느끼게 될 수 있는 기회도 될 것이다.

본 활동은 중 2 학기말 고사가 끝난 후에 도서관에 있는 독서 잡지를 가져와서 진행하였다. 독서 잡지는 다양한 읽을거리가 많고, 독서를 하며 어떤 질문과 사고를 해야 하는지 친절하게 안내해 주기 때문에 작품을 감상할 때 도움이 많이 된다.

이 잡지들을 학생 수만큼 여유 있게 가져와서 학생들에게 한 권씩 나눠 주고 잡지에 나온 만화, 광고, 기사들을 한두 시간은 가벼운 마음으로 읽게 하였다. 그러다가 그 속에 실린 한국 단편과 세계 명작 소설 중에 한 가지를 선택하여 읽고 애니메이션 만들기를 해 보자고 하였다.

잔잔하고 차분한 애니메이션 연주곡을 틀어 주며 잡지를 함께 읽기 시작하니 의외로 학생들이 집중해서 보았다. 수행 평가에도 들어가지 않는 학기 말에 하는 독서 활동은 책 읽기를 정말 좋아하는 아이들이 아니고서는 큰 동기 부여가 되기 어려운 것이 현실이다. 이럴 때, 자지 않고 한 시간 동안 책을 잘 읽는 학생들에게 작은 초콜릿과 같은 보상을 해 주며 "집중해서 한 시간 잘 읽었다."고 칭찬해 주는 것이 중 2~3학년 정도에게도 효과가 있다.

1~2차시는 소설을 읽힌 후, 3차시에는 줄거리를 정리하게 하였다. 추후에 스토리보드를 그려야 하기 때문에 장면 중심으로 12개 내외로 요약하게 했다. 학생들이 읽은 소설들이 대부분 단편 소설들이고, 2분120초 분량의 짧은 애니메이션을 한두 차시에 만들어야 했기 때문에 각 장면 당 10초 정도 시간이 소요되도록 하여 12개 내외로 요약하게 한 것이다.

4차시에는 스토리보드를 그리도록 하였다. 이 활동을 할 때 그림을 잘 못 그린다는 학생들이 많다. 이때 스토리보드는 밑그림이기 때문에 세밀하게 그릴 필요는 없으며, 전문가처럼 그리려는 부담은 갖지 말고, 전하고자 하는 상황이나 분위기를 잘 표현하면 된다고 이야기해 주면 좋다.

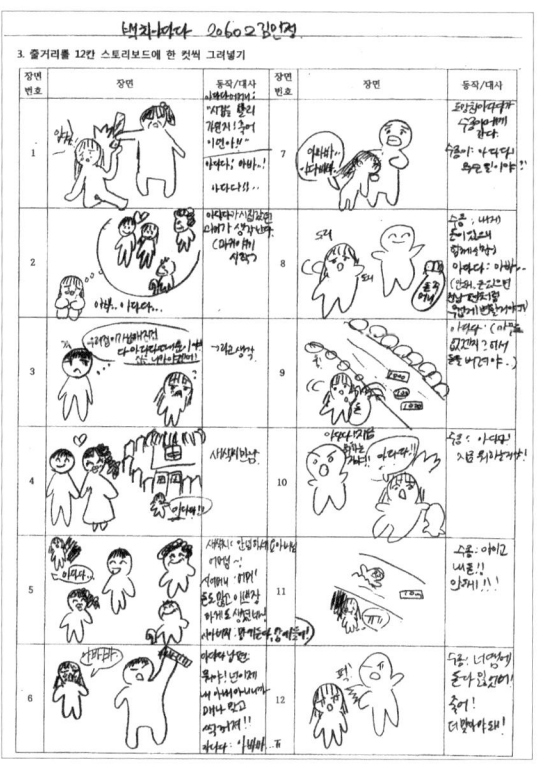

5차시에는 스마트폰에 애플리케이션을 깔아 개인 또는 모둠 활동으로 애니메이션을 만드는 작업에 들어갔다. 종이나 클레이로 애니메이션을 만들어도 되지만, 교실에 구비가 되어 있다면 준비물에 대한 부담이 없는 미니 화이트보드로 애니메이션을 제작해도 좋다. 애니메이션 제작 도구는 스마트폰의 애플리케이션 '모션스톱motion stop'[9]을 이용했다.

> 1. 스토리보드에 그린 밑그림을 화이트보드에 그린다.
> 2. '모션스톱'의 카메라 기능을 이용하여 찍는다.
> 3. 변화가 있는 대상에 조금씩 움직임을 준다.
> 4. 다시 '모션스톱'의 카메라 기능을 이용하여 찍는다.
> 5. 1~4번 과정을 반복한다.
> 6. 1~2분 정도 분량의 애니메이션이 나오도록 제작한다.

스마트폰이 없어서 집에서 컴퓨터의 무비메이커movie maker 프로그램으로 애니메이션을 만들겠다고 한 학생도 있었는데, 소설의 장면을 그린 그림에 자막과 음성을 넣는 방법으로 제작하였다.

학생들이 소설을 읽고 만든 애니메이션은 그 양상이 다양했다. 첫째로, 애니메이션의 원리를 적용하지 않고 그림 하나를 한 장면 전체로 취급한 경우, 둘째로, 애니메이션의 원리를 적용하지 않고 그림에 자막, 소리, 음성을 결합하여 전달한 경우, 셋째로, 애니메이션의 원리를 적용하였으나 소설의 내용 전달이 충분히 되지 않은 경우, 넷째로, 소설의 내용과 매우 다른 이야기로 바꾼 경우였다.

이것은 글문자 언어을 영상자막, 그림(이미지), 등장인물의 말, 음향, 음악 등으로 바꾸는 과정에서 애니메이션에 대해 학생들이 갖고 있는 이해프레임과 프레임이 연결되면서 움직임이 생겨나는 원리나 인식웃음, 재미 등이 반영된 것이었다.

첫째로 애니메이션의 원리를 적용하지 않고 그림 하나를 한 장면 전체로 취급한 경우는, 소설 「위대한 개츠비」피츠제럴드를 읽고 애니메이션으로 만든 학생들이었다. 애니메이션의 원리를 적용하여 대상을 조금씩 움직여서 장면을 묘사하기보다는 이야기의 주요 내용을 하나의 그림으로 그려 한 장면에 담아내는 데 더 주력하였다. 애니메이션의 원리를 사전에 설명하고 제작에 들어갔기에 학생들이 애니메이션 원리를 이해하지 못해서 나타난 결과라기보다는, 「위대한 개츠비」 소설의 내용을 모두를 담아내려고 하는 과정에서 애니메이션으로 모두 표현하기에 어렵다고 여기고 만들었기 때문이란 생각이 들었다. 이러한 현상은 아래 두 번째 예시, 「지킬 앤 하이드」로 만든 학생의 애니메이션 작품에도 드러난다.

둘째로, 애니메이션의 원리를 적용하지 않고 그림에 자막, 음성, 음향 등을 결합하여 전달한 경우는, 소설 「지킬 앤 하이드」스티븐슨를 읽고 애니메이션으로 만든 학생이었다. 이 학생의 경우 스마트폰이 없어서 그림은 학교에서

그리고 집에서 무비메이커로 작업을 해서 22분 분량의 애니메이션을 만들어 온 경우였다. 위 첫 번째 예시의 「위대한 개츠비」와 마찬가지로 「지킬 앤 하이드」 역시 내용이 방대한 소설이라 자막과 음성으로 내용 전달을 많이 했고, 중요한 장면만을 그림으로 그려 장면 전환을 하는 방식으로 만들었다. 그러나 이 또한 일부 '촛불이 꺼지는 장면'의 경우처럼 촛불이 켜져 있다가 '후' 부는 바람 소리와 함께 꺼지는 효과가 나타나는 것으로 보아, 학생이 애니메이션의 원리를 이해하지 못해서가 아니라 소설의 긴 내용을 담아내려고 선택한 제작 방식으로 보였다.

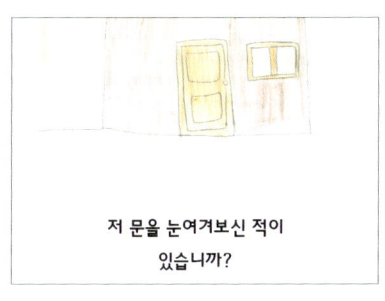
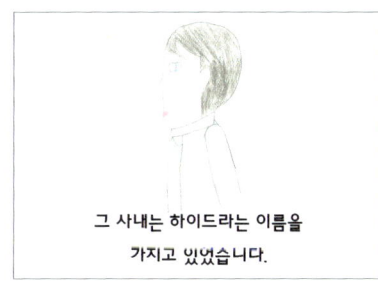

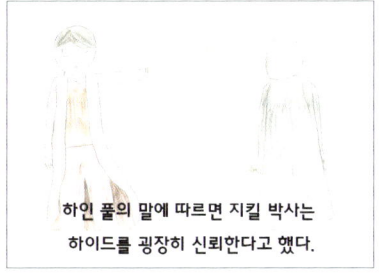
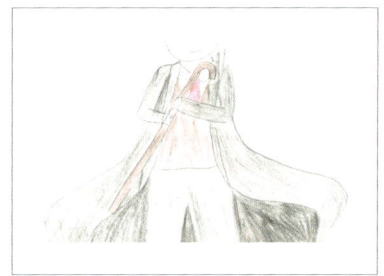

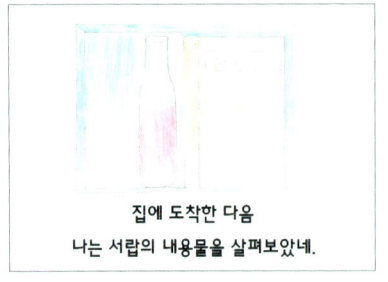
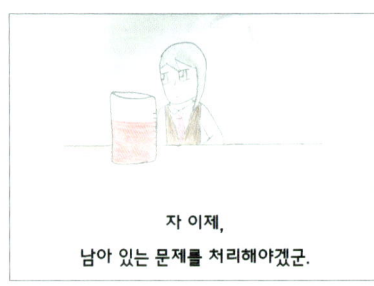

학생은 이 애니메이션 끝 부분에 소감을 이야기했는데, "더빙을 할 때 발음이 꼬여서 여러 번 녹음을 해야 했던 것과 자막 처리 과정이 오래 걸렸던 것이 어려웠지만, 애니메이션을 만드는 과정들을 알 수 있었고, 여러 가지 자세 등을 그리면서 그림 공부도 할 수 있어서 새롭고 재미있는 경험이었다."라고 말했다.

셋째로, 애니메이션의 원리를 적용하였으나 소설의 내용 전달이 충분히 되지 않은 경우는, 소설 「노인과 바다」헤밍웨이를 읽고 애니메이션으로 만든 학생이었다. 이 작품의 경우 소설의 일부 내용을 다룬 2초 내외의 짧은 애니메이션이기도 하였지만, 애니메이션이라는 매체로 노인이 청새치를 잡는 지난한 과정과 인물의 심리를 묘사하기에는 한계가 보였다. 영상에 비해 소설이라는 장르가 지니는 묘사의 탁월성에 대해서 학생들과 함께 생각해 보는 기회도 되었다.

 넷째로, 소설의 내용과 매우 다른 이야기로 바꾼 경우는, 소설 「백치 아다다」계용묵와 「송아지」황순원를 읽고 애니메이션으로 만든 학생들이었다. 「백치 아다다」의 경우에는 소설 내용과 다르게 주인공 백치 '아다다' 캐릭터를 우스꽝스럽게 그리고, 남성의 이미지를 외설적으로 묘사하기도 하였다. 2초가량의 짧은 애니메이션으로 만들면서 학생들이 왜 소설 「백치 아다다」를 외설적으로 받아들여 표현하였는지 그 맥락에 대해서는 학생들과 자세히 이야기해 볼 수 없었다. 다만, 말 못하고 힘이 없는 여성에 비해 상대적으로 남성이 힘이 있는 이미지로 소설에 묘사되었을 때, 중학생들이 가질 수 있는 성에 대한 왜곡된 관념이 소설이 전달하려는 주제와 전혀 다른 감상을 낳을 수 있음을 애니메이션 제작을 통해 알 수 있었다.

 학생들이 만든 애니메이션 「송아지」는, 원작에서 주인공의 친구로 등장하는 순박하고 귀여운 송아지가 10년 후 자신을 도축하러 온 친구 돌이를 혼내주는 힘이 세고 폭력적인 캐릭터로 변한다는 내용으로 묘사하였다. 원작은 6·25전쟁 상황에서 펼쳐지는 주인공 돌이와 송아지의 비극적인 운명을 그린 것인데, 애니메이션으로 만들면서 전혀 다른 이야기로 변형된 것이다. 이것은 '애니메이션은 재미있고, 웃음 요소가 있어야 한다.'라는 학생들의 인식이 소설을 다른 이야기로 재구성하는 데 영향을 준 것으로 보였다.

 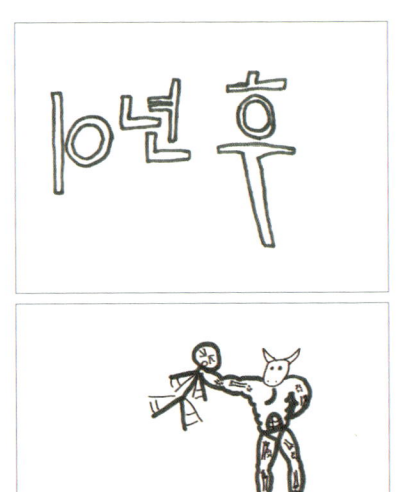

실제 수업은 시간상 여기까지 진행이 되었다. 이후 차시에는 애니메이션 상영회 및 자기 평가의 시간을 가짐으로써 작품을 공유, 감상, 평가할 수 있도록 했다. 아래와 같이 자기 평가 항목을 통해 소설을 애니메이션으로 변형시키면서 매체 언어의 표현 방식이 달라지는 점을 잘 이해하였는지, 재창작된 작품을 통해 새롭게 전달하려는 의미와 가치가 있다면 그것은 무엇이었지 등에 대해 성찰해 본다면 좋을 것 같다.

| 자기 평가 | |
|---|---|
| 1. 소설을 충실히 읽고 줄거리와 스토리보드로 잘 표현했나요? | 예 / 보통 / 아니요 |
| 2. 소설을 애니메이션으로 변형시키면서 영상 언어(자막, 그림(이미지), 등장인물의 말, 음향, 음악 등)를 효과적으로 사용하였나요? | 예 / 보통 / 아니요 |
| 3. 매체에 따라 표현 방식이 달라진다는 점을 잘 이해하였나요? | 예 / 보통 / 아니요 |
| 4. 재창작된 작품을 통해 새롭게 전달하려는 의미와 가치가 있다면 그것은 무엇인가요? | |
| 5. 활동을 통해 배운 점, 활동을 하며 아쉬웠던 점은 무엇인가요? | |

## 2 수업을 마치며

이처럼 변형 수업은, 학생들이 글문자 언어을 영상 언어(자막, 그림(이미지), 등장인물의 말, 음향, 음악 등이 결합된 형식로 변형시키는 과정을 알게 되고, 소설과 애니메이션이 지니는 매체로서의 특징을 이해하게 되며, 자신만의 작품을 창작하는 과정 속에서 새로운 창작의 즐거움을 느끼게 되는 시간이었다.

이 수업에서 학생들이 어려워했던 점은 애니메이션의 특성상 대상을 조금씩 단계적으로 움직이게 그려서 소설 내용을 모두 표현해 내는 것이었다. 수업 시간 안에 활동하기에는 시간적, 기술적으로 어려움이 있어서 실제 수업으로 하고자 할 때에는 소설 전체를 애니메이션으로 그리기보다는 소설에서 인상 깊었던 장면이나 작품의 일부분을 애니메이션으로 만들어 보게만 해도 매체 언어의 표현 방식이 어떻게 바뀌는지 이해하기에 충분할 것 같다.

교사로서 아쉬웠던 점은 애니메이션 제작에 시간이 상당히 많이 걸려 학기말에 진행하기에는 시간이 많이 부족했다는 것이다. 이 활동을 학기 중 수행 평가로 진행하되, 프로젝트 수업으로 독서 2~3차시, 줄거리와 스토리보드 쓰기 2차시, 애니메이션 제작 4~5차시, 상영회 및 평가 1차시, 총 10차시 정도로 충분한 시간을 갖고 진행한다면 좋을 것이다.

더불어 중 3~고 1 수준에서는 자신의 일상생활에서 경험할 수 있는 내용이나 주변의 익숙한 인물들이 등장하여 벌어지는 이야기를 스스로 창작해서 써 보고 애니메이션을 제작해 보면 좋겠다.

## ▶ 이런 수업도 가능해요  ↳ Enter

✚ 이귀영(양현고등학교)

 소설을 보드게임으로 만들기

### 1. 게임화 과정 이해하기: 1차시

원작의 이야기를 게임으로 변형할 때 중점을 두어야 할 부분은 원작이 이야기를 표현하는 방식(글, 그림, 영상 등)과 게임이 이야기를 표현하는 방식(게임 규칙)에 차이가 있음을 경험하는 것이다. 글로 표현된 내용을 그림이나 영상으로 표현하는 데에는 많은 제약이 따르기 마련이다. 변형하려는 사람의 새로운 해석에 의해 원작과 달라지는 부분이 있기도 하지만, 매체의 차이로 인해 원작과 달라지는 부분도 있다. 게임도 마찬가지다. 아이들은 변형 활동을 통해 이야기 내용을 게임 규칙으로 표현하게 된다. 게임 규칙을 통해 원작의 어떤 내용을 경험할 수 있는지 확인하는 것이 중요하다.

게임 규칙을 간단하게 설명하면 다음과 같다. 게임 보드의 각 칸은 긍정 사건 칸과 부정 사건 칸으로 구성되어 있다. 주사위를 던져서 나온 숫자만큼 이동하고, 긍정 사건 칸에 걸리면 긍정 카드를 채운다. 마찬가지로 부정 사건 칸에 걸리면 부정 카드를 채운다. 긍정 카드를 먼저 다 채우면 승리하고, 부정 카드가 다 차게 되면 패배한다. 게임 제작을 위해서는 두 가지 활동이 필요하다. 먼저 긍정 사건과 부정 사건에 해당하는 내용을 원작에서 찾거나 원작을 바탕으로 창조해서 게임 보드를 제작한다. 다음으로 '긍정', '부정', '순환 보상' 등 게임 규칙의 명칭을 원작을 바탕으로 만든다. 이 두 단계를 거치면 하나의 보드게임이 완성된다.

학생들의 이해를 돕기 위해 교사가 「동백꽃」(김유정)을 바탕으로 제작한 보드게임으로 안내했다. 점순이와 '나'의 사랑 이야기에 초점을 맞춰 '나'를 게임 주인공으로 설정하고 점순이의 사랑을 알아가는 과정을 게임으로 표현했다. 점순이와 '나'의 행동에서 사랑의 감정을 키우거나 호감을 표시하는 행동들을 긍정 사건으로 묶었고, 사랑을 눈치채지 못하고 갈등을 키우게 되는 행동들을 부정 사건으로 묶었다. 사랑의 감정을 '썸'으로 표현했고 두 인물의 갈등을 '쌈'으로 표현했다.

▶ 이런 수업도 가능해요　　　　　　　　　　　　↳ Enter

### 게임 규칙

1. 주사위를 던져 게임 순서를 정한다.
2. 주사위 2개를 동시에 던져서 나온 숫자를 합한 만큼 말을 이동한다.
3. 긍정 사건 칸에 도착하면 긍정 카드를 채우고, 부정 사건 칸에 도착하면 부정 카드를 채운다.
4. 한 바퀴 돌 때마다 긍정 카드의 한 칸을 채운다.
5. 긍정 카드를 먼저 채우는 사람이 승리한다.
6. 부정 카드가 다 차면 패배한다.
7. 벌칙 칸에 도착하면 벌칙 카드 하나를 열어 지시대로 벌칙을 수행한다.
8. 무인도에 도착하면 2턴 동안 이동할 수 없다. 단 주사위를 던져서 같은 숫자가 나오면 탈출한다.
9. 벌칙 방어 칸에 도착하면 벌칙 방어권을 획득하고 벌칙 칸에 도착할 때 벌칙을 면제받을 수 있다. 벌칙 면제를 1회 사용하면 소멸된다. 벌칙 면제를 사용하기 전에 다른 사람이 벌칙 방어 칸에 도착하면 벌칙 면제권은 최근에 도착한 사람이 가져간다.

「동백꽃」 보드게임

### 2. 게임 제작하기: 2~4차시

1차시에서 「동백꽃」 보드게임에 대한 설명을 바탕으로 학생들에게 게임을 해 보게 한 뒤, 2~4차시에 걸쳐 다양한 영화, 소설, 웹툰으로 보드게임을 만들어 보게 하였다.

학생들은 게임화 과정에서 긍정 사건과 부정 사건으로 구성된 게임 규칙의 제약을 따르다 보니 게임 목표에 맞춰서 사건을 해석해야 했다. 게임 목표로 설정한 인물의 관점에서 이야기 전체를 새롭게 읽어 내었고, 관련된 긍정 사건이나 부정 사건이 부족한 경우에는 새로 창작하거나 아예 원작을 다른 작품으로 바꾸기도 했다. 예를 들어 「운수 좋은 날」(현진건)로 만든 게임의 경우 김 첨지를 주인공으로 설정하여 아내를 살리는 것을 목표로 설정했다. 이 목표에 맞춰 작품 속 사건을 해석했고, 아픈 아내 곁에서 병간호를 해 주지 못했다는 점과 돈이 없어서 치료를 못했다는 점이 아내가 죽게 된 원인으로 보았다.

이를 게임으로 표현하기 위해 두 가지 규칙을 만들었다. 먼저 출발지를 김 첨지의 집으로 설정해서 출발점에 도착하면 게임을 승리하도록 했다. 먼저 아내 곁으로 돌아간 사람이 아내를 간호해 살린 것으로 표현한 것이다. 다음으로 긍정 사건을 김 첨지가 논을 버는 것으로 정하고 긍정 카드를 병원비 카드로 만들어서 먼저 병원비를 마련한 사람이 게임에 승리해 아내를 살리는 것으로 표현했다. 부정 사건은 돈을 버는 데 방해가 되는 사건들로 구성했다. 부정 카드를 생명 카드로 만들어서 시간을 지체하는 부정 사건에 걸리면 아내의 생명이 줄어드는 것으로 표현했다.

이 보드게임 제작 활동에서 흥미로웠던 점은 첫째, 부정 사건과 긍정 사건을 설정할 때 실제 소설에 등장하는 손님뿐만 아니라 가상의 손님들을 등장시켜 창의적으로 제작하는 모습을 보여 준 것이다. 특히, 갑질하는 손님, 차비가 없는 손님, 순사의 검문 등 작품 속 시대 상황과 오늘날의 사회 문제를 연관 지어 표현하였다. 둘째, 치료할 돈이 있어야 아내를 살릴 수 있다고 보고 그것을 긍정 사건과 긍정 카드로 게임화한 것이다. 평소 「운수 좋은 날」을 가르칠 때 학생들의 반응을 보면 돈 때문에 아내가 죽게 된 것이고, 아픈 아내를 두고 집을 나서는 김 첨지를 비판적으로 평가하며 돈의 의미를 부정적으로 보았는데, 보드게임을 제작하면서 돈의 의미를 긍정적으로 해석하게 된 것이다.

▶ 이런 수업도 가능해요　　　　↳ Enter

「운수 좋은 날」 보드게임

　한편 이 수업을 하면서 아쉬웠던 점은 교사가 제시한 게임의 핵심 규칙이 이미 정해져 있어서 다양한 이야기를 게임으로 표현하지 못한 점이다. 하나의 게임 규칙이 이야기 전체를 담아낼 수는 없다 보니 규칙이 많아지게 되었다. 이 때문에 학생들이 게임의 완성도를 높이기 위해 신경 써야 할 부분이 많아지고 제작 시간도 늘어나게 되자, 수업 시간 안에 할 수 있도록 교사가 핵심 규칙을 제시하고 그 규칙에 맞춰서 게임을 만들도록 한 것이었다.
　그러다 보니 학생들은 선악 구분이 뚜렷하게 드러나는 이야기는 게임으로 쉽게 만들었지만, 그렇지 않은 경우에는 규칙으로 표현하는 데 어려움을 보였다. 교사가 「동백꽃」을 통해 제시한 게임의 핵심 규칙은 갈등이 명확한 이야기에 적합했기 때문이다. 핵심 규칙을 좀 더 다양하게 만들고 게임화할 수 있도록 한다면 더 의미 있는 결과를 얻을 수 있을 것이다.

▶ 이런 수업도 가능해요　　↳ Enter

### 3. 보드게임 제작 활동 성찰지: 5~7차시

5~6차시에 걸친 보드게임 활동 후, 7차시에 학생들로 하여금 다음과 같은 보드게임 활동 성찰지를 작성해 보게 하였다.

---

보드게임 제작 활동 성찰지

1. 원작의 어떤 점을 게임으로 표현했나요? 그 이유는 무엇인가요?
2. 원작을 게임으로 만들면서 강조한 내용은 무엇인가요? 그 이유는 무엇인가요?
3. 원작과 게임을 비교했을 때 달라진 내용이 있나요?
4. 원작의 내용 중 게임으로 표현하기 어려웠던 부분은 없었나요? 있었다면 어떤 부분이었나요?
5. 원작이 이야기를 표현하는 방식(글, 그림, 영상 등)과 변형 작품이 이야기를 표현하는 방식(게임 규칙)의 차이는 무엇인지 알게 되었다면 설명해 주세요.
6. 게임 제작 활동을 통해 새로 알게 된 내용, 성장한 능력, 생각의 변화가 있다면 설명해 주세요.

# 매체연구회가 걸어온 자취

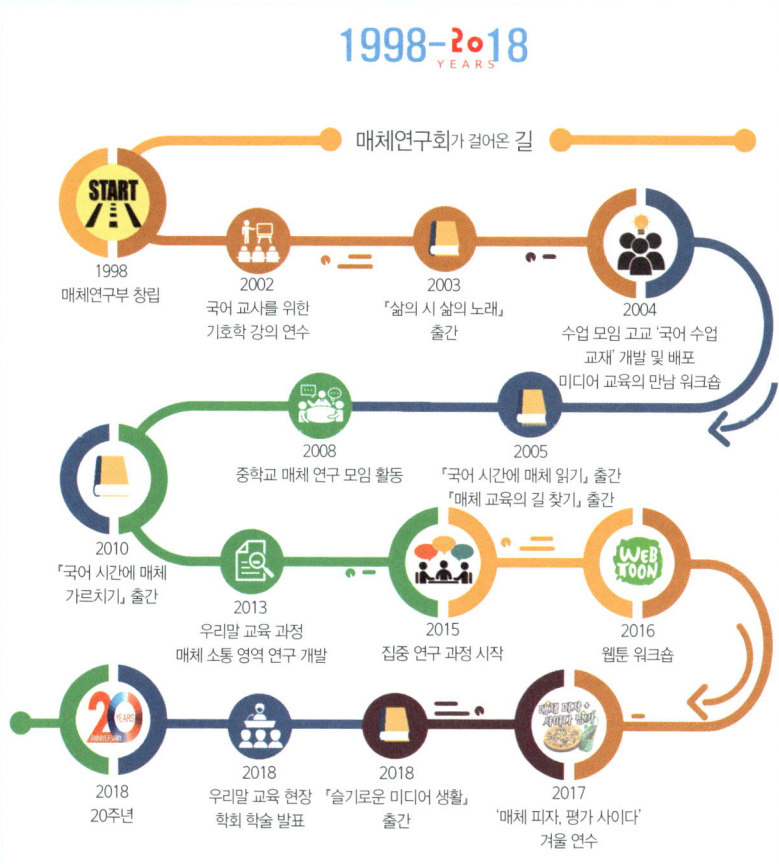

매체연구회라는 이름은 몇 가지 고정 관념을 줄 수 있다. '망치를 든 사람에게는 모든 것이 다 못으로 보인다.'라는 말처럼 국어 교사이면서 영화, 게임, 광고 같은 매체만을 다루려는 교사들이 모인 것으로 보일 수 있다. '기술이 진보'라는 광고의 문구처럼 디지털 세상이 우리를 보다 좋은 세상으로 안내할 테니 아이들과도 책을 던지고 미디어를 배워야 한다고 주장하는 모임으로 생각할 수 있겠다.

또 매체의 부작용을 막기 위해 비판하고 거리 두기를 말하는 교사 집단이라고 볼 수도 있겠다. 책은 안 읽고 게임만 하는 아이들에게 게임이 얼마나 해로운지, 게임이 어떤 문제를 파생하는지를 조목조목 말해 주며 교육자의 입장에서 연구하는 모임이라고 생각할 수 있겠다.

사실 두 가지 모두 모임에 대한 진정한 의미와는 거리가 있다. 개인용 컴퓨터가 30년, 인터넷은 20년, 스마트폰은 10년 이상 인간과 함께 해 왔다. 우리 모임도 20년 역사를 가지니까 개인용 컴퓨터가 보급되고 PC 통신이 시작된 지 얼마 뒤에 만들어졌다. 우리 모임은 기본적으로 매체를 즐기는 사람들이다. 책도 좋아하지만 웹툰을 즐겨 보고 영화를 좋아하거나 게임을 하는 사람들이다. 그래서 매체에 대해 더 잘 알기 위해 공부를 했고 인간과 인간을 연결해 주는 매체가 인간의 삶에서 점점 비중이 커질 거라고 생각했다.

글을 잘 읽는다는 의미가 글자 자체를 읽는 게 아니라 글을 쓴 사람의 생각을 읽어 내는 것이듯 매체를 연구한다는 것은 매체 속에 담긴 메시지를 읽어 내는 것을 연구하는 것이다. 공부하고 교실에 가서 아이들과 소통하고 다시 그 결과를 모임에서 이야기하고 일반 선생님들과 나눈다. 혼자서는 할 수 없는 일을 같이 해내고 있다.

매체는 속성상 그 변화 속도가 빠르다. 우리 모임에도 여러 변화가 있어 매체연구회를 거쳐 갔던 많은 선생님들이 계시다. 그 분들의 열정이 별처럼 반짝여서 오늘날의 매체연구회가 있다. 그 분들의 이름을 윤동주 시인이 별을 헤면서 그리운 이름을 불렀듯이 불러 본다.

## 미디어 변형 작품 목록

| 원작(고전 서사/현대 소설) | 만화/웹툰 | 애니메이션 | 드라마 | 영화 |
|---|---|---|---|---|
| 처용 설화 | 마니(유시진) | | 처용(OCN, 2014, 2015) | 꽃과 뱀(이원세, 1975) |
| 서동 설화 | | | 서동요(KBS, 2005) | |
| 온달 설화 | | | | 바보온달과 평강공주 (이규웅, 1961) |
| 바리데기 설화 | 영혼의 신, 바리데기 (윤태호) | | | |
| 제주도설화 | 신과 함께(주호민) | | | 신과 함께 1,2 (김용화, 2018) |
| 호동왕자와 낙랑공주 | | | 자명고(SBS, 2009) | |
| 심청전 | | 왕후심청(넬슨 신) | | 마담 뺑덕 (임필성, 2014) |
| 박문수 설화, 박문수전 | 신암행어사 (양경일·윤인완) | 신암행어사 (시무라 조지) | 어사 박문수 (MBC, 2002) | 암행어사 박문수(1962) |
| 춘향전 | | | 쾌걸춘향(KBS, 2005) | 춘향뎐(임권택, 1999) |
| 홍길동전 | 풍운아 홍길동(신동우) | 홍길동(신동헌, 1967) 돌아온 영웅 홍길동 (1995) | 쾌도 홍길동 (KBS, 2008) | 인걸 홍길동(1958) 홍길동(1967) |
| 장화홍련전 | | | 장화홍련(KBS, 2009) | 장화 홍련(김지운, 2003) |
| 전우치전 | | | | 전우치(최동훈, 2009) |
| 흥부전 | | | | 흥부(조근현, 2018) |
| 삼포 가는 길(황석영) | | | | 삼포 가는 길 (이만희, 1975) |
| 우리들의 일그러진 영웅(이문열) | | | | 우리들의 일그러진 영웅 (박종원, 1992) |
| 소리의 빛 1,2(이청준) | | | | 서편제(임권택, 1993) |
| 변방에 우짖는 새 (현기영) | | | | 이재수의 난 (박광수, 1999) |
| 우리들의 행복한 시간 (공지영) | | | | 우리들의 행복한 시간 (송해성, 2006) |
| 도가니(공지영) | | | | 도가니(황동혁, 2011) |
| 완득이(김려령) | | | | 완득이(이한, 2011) |
| 두근두근 내 인생 (김애란) | | | | 두근두근 내 인생 (이재용, 2014) |
| 우아한 거짓말 (김려령) | | | | 우아한 거짓말 (이한, 2014) |
| 남한산성(김훈) | | | | 남한산성(황동혁, 2017) |
| 살인자의 기억법 (김영하) | | | | 살인자의 기억법 (원신연, 2017) |
| 7년의 밤(정유정) | | | | 7년의 밤(추창민, 2018) |

| 원작(소설/웹소설) | 원작(웹툰) | 드라마 | 영화 | 연극 |
|---|---|---|---|---|
| 엽기적인 그녀(김호식) | | 엽기적인 그녀 (SBS, 2017) | 엽기적인 그녀 (곽재용, 2001) | |
| 옥탑방 고양이(김유리) | | 옥탑방 고양이 (MBC, 2003) | | 옥탑방 고양이(2010) |
| 그놈은 멋있었다 (귀여니) | | | 그놈은 멋있었다 (이환경, 2004) | |
| 늑대의 유혹(귀여니) | | | 늑대의 유혹 (김태균, 2004) | |
| | 아파트(강풀) | | 아파트(안병기, 2006) | |
| | 순정만화(강풀) | | 순정만화(류장하, 2008) | |
| | 바보(강풀) | | 바보(김정권, 2008) | |
| | 이끼(윤태호) | | 이끼(강우석, 2010) | |
| 성균관 유생들의 나날 (정은궐) | | 성균관 스캔들 (KBS, 2010) | | |
| | 그대를 사랑합니다 (강풀) | 그대를 사랑합니다 (SBS, 2012) | 그대를 사랑합니다 (추창민, 2011) | 그대를 사랑합니다 (2018) |
| 해를 품은 달(정은궐) | | 해를 품은 달 (MBC, 2012) | | |
| | 가족사진(정병식) | 가족사진(SBS, 2012) | | |
| | 패션왕(기안84) | 패션왕(SBS, 2012) | 패션왕(오기환, 2014) | |
| | 26년(강풀) | | 26년(조근현, 2012) | |
| | 이웃사람(강풀) | | 이웃사람(김휘, 2012) | |
| | 은밀하게 위대하게 (Hun) | | 은밀하게 위대하게 (장철수, 2013) | |
| | 더 파이브(정연식) | | 더 파이브(정연식, 2013) | |
| | 전설의 주먹 (이종규, 이윤균) | | 전설의 주먹 (강우석, 2013) | |
| | 사춘기 메들리(곽인근) | 사춘기 메들리 (KBS, 2013) | | 사춘기 메들리(2018) |
| | 연애세포(김명현) | 연애세포 (네이버TV, 2014) | | |
| | 닥터 프로스트(이종범) | 닥터 프로스트 (OCN, 2014) | | |
| | 미생(윤태호) | 미생(tvN, 2014) | | |
| | 냄새를 보는 소녀(만취) | 냄새를 보는 소녀 (SBS, 2015) | | |
| | 오렌지 마멀레이드 (석우) | 오렌지 마멀레이드 (KBS, 2015) | | |
| | 송곳(최규석) | 송곳(JTBC, 2015) | | |

| 원작(소설/웹소설) | 원작(웹툰) | 드라마 | 영화 | 연극 |
|---|---|---|---|---|
| | 내부자들(윤태호) | | 내부자들<br>(우민호, 2015) | |
| | 고양이 장례식(홍작가) | | 고양이 장례식<br>(이종훈, 2015) | |
| 구르미 그린 달빛<br>(윤이수) | | 구르미 그린 달빛<br>(KBS, 2016) | | |
| | 치즈 인 더 트랩(순끼) | 치즈 인 더 트랩<br>(tvN, 2016) | 치즈 인 더 트랩<br>(김제영, 2018) | |
| | 조선왕조실톡(무적핑크) | 조선왕조실톡<br>(MBC, 2016) | | |
| | 마음의 소리(조석) | 마음의 소리<br>(네이버TV, 2016) | | |
| | 동네변호사 조들호<br>(해츨링) | 동네변호사 조들호<br>(KBS, 2016) | | |
| 강철비(양우석, 정하용) | 스틸레인<br>(양우석, 제피가루) | | 강철비(양우석, 2017) | |
| 김 비서가 왜 그럴까<br>(정경윤) | | 김 비서가 왜 그럴까<br>(tvN, 2018) | | |
| | 내 ID는 강남미인<br>(기맹기) | 내 아이디는 강남미인<br>(JTBC, 2018) | | |
| | 여중생A(허5파6) | | 여중생A(이경섭, 2018) | |

# 주요 용어 정리

**가상 현실(virtual reality)** 어떤 특정한 환경이나 상황을 컴퓨터로 만들어서, 그것을 사용하는 사람이 마치 실제 주변 상황·환경과 상호 작용을 하고 있는 것처럼 만들어 주는 인간-컴퓨터 사이의 인터페이스를 말한다. 사용 목적은 사람들이 일상적으로 경험하기 어려운 환경을 직접 체험하지 않고서도 그 환경에 들어와 있는 것처럼 보여 주고 조작할 수 있게 해 주는 것이다. 응용 분야는 교육, 고급 프로그래밍, 원격 조작, 원격 위성 표면 탐사, 탐사 자료 분석, 과학적 시각화(scientific visualization) 등이다.

**가짜 뉴스(fake news)** 언론 보도의 형식을 띠고 마치 사실인 것처럼 유포되는 허위 보도의 일종이다. 정치적·경제적 이해관계를 바탕으로 만들어지고 유포하는 기만적 허위 정보를 가리킨다.

**간접 광고(product placement, PPL)** 영화, 드라마 등에 상품을 노출하여 간접적으로 광고하는 것을 말한다.

**게이트키핑(gate-keeping)** 뉴스를 선택하고 수정하며, 뉴스의 성격과 비중을 결정하는 과정을 말한다.

**게임 이용 장애** 일상생활보다 게임을 우선시해 부정적인 결과가 발생해도 게임을 지속하거나 확대하는 게임 행위의 패턴을 말한다. WHO는 2019년 5월 게임 이용 장애를 질병으로 분류하는 국제 질병 분류 11차 개정안(ICD-11)을 통과시켰으며, 이는 2022년부터 적용된다. 게임에 대한 통제 기능이 손상되고, 삶의 다른 관심사 및 일상생활보다 게임을 우선시하며, 부정적인 결과가 발생해도 게임을 중단하지 못하는 등의 현상이 12개월 이상 지속되면 게임 이용 장애로 판단한다. 증상이 심각하다면 12개월 전이라도 게임 이용 장애 판정을 내릴 수 있다.

**뉴 미디어(new media)** 전자 공학 기술이나 통신 기술이 발달하면서 등장한 새로운 전달 매체. 시대의 변화에 따라 뉴 미디어로 지칭하는 대상이 달라질 수 있다.

**뉴스 가치(news value)** 우리 주변에 일어나는 여러 가지 사건 중 뉴스가 될 수 있는지를 판단하는 기준. 흥미성, 영향성, 접근성, 저명성, 시의성 등이 있다.

**대중 매체** 신문, 잡지, 영화, 텔레비전 따위와 같이 많은 사람에게 대량으로 정보와 사상을 전달하는 매체를 말한다.

**디지털 리터러시(digital literacy)** 디지털 기술과 커뮤니케이션 도구로 적절하게 정보에 접근하고, 관리하고, 통합하고, 분석하고, 평가하며, 새로운 지식을 구성하고, 창조하고, 타인과 소통할 수 있는 흥미, 태도, 능력을 말한다.

**매체, 미디어** 매체는 정보와 지식, 사상과 정서를 전달하고 공유하는 수단으로서 책, 신문, 전화, 라디오, 사진, 광고, 영화, 텔레비전, 컴퓨터, 인터넷 이동 통신 기기 등 다양한 유형이 있다.

**매체 언어** 매체를 통해 이루어지는 언어적 작용에 초점을 맞춘 개념으로, 소리, 음성, 이미지, 문자, 동영상 등 여러 양식을 복합적으로 사용하는 확장된 언어이다. 매체 언어는 음성 언어와 문자 언어가 지니는 한계를 극복하여 의사소통의 범위와 효과를 넓히고 있으며, 그에 따라 학습자의 일상생활과 학습에도 큰 변화를 불러일으키고 있다.

**매체 자료** 매체를 통해 전달되는 정보의 구체적 형태. 신문 기사, 텔레비전 드라마, 영화, 라디오 방송 프로그램, 광고, 뉴스 등이 있으며, 미디어 텍스트라는 용어를 쓰기도 한다.

**미디어 리터러시(media literacy)** 미디어를 통해 쏟아지는 정보와 문화에 대한 체계적 접근, 비판적 분석 및 평가와 활용, 의미 있는 콘텐츠의 구성과 공유를 통한 사회적 참여 등 복합적이고 융합적인 능력과 태도를 아우르는 개념이다.

**미디어 언어(media language)** 카메라 숏이 주는 의미(클로즈업 숏이 주는 긴장감, 롱숏을 사용한 맥락 및 정보 전달 등)나 영상의 편집, 소리나 색감의 사용, 내러티브의 사용 및 구조 등 다양한 제작 기법이나 미디어 텍스트를 구성하는 요소들과 배합을 가리키는 개념을 말한다.

**복합 양식성(multimodality)** 기호학자 군터 크레스가 인터넷 미디어의 발달로 읽기와 쓰기 즉, 의미 구성에 관여하는 요소들을 확장하여 이해하기 위해 도입한 개념이다. 즉 양식(mode)은 문자, 음성, 음악, 음향, 이미지, 영상 등의 기호의 범주에 포함되는 것 이상으로 편집(배치), 폰트(글자의 모양이나 크기) 등 기존에는 기호의 범주에 들지 않았던 것들과, 인터넷 화면에서 영상, 기사, 댓글, 하이퍼링크 등이 모두 결합된 형태로 수용자에게 의미가 해석되는 것 등까지 포괄한다.

**사용자 창작 제작물 콘텐츠(UCC)** 개인 이용자 즉 일반인이 직접 만드는 콘텐츠를 말한다. 전문가 집단이 아닌 일반인들이 기존의 미디어보다 빠르고 의미 있는 정보들을 생산해내면서 확산된 개념이다. 처음에는 개인 이용자가 상업적인 의도 없이 순수한 열정을 가지고 제작한 콘텐츠를 가리켰으나 현재에는 1인 미디어의 팽창으로 상업적인 용도로도 활용된다. 글, 사진, 동영상을 모두 가리키는 용어이나 우리나라에서는 주로 동영상 콘텐츠를 의미한다.

**사이버 폭력(사이버불링; cyber bullying)** 한 개인이나 그룹이 다른 사람들에게 해악을 끼칠 의도로 인터넷이나 다른 커뮤니케이션 매체를 통해 의도적이고 반복적으로 적대적 발언, 악성 댓글, 기타 악의적 행위를 벌이는 일을 말한다.

**사회 관계망 서비스(social network service, SNS)** 컴퓨터나 스마트폰 등 인터넷 매체를 바탕으로 해서, 관심사나 활동을 함께하는 사람들을 위한 온라인 서비스. 여러 사람과 유용한 정보를 공유하거나 인맥을 관리할 수 있게 해 준다. '누리 소통망'이라는 순화한 우리말이 있다. 블로그, 카카오톡, 라인, 마이스페이스(MySpace), 링크드인(LinkedIn), 페이스북(Facebook), 트위터(twitter), 유튜브(Youtube) 등이 있다.

**수용자(audience)** 새로운 미디어 환경에서는 일상적으로 소비자와 생산자 역할을 함께 수행하는 프로슈머로서 미디어 이용자라는 개념으로 확장되어 쓰일 수 있다.

**스토리보드(storyboard)** 영상을 촬영하기 위해 촬영할 내용을 그림과 문자로 나타낸 것. 화면 설명, 장면(그림, 자막 등), 오디오(효과음, 배경 음악, 대사, 내레이션) 등으로 구성된다. 콘티와 유사한 개념이다.

**영상 언어(Film language)** 영화가 영상으로 의미를 구현한다는 의미에서 영상도 하나의 언어라고 할 수 있다. 언어가 의사의 소통, 정보의 전달, 정서의 강화 등의 기능을 지니고 있듯이, 영화적 영상도 기호나 이미지나 상징 등의 장치를 통해 그러한 기능을 부분적으로 수행하고 있기 때문이다. 영상이 언어처럼 문법의 체계를 지니고 있다는 점을 전제로 할 때, 그것은 영상 언어로 불릴 수 있는 것이다.

**웹툰** 인터넷을 뜻하는 '웹(web)'과 만화를 뜻하는 '카툰(cartoon)'을 합쳐 만든 말로, 인터넷에 게재되는 만화를 뜻한다. 여러 방향으로 장면을 전환할 수 있고 장면 전환 효과를 설정할 수도 있는 스마트툰, 한 컷 한 컷 넘겨 보는 컷툰, 그리고 음향 효과와 움직이는 이미지를 더한 무빙툰까지 등장했다.

**의제 설정(agenda setting)** 우리 사회에서 함께 논의해야 할 문제가 무엇인지, 그 문제를 어떤 시각으로 바라보아야 하는지를 정하는 뉴스의 기능을 말한다.

**이미지(image)** 이미지는 주로 시각적 표상을 지칭하는 말이지만 폭넓게 사용되는 경우도 많다. 인간의 오감이나 은유, 꿈 등 인간의 마음속에 그려지는 사물의 감각적 영상 전체를 의미하기도 한다.

**재현(representation)** 다시 나타남 혹은 다시 나타냄의 뜻으로, 미디어가 다양한 방식을 통해 우리가 사는 세상의 모습을 드러내는 것을 의미한다. 미디어는 인간 의사소통의 도구이자 매개체이다. 그래서 미디어가 제공하는 현실은 직접적이며 투명한 현실이 아니다. 미디어의 재현은 미디어 생산자의 관점에 의해 선택된 현실이다.

**전자 매체** 전자 기술의 발달에 따라 등장한 매체. 전화, 라디오 등의 아날로그 방식의 매체부터 컴퓨터, 이동 통신 기기 등의 디지털 방식의 매체에 이르기까지 다양하게 발전해 왔다.

**지식 재산권(intellectual property)** 지적 재산권, 지적 소유권이라고도 하는데, 정식 용어는 지식 재산권이다. 이에 관한 문제를 담당하는 국제연합의 전문 기구인 세계지적재산권기구(WIPO)는 이를 구체적으로 '문학·예술 및 과학 작품, 연출, 예술가의 공연·음반 및 방송, 발명, 과학적 발견, 공업 의장·등록 상표·상호 등에 대한 보호 권리와 공업·과학·문학 또는 예술 분야의 지적 활동에서 발생하는 기타 모든 권리를 포함한다.'고 정의하고 있다.

**하이퍼텍스트(hypertext)** 사용자에게 비순차적인 검색을 할 수 있도록 제공되는 텍스트. 문서

속의 특정 자료가 다른 자료나 데이터베이스와 연결되어 있어 서로 넘나들며 원하는 정보를 얻을 수 있다.

**해시태그(hashtag)** 사회 관계망 서비스에서 사용되는 것으로, 해시 기호(#) 뒤에 특정 단어나 문구를 붙여 쓴다. 해시태그를 이용하여 검색하면 특정 주제나 문구와 관련된 글을 분류해서 볼 수 있다.

**행동 유도성(affordance)** 우리가 사용하는 미디어의 특성은 인간의 특정한 행동을 유도하는 성질이 있다. 예를 들어 트위터는 140자로 제한되어 있어 거기에 담을 수 있는 짧고 인상적인 구절을 찾거나 써서 올리는 행동의 경향을 띠게 된다. 한편 사진을 위주로 한 소셜 미디어는 우울하거나 힘든 모습을 담은 사진보다 특별하거나 좋은 순간을 담은 사진을 올리는 인간의 행동을 유도한다. 그래서 우리는 인간의 부정적인 행동을 유도하지 않는 방향으로 미디어가 만들어지도록 압력을 가해야 한다.

## 주석 보기

**1부 학교에서의 미디어 교육**

✚ **거부할 수 없는 흐름, 미디어 교육**
1) 『텍스트에서 행동으로』, 폴 리쾨르 지음, 박병수·남기영 옮김(아카넷, 2002) 24쪽
2) 『시민』, 신진욱(책세상, 2008) 15~18쪽 / 「시민 교육으로서의 소설 교육」, 오윤주(『문학교육학』 54호, 한국문학교육학회, 2017)
3) 『미디어 교육』, 데이비드 버킹엄 지음, 기선정·김아미 옮김(제이앤북, 2004) 95쪽
4) 「청소년의 자기 이해 신장을 위한 교육과정-수업-평가 사례 연구」, 송여주·김석윤(『우리말교육현장연구』 12권 2호, 우리말교육현장학회, 2018)
5) 『미디어 리터러시 교육의 이해』, 김아미(커뮤니케이션북스, 2015) 38쪽

✚ **미디어 리터러시 교육, 어떻게 해야 할까?**
1) 「초·중등 교과서의 미디어 리터러시 단원 개발 연구」, 정현선·박유신·장은주·길호현·김아미·노자연, 교육부 2016-6
2) 「초·중등학교 교육과정」, 교육인적자원부 고시 제2007-79호 / 「초·중등학교 교육과정 총론」, 교육과학기술부 고시 제2009-41호
3) 2015 개정 교육과정의 각 교과별 미디어 리터러시 교육 내용에 대한 분석은 다음 참조
   - 「초·중등 교과서의 미디어 리터러시 단원 개발 연구」, 정현선·박유신·장은주·길호현·김아미·노자연, 교육부 2016-6
   - 「교과 교육에서의 디지털 리터러시 교육 실태 분석 및 개선 방안 연구」, 노은희·신호재·이재진·정현선, 연구 보고 RRC 2018-7(한국교육과정평가원, 2018)
4) 「미디어 문해력(Media Literacy) 향상을 위한 교실 수업 개선 방안 연구」(정현선·박유신·전

경란·박한철·이지선·노자연, 교육부 2015-12)에서 '미디어 기술 활용'과 '창작과 제작'을 통합하여 구성함.

## 2부 수업으로 실천한 미디어 교육

✚ 뉴스로 세상 보기, 뉴스로 내 삶 읽기

1) 포털을 통한 뉴스 소비는 이미 우리 생활 속에 깊이 자리했다. 문화체육관광부 여론집중도조사위원회가 지난해 12월 발표한 '2016~2018 뉴스 이용 집중도 조사 결과'에 따르면 뉴스 이용 창구 기준으로 포털은 이용 점유율이 35.8%로 2위인 종편(24.4%)보다도 10% 이상 차이가 났다. 포털의 점유율은 2015년 27.9%에서 2018년 35.8%로 지속적으로 상승하고 있다. 인터넷 뉴스 이용자의 인식에서도 포털을 통한 뉴스 유통의 집중을 알 수 있다. 한국언론진흥재단이 발표한 '2013 언론 수용자의 의식 조사'에 따르면 인터넷 뉴스 이용자가 뉴스를 이용하는 가장 많은 방법으로 '포털 사이트 메인 페이지의 뉴스 제목이나 사진을 보고 클릭해서'(71.5%)를 선택했다.—미디어SR(http://www.mediasr.co.kr)

2) 본고의 학생 활동은 2013~2014 서울 성내초등학교 5학년, 2015년 및 2018년 서울 장곡초등학교 4~6학년 학생 일부를 대상으로 전개한 내역을 혼합한 기술임을 밝힌다.

3) https://www.sisain.co.kr/?mod=news&act=articleView&idxno=31292 (2018. 2. 22.)

4) http://www.gomtv.com/15919265 (2019. 2. 10.)

5) http://www.edaily.co.kr/news/read?newsId=01118486622389536&mediaCodeNo=258 (2019. 2. 12.)

6) http://www.hankookilbo.com/News/Read/201902111060315984 (2019. 2. 11.)

7) https://news.kbs.co.kr/news/view.do?ncd=4135436 (2019. 2 .11.)

8) http://news.jtbc.joins.com/html/854/NB11765854.html (2019. 2. 5.)

9) http://www.seoul.co.kr/news/newsView.php?id=20190211500013&wlog_tag3=naver (2019. 2. 11.)

10) 연합뉴스(https://www.yna.co.kr/view/AKR20180424117700797)

11) '진실의 체 거르기'는 이성철 선생님(부산 주감초등학교)의 아이디어를 참조·변형함.

12) 연합뉴스, 2019. 1. 19.

13) https://dadoc.or.kr/

14) 필자가 언급한 센터 외에도 지역별로, 예를 들어 인천 시청자미디어센터, 광주 시청자미디

어센터, 강원 시청자미디어센터, 부산(해운대) 시청자미디어센터 등 다양한 시설을 활용할 수 있다.
15) 「2017 미디어 교육 전국대회 자료집」(한국언론진흥재단, 2017) 57쪽, 193쪽 변형 / 「2015 개정 교육과정 초등학교 5~6학년군 교수 학습 자료 현장 적합성 검토 워크숍 자료집」(교육부, 2018) 46쪽 변형

### ✚ 자본주의의 욕망, 광고 읽고 표현하기
1) 방송법 시행령 제59조 2항의 1
2) 「SÄRMÄ–Suomen kieli ja kirjallisuus」, Vesa Haapala et al.(Otava, 2010)
3) 제시된 자료에 인용한 광고의 출처는 아래와 같다.
   상 좌 – 「외국에 살면 외국인이고 한국에 살면 한국인입니다」, 2008 대한민국 공익 광고 대상 수상작(한국방송광고진흥공사, 2008) / 상 우 – 폴로 스포츠(로레알 코리아, 2001) / 하 우 – 「마신대로 거두리라」(낙농자조금관리위원회, 2009)
4) 「미디어 교육」, 데이비드 버킹엄 지음, 기선정·김아미 옮김(제이앤북, 2004) 100쪽
5) 해냄에듀 홈페이지(http://hnedu.co.kr)에서 다운받을 수 있는 활동지의 기획서 양식을 참고하면 된다.
6) 「모습은 비슷해도 결과는 정반대」(한국방송광고진흥공사, https://www.kobaco.co.kr/ws/kobaco.jsp?w2xPath=/kobaco/businessintro/about/about_tv_detail.xml&nowPage=1&Subject=&Matter=&searchG=2010&searchT=%b8%f0%bd%c0%c0%ba+%ba%f1%bd%c1%c7%d8%b5%b5&seqNo=333)
7) 세계자연기금(WWF: World Wide Fund for Nature)
8) 「에너지는 현금입니다」(한국방송광고진흥공사, https://www.kobaco.co.kr/ws/kobaco.jsp?w2xPath=/kobaco/businessintro/about/about_tv_detail.xml&nowPage=1&Subject=&Matter=&searchG=2008&searchT=&seqNo=309)
9) 「등골브레이커」, 방탄소년단 노래(SKOOL LUV AFFAIR, (주)빅히트엔터테인먼트, 2014)

### ✚ 몰입의 즐거움, 게임으로 세상 이해하기
1) 영국의 게임학자로 1996년 논문 「하트, 클로버, 다이아몬드, 스페이드: MUD를 입은 플레이어」를 통해 게임 플레이어를 네 가지 유형으로 분류하였다.(「Heart's Club, Diamonds, Spades: Players Who Suit MUDS」, Richard Bartle, 「The Game Design Reader」, p.761~762)

2) 게이머의 유형은 게임의 특성에 따라 다양하게 분류가 가능하다. 온라인 게임을 즐기는 게이머의 행동 양식에 따라 자기 성장형, 자기 표현형, 관계 지향형, 고립 일탈형, 사회 공헌형, 사회적 이득형으로 분류하기도 한다.(「게임 세계에서 만드는 삶의 방식과 현실 인간의 페르소나: 같음과 다름의 배움, 차이의 미학」, 황상민·도영임(『주관성 연구』 16호, 한국주관성연구학회, 2008))
3) 『게임 디자인 워크숍』, 트레이시 풀러턴 지음, 위선주·심연정 옮김(길벗, 2016) 349~351쪽
4) 2015년 9월 19일에 열린 게임디자인워크숍 프로그램 내용을 바탕으로 재구성함. 퍼실리테이터 박준표(pyopark+gdw@pyopark.com), 박선용(sun@turtel-cream.com), 전재우

✚ 그리고 올리고 읽고 나누기, 웹툰
1) 2학기, 매주 수요일 5~6교시
2) 2016년 동아리 아이들 외에도 2015~2018년 함께 수업한 아이들 포함.
3) 네이버 베스트 도전 웹툰 「광고 감독의 발암 일기」(서감독·다문) 중 22화 발췌
4) 「현장 교육 연구 보고서」(파주시 신산초 교사 조용규, 창의적 체험 활동 분과, 2016) 토론 주제 참고
5) 1999년부터 문화체육관광부가 주최하고 한국만화영상진흥원이 주관하는 상. 그 해 발표됐기나 연재된 출판 만화 또는 웹툰을 대상으로 평가하여 작품을 선정한다고 한다.
6) 작가의 군대 생활부터 학창 시절, 가족, 친구, 연애, 결혼 등 일상에서 일어나는 모든 에피소드를 10년 넘게 그리고 있다.

✚ 영화처럼, 카메라에 담은 우리들의 이야기
1) 「동주」, 이준익 감독, 2015
2) 「헝거게임: 판엠의 불꽃」, 게리 로스 감독, 2012
3) 『몬스터 콜스』, 시본 도우드·패트릭 네스 지음, 홍한별 옮김(웅진주니어, 2012)
4) 「몬스터 콜」, 후안 안토니오 바요나 감독, 2016
5) 「부산행」, 연상호 감독, 2016 / 「곡성」, 나홍진 감독, 2016 / 「괴물」, 봉준호 감독, 2006
6) 「부산행」,㈜영화사 레드피터, 2016, 좌-https://movie.naver.com/movie/bi/mi/photoView.nhn?code=130966&imageNid=6521950, 우-https://www.sedaily.com/NewsVIew/1L560CBTS9
7) 「Track 9」, 이소라 작사(이소라 7집, 세이렌, 2008)
8) 『이 아침 축복처럼 꽃비가』, 장영희(샘터사, 2010)

✚ 유튜브와 SNS로 소통하기

1) 마이 리틀 텔레비전(MBC, 2015~2017/2019~), 랜선라이프(JTBC, 2018~2019)
2) 『미디어 교육』, 데이비드 버킹엄 지음, 기선정·김아미 옮김(제이앤북, 2004)
3) https://movie.naver.com/movie/bi/mi/photoView.nhn?code=122457&imageNid=6453249

✚ 매체 변형, 새로운 의미와 가치의 탄생

1) '전용, 변용(변형)'의 개념은 랄프 슈넬이 『미디어 미학』(강호진 외 옮김, 이론과 실천, 2005) 252쪽에서 아래와 같이 언급하고 있다.
'소재, 갈등 상황, 또는 플롯의 전이와 같은 단지 영화로의 전용(Transposition)이 아니라, 어떤 미디어가 또 다른 미디어의 형식 언어를 구조적으로 변화시킨 것, 즉 변형(Transformation)이 중요하다.'
2) 『매체 언어와 국어 교육』, 윤여탁 외(서울대학교 출판부, 2008)
3) '패러디(parody)'란 기성 작품의 내용이나 문체를 교묘히 모방하여 과장이나 풍지로시 재창조하는 것을 말한다. 패러디는 주로 익살이나 풍자를 목적으로 하는 표현 기법으로, 기존 작품을 모방하여 재창조한다는 점에서 변형(transformation)의 한 형태로 볼 수 있다.
4) 네이버 미술백과, 프랑스국립박물관연합(RMN)
5) https://www.wikiart.org/en/fernando-botero/mona-lisa/
6) 2015 개정 국어과 교육과정 중 '[9국05-08] 재구성된 작품을 원작과 비교하고, 변화 양상을 파악하며 감상한다.'와 관련된 '교수·학습 방법 및 유의 사항'의 내용이다.
7) 『나니아 연대기』, C. S. 루이스 지음, 햇살과나무꾼 옮김(시공주니어, 2005)
8) https://youtu.be/GRSSk-RWXfl
9) 이밖에도 'Anomation maker' 등 다양한 애니메이션 제작 애플리케이션이 있다.

## 미디어 리터러시 교육을 위한 도서

### 미디어 수업 사례 및 방법

- 『국어 시간에 영화 읽기』(김병섭 외, 휴머니스트, 2015)
- 『국어 시간에 케이팝 읽기』(공규택, 휴머니스트, 2015)
- 『영상 이미지, 어떻게 가르칠까?-초등 교사를 위한 영상 언어교육 길라잡이』(정현선 외, 학지사, 2010)
- 『학교에서 애니 하자』(박유신·박형동, 다른, 2017)
- 『학교에서 영화 찍자』(안슬기, 다른, 2013)

### 미디어 교육 일반/각론

- 『구술 문화와 문자 문화』(월터 J. 옹, 문예출판사, 2018)
- 『매체 언어와 국어 교육』(윤여탁 외, 서울대학교출판부, 2013)
- 『미디어 리터러시』(스가야 아키코, 커뮤니케이션북스, 2001)
- 『미디어 교육과 비판적 리터러시』(정현선, 커뮤니케이션북스, 2007)
- 『미디어 리터러시 교육의 이해』(김아미, 커뮤니케이션북스, 2015)
- 『미디어 리터러시의 이해』(전경란, 커뮤니케이션북스, 2015)
- 『미디어 리터러시와 비판적 사고』(황치성, 교육과학사, 2018)
- 『미디어 리터러시의 도구상자』(일본민간방송연맹, 도쿄대학 정보학환 MELL 프로젝트, 커뮤니케이션북스, 2007)
- 『읽기 쓰기의 진화』(재닛 에번스, 사회평론, 2011)

- 『전자 매체 시대의 아이들』(데이비드 버킹엄, 우리교육, 2004)

### ✚ 광고
- 『광고를 뒤바꾼 아이디어 100』(사이먼 벡스너, 시드포스트, 2016)
- 『광고와 철학적 사고』(강승구, 에피스테메, 2014)
- 『디지털 놀이터』(김홍탁, 중앙m&b, 201)

### ✚ 뉴스
- 『9시의 거짓말』(최경영, 시새N북, 2010)
- 『뉴스 사용 설명서』(모리 다스야, 우리교육, 2017)

### ✚ 게임
- 『게임, 세상을 보는 또 하나의 창-게이머, 게임을 말하다』(이경혁, 로고폴리스, 2016)
- 『누구나 게임을 한다』(제인 맥고니걸, 랜덤하우스코리아, 2012)

### ✚ 인터넷
- 『나는 유튜브 크리에이터를 꿈꾼다』(샌드박스 네트워크, 위즈덤하우스, 2018)
- 『유튜브의 신』(나동현, 비즈니스북스, 2018)


## 청소년을 위한 미디어 분야 도서

- 『10대와 통하는 미디어』(손석춘, 철수와영희, 2012)
- 『미디어 학교: 소통을 배우다』(주형일, 우리학교, 2013)
- 『미디어 구하기』(줄리아 카제, 글항아리, 2017)
- 『본다는 것』(김남시, 너머학교, 2013)
- 『세상을 바꾼 미디어』(김경화, 다른, 2013)
- 『숨은 권력, 미디어』(김재중, 미래아이, 2017)
- 『슬기로운 미디어 생활』(권혜령 외, 우리학교, 2018)
- 『유튜브 좀 아는 10대』(금준경, 풀빛, 2019)
- 『이미지가 아직도 이미지로 보이니?』(주형일, 우리학교, 2015)

✚ 광고
- 『광고는 왜 10대를 좋아할까?』(샤리 그레이든, 오유아이, 2014)
- 『오길비, 광고가 과학이라고?』(김병희, 토토북, 2015)

✚ 뉴스
- 『뉴스, 믿어도 될까?』(구본권, 풀빛, 2018)
- 『세상은 어떻게 뉴스가 될까』(홍성일, 돌베개, 2014)
- 『신문 읽기의 혁명』(손석춘, 개마고원, 2017)
- 『옐로우 큐의 살아 있는 신문 방송 박물관』(양승현, 안녕로빈, 2019)

✚ 만화
- 『만화, 소리가 되다』(강기린, 2016)
- 『만화, 풍경이 되다』(강기린, 2017)
- 『10대에 웹툰 작가가 되고 싶은 나, 어떻게 할까?』(권혁주, 오유아이, 2019)
- 『웹툰 제작 무작정 따라하기』(로웰씨·시안, 길벗, 2017)

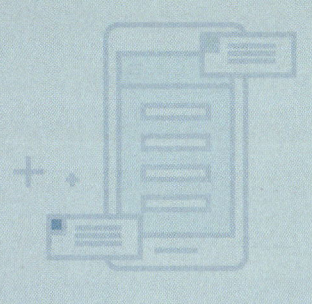

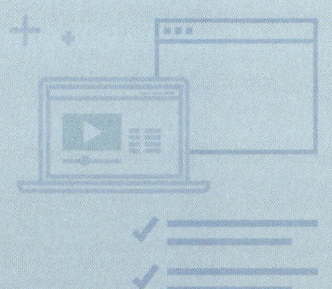

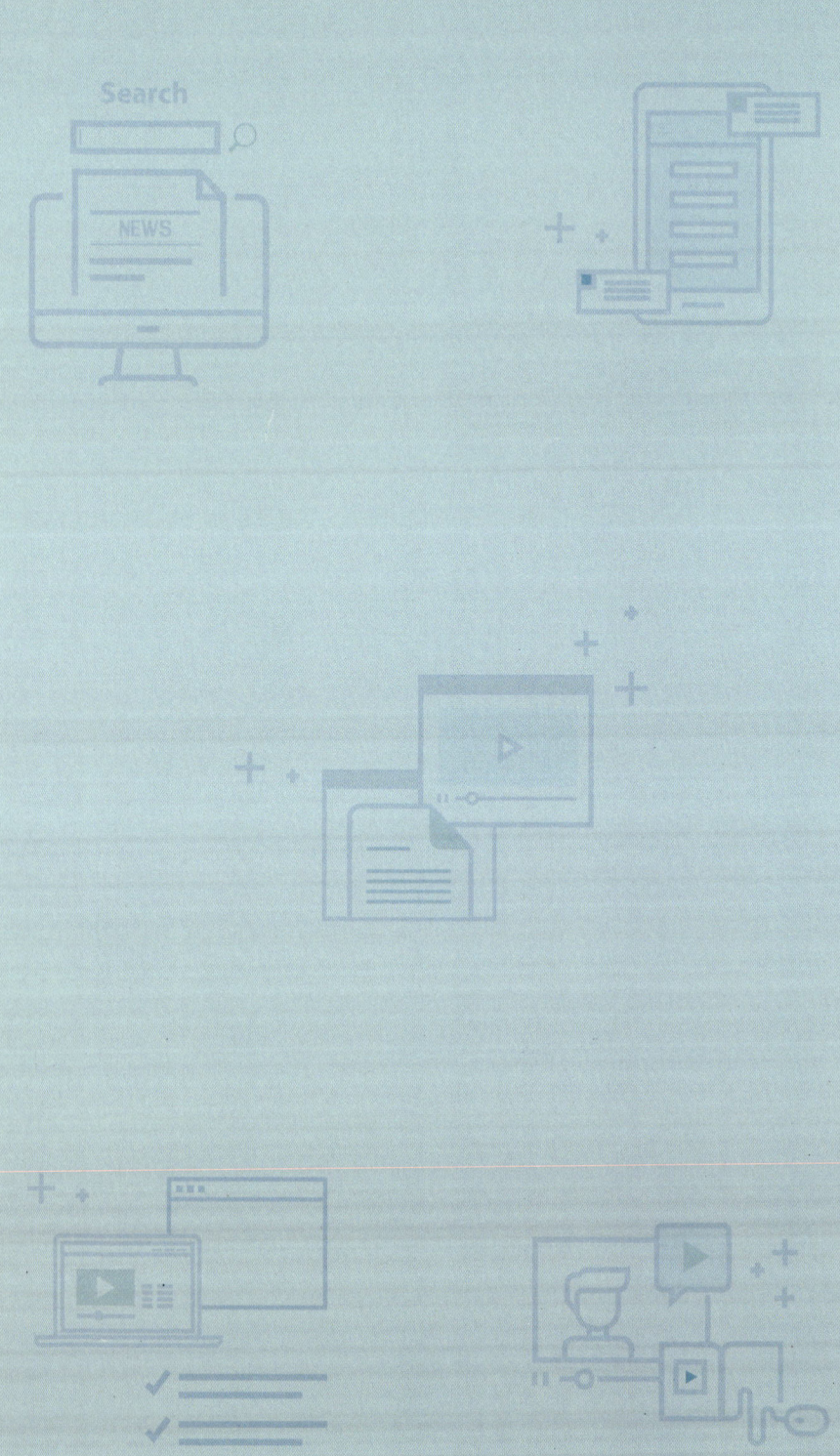